Check **up**

Erkennen und Unterscheiden von Stoffen

Methode
Protokollieren von Experimenten

125

Zusammenfassung | Aufgaben

Alles **klar?**

53

Experiments.
n nacheinander
dann mit der

1. Magnete

5. Herr Pfiffig besitzt einen Goldbarren.
zen, entwirft
g, die zwei
ll:
gen, dass die

arrens soll die

st einfache
erungen erfüllt.

er Stahlnadel

ja
ja
ja
ja

die verwende-
mmeln, werden

formuliere das

weiche Stoffe,
zbar sind. Eisen
e mit der Stahl-

bier's mal!

uf Seite ...

Freileitungsseil
auf keinen
e auch nicht nahe
beiden Vor-
↻ 054-1

7

Dauermagnete

Pol der Unzugänglichkeit

Geografischer Südpol

GEOGRAPHIC
SOUTH POLE

Magnetischer Pol

In der Antarktis haben Wissenschaftler den Pol des Erdmagnetfeldes markiert. Nahe dieser Stelle wurde die tiefste Temperatur auf der Erde (−89,2 °C) gemessen. Schilder zeigen die Entfernungen zu verschiedenen anderen Orten der Erde an. Auch die Entfernung zum geografischen Südpol (1253 km) haben sie vermessen.
Als Magnetpol bezeichnen sie die Stelle auf der Erdoberfläche, an der die Linien des Magnetfeldes senkrecht verlaufen.
Seltsam ist nur, dass man von diesem Magnetfeld gar nichts sieht! Was ist eigentlich ein Magnet und wie kann man einen Südpol vermessen?

S_1

ner

Fachliche Kenntnisse, Fähigkeiten und Kompetenzen kannst du hier selbstständig überprüfen.

Auf diesen Seiten kannst du dir durch eine bestimmte Methode Kenntnisse aneignen. Eine übersichtliche Schrittfolge an einem konkreten Beispiel macht dich mit der vorgestellten Methode vertraut.

Am Ende eines Kapitels findest du eine Zusammenfassung und besondere Aufgaben. Hier musst du selbstständig Lösungen finden.

Jedes Kapitel beginnt mit einer Einstiegsseite, die dich durch ein attraktives Foto und einen kurzen problemorientierten Text auf den nachfolgenden Inhalt aufmerksam machen soll.

Fokus *Physik Chemie*

Gymnasium 5|6
Niedersachsen G 9

Cornelsen

Autoren: Dr. Karin Arnold, Gerd Boysen, Dr. Elmar Breuer, Dr. Angela Fösel, Dr. Harri Heise, Dr. Jochim Lichtenberger, Anke Richert, Prof. Dr. Manuela Welzel

Redaktion: Henry Dölitzsch

Berater: Prof. Dr. Udo Backhaus, Essen; Werner Heinke, Oberhausen; Harald Schepers, Lengerich; Prof. Dr. Hans Joachim Schlichting, Münster; Prof. Dr. Lutz-Helmut Schön, Berlin

Illustration: Gabriele Heinisch (Cornelsen), Karl-Heinz Wieland, Hans Wunderlich

Grafik: Rainer Götze

Umschlaggestaltung: Studio Syberg, Berlin

Layout und technische Umsetzung: Wladimir Perlin, Berlin

www.cornelsen.de

1. Auflage, 2. Druck 2017

Alle Drucke dieser Auflage sind inhaltlich unverändert und können im Unterricht nebeneinander verwendet werden.

© 2015 Cornelsen Schulverlage GmbH, Berlin
© 2017 Cornelsen Verlag GmbH, Berlin

Druck und Bindung: Livonia Print, Riga

ISBN 978-3-06-010893-0 (Schülerbuch)
ISBN 978-3-06-010894-7 (E-Book)

PEFC zertifiziert
Dieses Produkt stammt aus nachhaltig bewirtschafteten Wäldern und kontrollierten Quellen.

www.pefc.de

PEFC/12-31-006

Inhalt

Dauermagnete

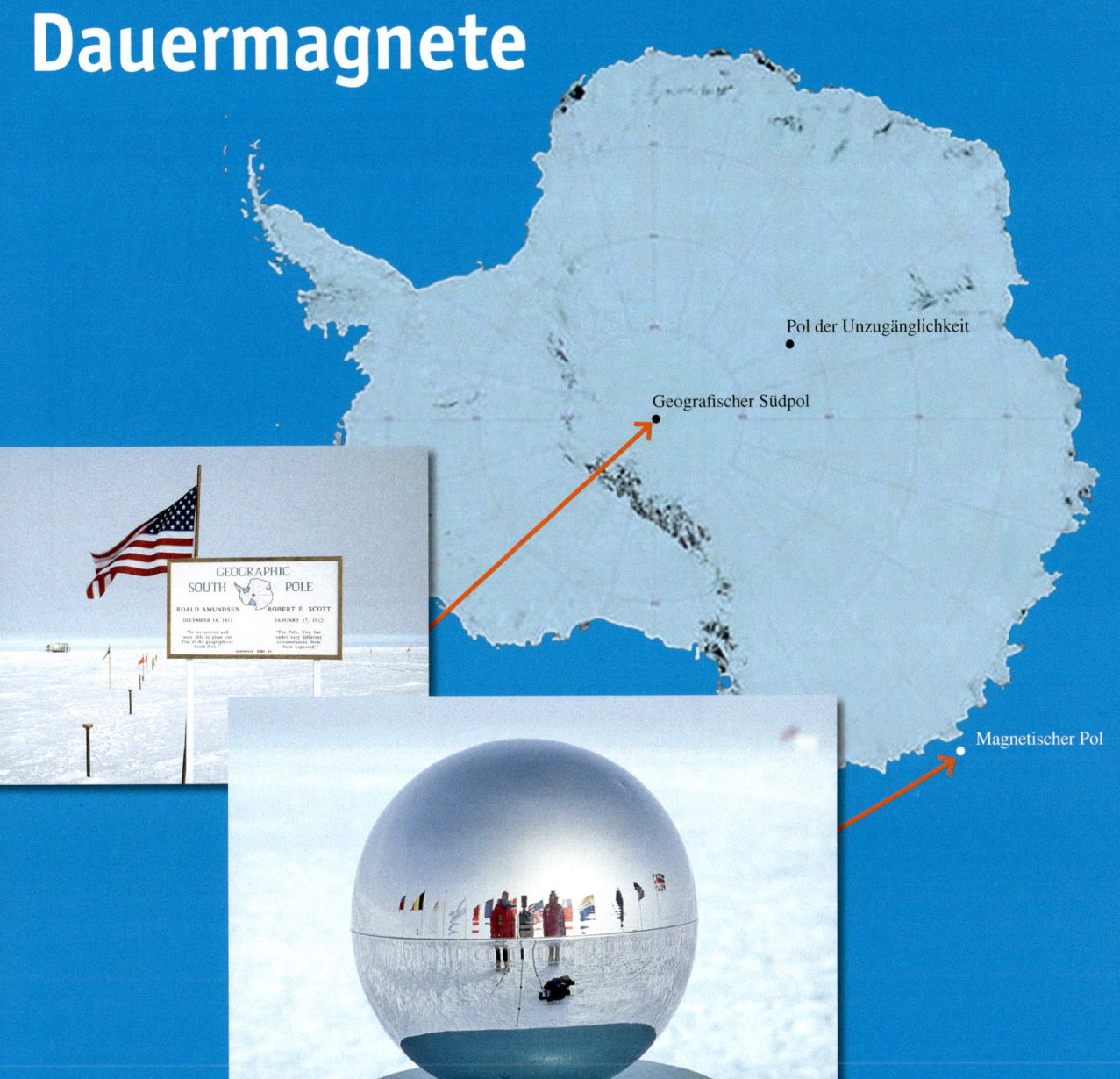

Pol der Unzugänglichkeit

Geografischer Südpol

Magnetischer Pol

GEOGRAPHIC SOUTH POLE

ROALD AMUNDSEN   ROBERT F. SCOTT
DECEMBER 14, 1911   JANUARY 17, 1912

In der Antarktis haben Wissenschaftler den Pol des Erdmagnetfeldes markiert. Nahe dieser Stelle wurde die tiefste Temperatur auf der Erde (−89,2 °C) gemessen. Schilder zeigen die Entfernungen zu verschiedenen anderen Orten der Erde an. Auch die Entfernung zum geografischen Südpol (1253 km) haben sie vermessen.
Als Magnetpol bezeichnen sie die Stelle auf der Erdoberfläche, an der die Linien des Magnetfeldes senkrecht verlaufen.
Seltsam ist nur, dass man von diesem Magnetfeld gar nichts sieht!
Was ist eigentlich ein Magnet und wie kann man einen Südpol vermessen?

Magnete

Auf einer seiner zahlreichen Reisen gerät Sindbad mit seinem Segelschiff in einen schweren Sturm. Nur mit Mühe und Not gelingt es ihm und seiner Mannschaft, das Schiff durch die mannshohen Wellen zu steuern. Als nach mehreren Tagen zum ersten Mal wieder die Sonne scheint, atmen alle erleichtert auf.

1

Schon gewusst?

Magnete haben ihren Namen von der Stadt Magnesia in der Türkei. Dort haben die Menschen schon vor 3000 Jahren magnetische Steine gefunden.

Für den Kapitän und den Steuermann sind die Sorgen aber noch nicht vorbei: Wohin hat der Sturm das Schiff verschlagen? Wie kommen sie wieder zurück an die Küste? Von ihr ist weit und breit nichts zu sehen. Und noch etwas beunruhigt die beiden: Obwohl der Sturm längst abgeflaut ist, zieht das Schiff mit guter Fahrt dahin. Es wird sogar immer schneller …

Da – plötzlich der Ruf: „Land in Sicht!" Die Freude ist groß. Können sie das rettende Ufer erreichen? Doch der Kapitän sichtet nichts anderes als einen zackigen, steilen Berg, auf den das Schiff unbeirrt zuhält. Und mit Entsetzen erkennt er, wohin der Sturm sie getrieben hat: zu dem unheimlichen und sagenumwobenen Magnetberg! Der zieht das Schiff mit unwiderstehlicher Kraft zu sich hin. Da hilft auch kein Gegensteuern mehr. So nimmt das Verhängnis seinen Lauf …

Haben Magnete tatsächlich eine so starke Anziehungskraft, wie es in dieser Geschichte beschrieben wird? Woraus müssen Gegenstände bestehen, die von Magneten angezogen werden?

2 Sieh dir einmal die alte Landkarte an. Gibt es deiner Meinung nach tatsächlich Magnetberge? Kann man von ihnen kleine Brocken abschlagen, die selbst Magnete sind? Gibt es Magnetsteine?

1 Magnetisch oder nicht?
Prüfe mit einem Magneten, welche Gegenstände in deiner Umgebung angezogen werden und welche nicht. Teste zum Beispiel Bleistifte, Füller, Kugelschreiber, Radiergummis, Büroklammern, Geldstücke oder Teile von Möbeln. ↑3
Fertige eine Tabelle an.

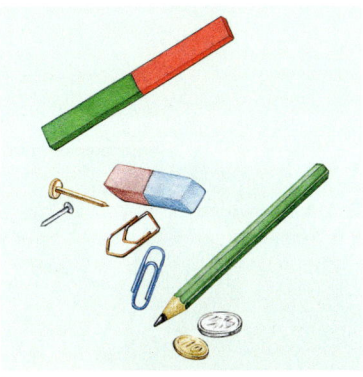

2 Magnetische Wirkung
Lege einige kleine Nägel auf einen Tisch und bewege einen starken Magneten an der Unterseite des Tisches entlang. ↑4
Was beobachtest du? Prüfe, ob der Magnet auch durch Plastik, Papier, Eisen und Aluminium wirkt.

3

3 Stärke des Magneten
Tauche einen Stabmagneten vollständig in eine Schachtel mit Stahlnägeln und hebe ihn vorsichtig hoch. Was beobachtest du?

4 Zwei Magnete
Experimentiere mit zwei Stabmagneten.
Bringe mal gleichnamige und mal ungleichnamige magnetische Pole zusammen. Was passiert, wenn du die verschiedenen Enden einander näherst? Teste möglichst viele Arten der Annäherung.

4

1 Das Fahrrad – ein „Drahtesel"?
Dein Fahrrad ist aus vielen Einzelteilen zusammengesetzt. Aus welchen Stoffen bestehen die einzelnen Teile? Werden sie vom Magneten angezogen? Lege in deinem Heft eine Tabelle an und fülle sie aus.

2 Haftung eines Magneten
An welchen Materialien haften Magnete wie im Bild ↑5? Nimm einen Magneten und untersuche sein „Haftvermögen" auf verschiedenen Flächen.

3 Ausrichtung eines frei aufgehängten Magneten
Wenn du einen Magneten an verschiedenen Orten frei aufhängst und auspendeln lässt, wirst du bemerken, dass er jedes Mal wie von „Zauberhand" ausgerichtet wird. (Achte darauf, dass sich in der Nähe des Magneten keine Gegenstände aus Eisen oder weitere Magnete befinden.) ↑6
Welche Ausrichtung nimmt der Magnet ein? Vergleiche sie mit der geografischen Nord-Süd-Richtung.

Körper	Stoff	wird vom Magneten angezogen
Lenker	Stahl	ja
Rahmen	?	?
Sattel	?	?
Felge	?	?
Speiche	?	?
Reifen	?	?
Schutzblech	?	?
Scheinwerfer	?	?
…	?	?

5

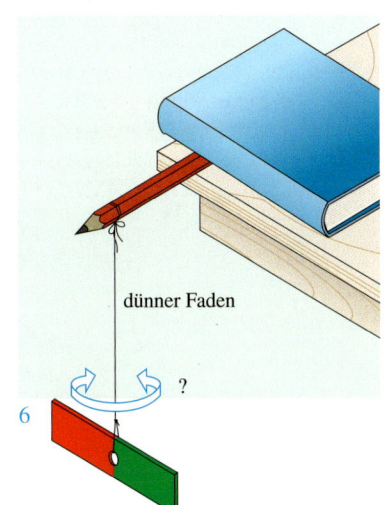

dünner Faden

?

6

GRUNDLAGEN: Eigenschaften von Magneten

Maximilian sind verschiedene Münzen in einen schmalen Spalt gefallen. Um sie wiederzubekommen, versucht er, einen Magneten als Hilfe zu benutzen. Er bindet einen Magneten wie eine Schaukel an zwei Fäden und versucht damit die Geldstücke aufzuheben. Leider gelingt ihm das nicht bei allen Geldstücken. ↑1

Sicher hast auch du schon mit Magneten gespielt und bemerkt, dass sie manche Gegenstände anziehen, andere aber nicht.

Umgekehrt bleiben Magnete auch an manchen Körpern hängen, an anderen aber nicht. ↑2, 3

Magnete ziehen nur Körper aus Eisen stark an. Auch Nickel und das seltene Metall Cobalt ziehen sie an, aber nur schwach.

Mit Stabmagneten kann man Eisennägel anheben, die auf einem Tisch liegen. An den Enden eines Stabmagneten werden besonders viele Nägel angehoben. Unabhängig von ihrer Form haben alle Magnete Stellen, an denen ihre magnetische Wirkung besonders groß ist. Diese Stellen werden als Pole der Magnete bezeichnet. ↑4

Bei Magneten ist die magnetische Wirkung an den Enden am größten. Die Stellen eines Magneten, wo die Wirkung am größten ist, heißen Pole.

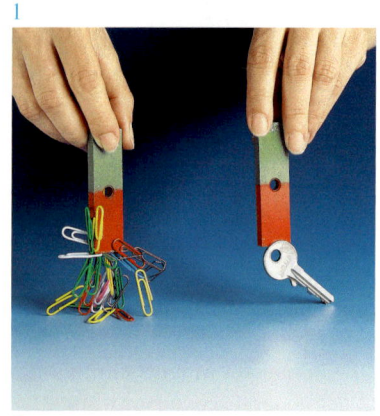

1

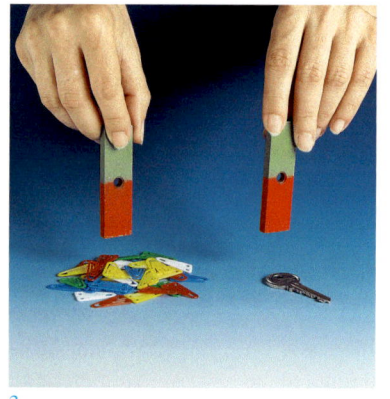

2

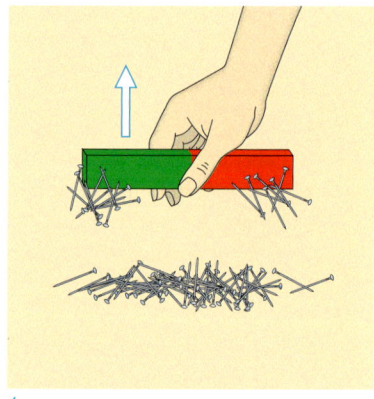

3

4

5

Magnetische Kräfte werden nicht nur bei direkter Berührung ausgeübt, sondern auch, wenn die Gegenstände etwas voneinander entfernt sind. Büroklammern und kleine Nägel springen regelrecht zum Magneten hin, wenn man ihn darüberhält. Auch das „magnetische Theater" in Bild ↑5 funktioniert nach diesem Prinzip.

Die Wirkungen eines Magneten durchdringen Gegenstände, die nicht aus Eisen oder Nickel bestehen. Gehäuse aus Eisen oder Nickel schirmen einen Körper vor den Wirkungen eines Magneten ab: Die Wirkungen werden verringert.

Mit diesen Kenntnissen kannst du nun selbst überprüfen, welche Münzen man aus dem Spalt herausbekommt.

Aus der Umwelt Magnet rettet Kuh

Bauer Grünert hat einen Verdacht: Seine Kühe haben wahrscheinlich Drahtreste mitgefressen. Sie waren beim Ausbessern des Zaunes liegen geblieben. Gleich ruft er den Tierarzt. Dr. Ezilius ist schnell zur Stelle.
Er holt einen kleinen „Plastikkäfig" aus der Tasche und sagt: „Das Ding müssen wir in den Vormagen der Kuh einführen. In der Mitte befindet sich ein starker Magnet. Daneben ist genug Platz – dort werden sich die Drahtstücke anlagern. Dann werden die Magenwände des Tieres geschützt." – „Und wie holen Sie den Magneten mit den Eisenstücken wieder heraus?",
will Herr Grünert wissen. „Überhaupt nicht", erklärt der Tierarzt. „Der Magnet bleibt für immer im Magen des Tieres. Vielleicht frisst die Kuh ja noch mal was Eisernes, eine Haarklemme oder den Kronenverschluss einer Bierflasche. Man kann ja nie wissen, was das Tier noch auf der Weide findet." Gesagt – getan! Der Tierarzt führt der Kuh den Plastikkäfig ein, auch wenn die Kuh das gar nicht so gerne mag. ↑6
Der Verdacht des Bauern bestätigt sich Jahre später auf dem Schlachthof. Am Magneten hängen die Reste von Stacheldraht. Und so manches andere mehr. ↑7

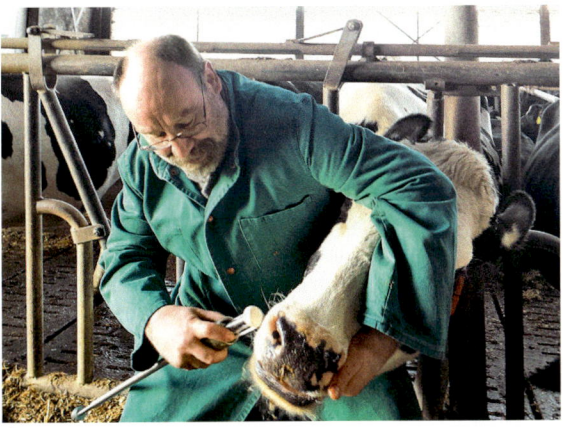

6

7

1 Warum ist der Magnet in einem Käfig aus Plastik untergebracht?
2 Zähle einige Gegenstände auf, gegen die der Magnet nicht helfen kann. Aus welchem Material bestehen diese?
3 Stacheldraht, der nur aus Eisen besteht, rostet sehr leicht. Deshalb ist er heute oftmals verzinkt. Ob ein verzinkter Draht auch von einem Magneten angezogen wird?

Probier's mal!

1 **Sägeblatt**
Nimm ein sehr langes Sägeblatt und lass es sehr lange in Nord-Süd-Richtung ruhig liegen. Befestige es genau in der Mitte im Gleichgewicht auf einer Nadel. ↑8
a Beobachte, was mit dem Sägeblatt passiert, wenn du es los lässt. Beschreibe.
b Irgendwann kommt das Sägeblatt zur Ruhe. Vergleiche die Ausrichtung des Blattes mit einer Kompassnadel.
Kannst du das Verhalten des Sägeblattes erklären?

8

GRUNDLAGEN: Nord- und Südpol eines Magneten

Wenn man einen Stabmagneten drehbar lagert, dreht er sich ganz langsam so weit, bis er sich auf eine bestimmte Richtung eingestellt hat. Dabei dürfen keine großen Eisenkörper oder andere Magnete in seiner Nähe sein. Der Stabmagnet dreht sich in die Nord-Süd-Richtung der Erde. Der eine Pol zeigt nach Norden und der andere Pol nach Süden.

Süden ist bei uns die Richtung, aus der mittags die Sonne scheint. Die Schatten weisen dann nach Norden. ↑3

Das Ende des Stabmagneten, das nach Norden zeigt, bezeichnet man deshalb auch als „Nordpol" des Magneten. Das andere Ende dementsprechend als „Südpol" des Magneten. ↑4

Jeder Magnet hat einen Nordpol und einen Südpol. Die Pole von Stabmagneten sind meistens unterschiedlich gekennzeichnet. Manchmal ist der Magnet rot und grün gefärbt – dann befindet sich der Nordpol am roten und der Südpol am grünen Ende des Magneten.

Schon gewusst?

Den Zusammenhang zwischen den Farben und den Polen kannst du dir so merken:
Nordpol – rot
Südpol – grün

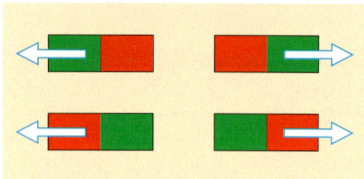

1 Gleichnamige Pole stoßen sich gegenseitig ab.

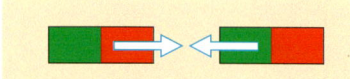

2 Ungleichnamige Pole ziehen sich gegenseitig an.

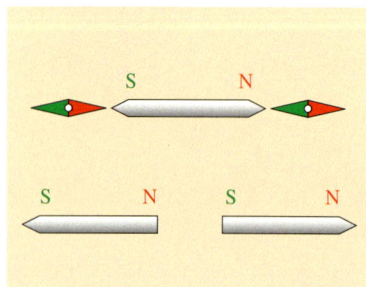

5 Aus der magnetischen Stricknadel werden beim Teilen zwei Magnete.

Immer wenn du gleichnamige Pole (Nord- und Nordpol oder Süd- und Südpol) einander näherst, stoßen sie sich ab. Du kannst die Stabmagnete so kaum zur Berührung bringen. Die ungleichnamigen Pole (Nord- und Südpol und Süd- und Nordpol) ziehen sich jedoch stark an. ↑1,2

Fügt man zwei Magnete so zusammen, dass gleiche Pole benachbart sind, so wird die magnetische Wirkung verstärkt. Sind ungleiche Pole benachbart, wird die magnetische Wirkung abgeschwächt.

3

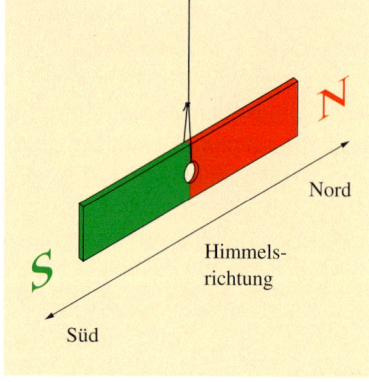

4

Jeder Magnet hat einen Nordpol und einen Südpol.
Ungleichnamige Pole eines Magneten ziehen einander an, gleichnamige Pole stoßen einander ab.

Beim Teilen eines Magneten entstehen niemals Magnete, die nur einen Pol haben. Vielmehr erhält man immer wieder zwei vollständige Magnete mit einem Nord- und einem Südpol. ↑5

Jetzt kannst du auch erklären, warum sich Magnetnadeln stets in die Nord-Süd-Richtung drehen: Die Erde muss selbst ein riesig großer Magnet sein. Im geografischen Norden der Erde liegt ihr magnetischer Südpol. Er zieht die Nordspitze der Magnetnadel an. Der magnetische Nordpol der Erde liegt im Süden, er zieht die Südspitze der Magnetnadel an. ↻ 012-1

1 Magnetnadel im Magnetfeld

Befestige einen großen Stabmagneten horizontal an einem Stativ. Bringe eine kleine Magnetnadel in die Nähe eines Pols des Magneten. ↑6
Bewege die Magnetnadel schrittweise immer in die Richtung weiter, in die jeweils die eine Nadelspitze zeigt. Wiederhole das Experiment mehrmals, indem du mit der Nadel an unterschiedlichen Stellen in der Nähe des Magnetpols startest. Beschreibe deine Beobachtungen.

2 Eisenspäne im Magnetfeld

a Lege einen Hufeisenmagneten auf den Tisch und bedecke ihn mit einer Glasscheibe. Streue Eisenfeilspäne gleichmäßig dünn auf die Glasscheibe. Klopfe leicht gegen die Glasscheibe. ↑7
Was beobachtest du? Stelle deine Beobachtung in einer Skizze dar.

b Untersuche auf die gleiche Weise auch Stabmagnete und Ringmagnete. Vergleiche die Ergebnisse miteinander.

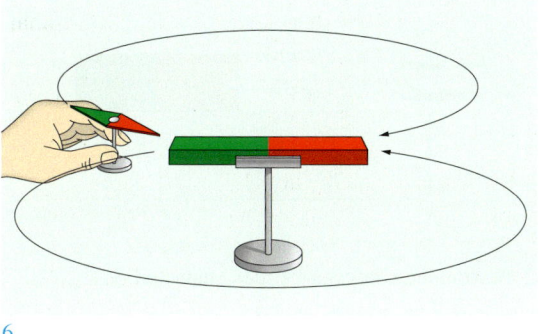

6

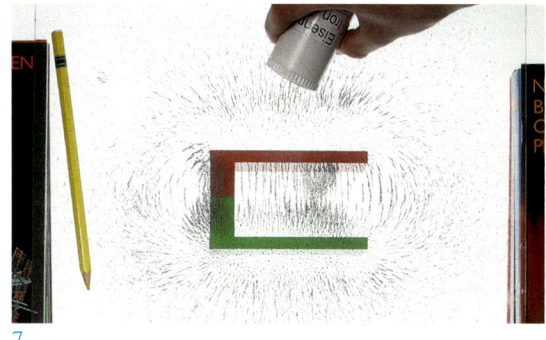

7

GRUNDLAGEN: Das Magnetfeld eines Dauermagneten

Magnete ziehen bestimmte Stoffe an. Auch andere Magnete werden durch sie beeinflusst. Dabei müssen die Körper einander nicht berühren. So zeigt das Ausrichten einer Magnetnadel, dass die magnetischen Kräfte auch in größerer Entfernung vom Magneten auftreten. ↑6

Der Raum um einen Magneten hat besondere Eigenschaften:
Auf Magnete und magnetisierbare Körper werden Kräfte ausgeübt.
Einen solchen Raum nennt man ein Magnetfeld.

Das magnetische Feldlinienbild ist ein Modell des magnetischen Feldes. Es ermöglicht Aussagen über die Ausrichtung von Magnetnadeln und die Stärke der magnetischen Wirkung. Die Feldlinien verlaufen außerhalb des Magneten vom Nordpol zum Südpol. Der Nordpol einer kleinen Magnetnadel zeigt in Richtung der Feldlinie, der Südpol zeigt in die entgegengesetzte Richtung. Je dichter die Feldlinien in einem Gebiet liegen, umso größer ist die dort auftretende magnetische Wirkung. ↑8–10   ↻ 013-1

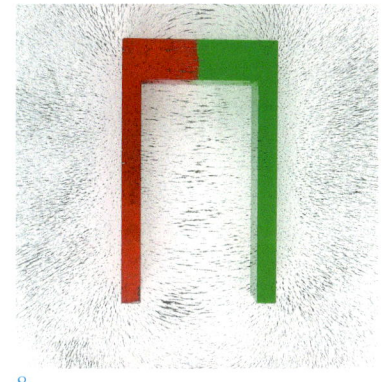

8

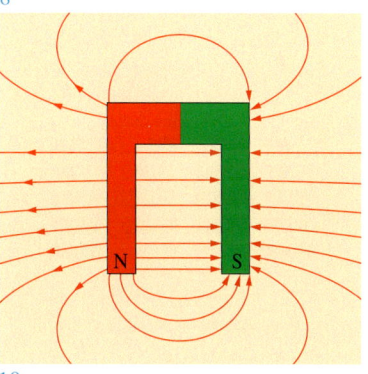

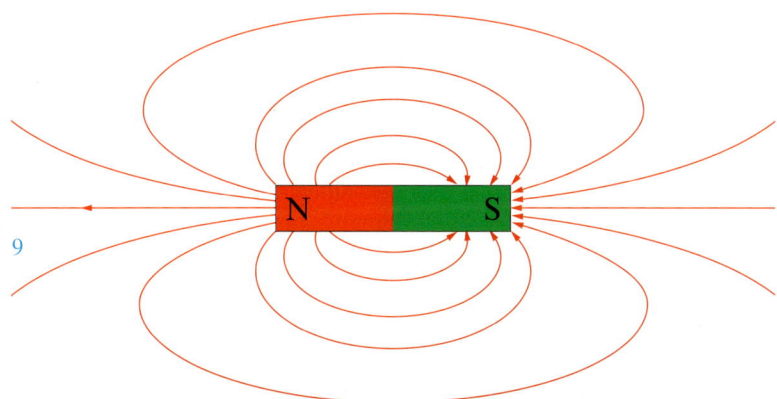

9

10

Probier 's mal!

1 Magnete – selbst gemacht

a Aus langen Eisen- und Stahlnägeln kannst du selbst Magnete anfertigen. Streiche dazu mit einem Pol eines Stabmagneten mehrmals in gleicher Richtung über je einen Nagel. ↑1

b Prüfe, ob die magnetisierten Nägel dieselben Eigenschaften aufweisen wie der Stabmagnet.

c Stelle fest, wo die Nord- und Südpole deiner „Magnetnägel" sind. Nähere ihnen dazu eine drehbar gelagerte Kompassnadel.

d Überprüfe nach 10 Minuten (einer Stunde, einem Tag), ob deine selbst angefertigten Magnete immer noch kleine Eisennägel anziehen.

2 Magnetisieren: Wird der Magnet schwächer?

Im ↑Experiment 1 werden Eisennägel magnetisiert. Gibt der Stabmagnet dabei „Magnetismus" ab, sodass er hinterher geringere magnetische Wirkungen zeigt?

a Lege eine Büroklammer aus Eisen an den Nullpunkt eines Lineals. Schiebe den Stabmagneten langsam von rechts nach links auf die Büroklammer zu. Ab welcher Entfernung wird die Büroklammer angezogen? Notiere den Abstand. ↑2

b Magnetisiere zehn Eisennägel mit dem Magneten. Prüfe danach mit Büroklammer und Lineal, ob der Magnet schwächer geworden ist.

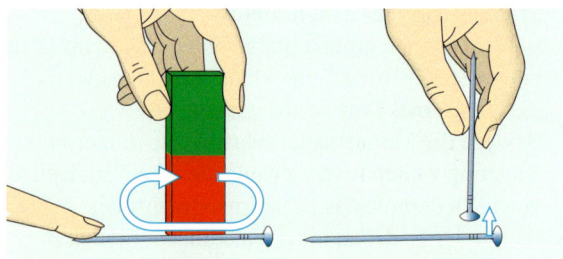

1 Magnetisieren eines Nagels aus Eisen oder Stahl

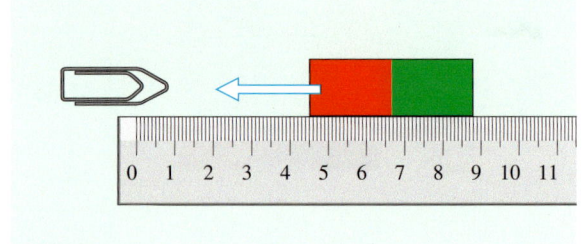

2 Bestimmung der „Stärke" des Magneten

3 Kann man Magnete entmagnetisieren?

Schlage auf Nägel, die du magnetisiert hast, kräftig mit einem Hammer ein oder glühe sie in einer Flamme. Prüfe danach, ob sie noch Magnete sind. Achtung: Führe den Versuch nur unter Aufsicht eines Erwachsenen durch!

GRUNDLAGEN: Herstellung von Magneten

Körper aus Eisen (Nickel, Cobalt) lassen sich mithilfe von Magneten magnetisieren. Sie werden dann selbst zu Magneten.
Werden Magnete stark erhitzt oder erschüttert, verlieren sie ihre magnetische Wirkung.

Wenn wir uns vorstellen, dass Eisen, Nickel und Cobalt aus winzigen magnetischen Bereichen mit je einem Nord- und einem Südpol (sogenannten Elementarmagneten) zusammengesetzt sind, können wir diese Erscheinung erklären:

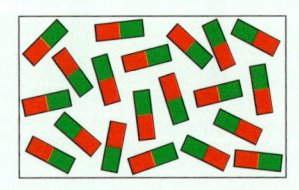

3 Kein Magnet: Elementarmagnete sind nicht einheitlich ausgerichtet.

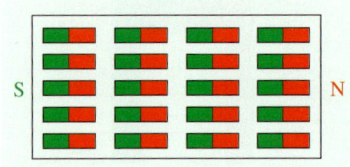

4 Magnet: Elementarmagnete sind einheitlich ausgerichtet.

– In einem unmagnetisierten Eisenstück sind alle Elementarmagnete verschieden ausgerichtet. Nach außen hin bemerkt man keine magnetische Wirkung. ↑3

– Streicht man mit einem Magneten über das Eisenstück, richten sich die Elementarmagnete in ihm aus. Die Nordpole zeigen zu einer Seite, die Südpole zur anderen. Alle Elementarmagnete wirken zusammen wie ein „großer" Magnet, der Körper ist magnetisiert. ↑4

Wenn der Magnet stark erhitzt oder erschüttert wird, verlieren die Elementarmagnete ihre einheitliche Ausrichtung.

↻ 014-1

1 Magnet und Nägel

Hänge an einen Stabmagneten nach und nach Nägel an. ↑5
Was beobachtest du?
Erkläre das Verhalten der Nägel mithilfe des Modells der Elementarmagnete.

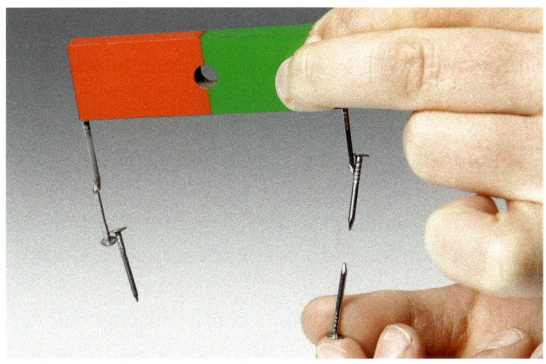

5

2 Kugelmagnete

In der Physiksammlung gibt es vielleicht einige starke magnetische Kugeln. Mit diesen Magnetkugeln kannst du interessante Experimente machen. Untersuche die Eigenschaften dieser Magnetkugeln. Notiere in deinem Heft, welche Eigenschaften du herausgefunden hast. ↑6, 7
Beschreibe auch, wie du diese Eigenschaften bestimmt hast.

6

7

3 Magnetisches Gesicht

Im Bürohandel kann man magnetisches Klebeband kaufen. Damit lassen sich überraschende Experimente durchführen. Schneide dazu das Klebeband in Stücke und klebe Figuren (ein Gesicht oder einen Hund) auf ein Blatt DIN-A4-Papier. Drehe dann das Papier um und streue auf die andere Seite Eisenpulver. Notiere deine Beobachtungen im Heft und erkläre, wie diese Pulverfiguren zustande kommen. ↑8

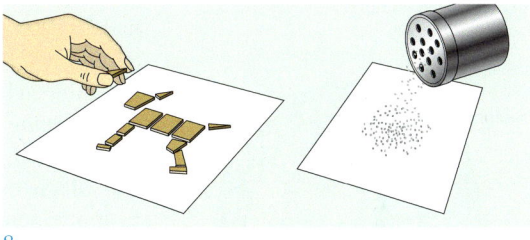

8

4 Ein Reagenzglas als Magnet

Schütte Eisenpulver in ein Reagenzglas. Streiche mit einem Stabmagneten so an dem Reagenzglas entlang, wie es im Bild ↑1 S. 14 dargestellt ist. Untersuche nun das Reagenzglas mithilfe einer Kompassnadel.
Bringe danach das Eisenpulver durch Schütteln durcheinander. Prüfe nun erneut das Reagenzglas mit einer Kompassnadel. Notiere deine Beobachtungen im Heft und erkläre das Ergebnis mithilfe des Modells der Elementarmagnete.

5 Magnetschussanlage

Für dieses Experiment brauchst du 3 gleich große Stahlkugeln und einen Kugelmagnet. Lege nun die Magnetkugel und 2 Stahlkugeln als Kugelkette auf den Tisch. Lass dann die Stahlkugel langsam auf diese Kugelkette zu rollen. Du wirst ein erstaunliches Verhalten bei den nicht magnetischen Kugeln beobachten. ↑9
Notiere deine Beobachtungen im Heft und erkläre.

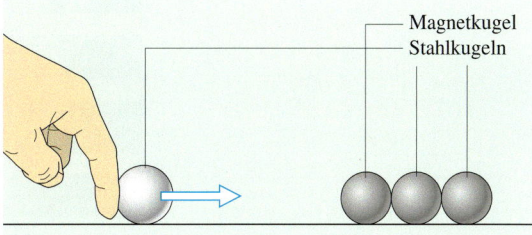
Magnetkugel
Stahlkugeln

9

GRUNDLAGEN: Die Erde – ein Magnet

Der Seefahrer und Entdecker CHRISTOPH KOLUMBUS glaubte vor vierhundert Jahren noch, dass die Kompassnadel deshalb nach Norden zeigt, weil sie vom Polarstern angezogen wird. Heute weiß man es besser:

Die Erde selbst ist ein riesiger Magnet mit Nord- und Südpol. ↑1

Auch eine Kompassnadel ist ein Magnet. Die ungleichnamigen Pole von Erde und Kompass ziehen sich an. Dadurch wird die Nadel ausgerichtet. Die Magnetpole der Erde liegen nicht genau auf den geografischen Polen, sondern nur in ihrer Nähe. Eine Kompassnadel richtet sich daher nicht exakt in Nord-Süd-Richtung aus. Wenn man der Richtung der Kompassnadel folgen würde, käme man im Norden Kanadas an, hunderte Kilometer entfernt vom Nordpol. ↑2
Die Abweichung der Kompassnadel von der Nord-Süd-Richtung heißt *Missweisung.* Sie ist unterschiedlich groß – je nachdem, wo man sich auf der Erde befindet.
Das Magnetfeld der Erde hat eine Form, wie sie auch ein Stabmagnet im Erdmittelpunkt hervorrufen würde. ↑3

Das Erdmagnetfeld beeinflusst Teilchen, die von der Sonne kommen, den sogenannten Sonnenwind. Durch komplizierte Wechselwirkungen mit der Erdatmosphäre können dadurch Polarlichter entstehen. ↑4
Der Teilchenstrom der Sonne verändert das Erdmagnetfeld erheblich. Es wird auf der Tagseite stark zusammengequetscht, während das Feld auf der Nachtseite weit in den Weltraum hinein zu einem riesigen Schweif verzerrt wird. ↑5

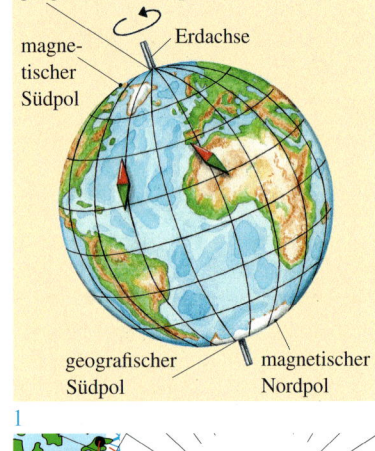

1

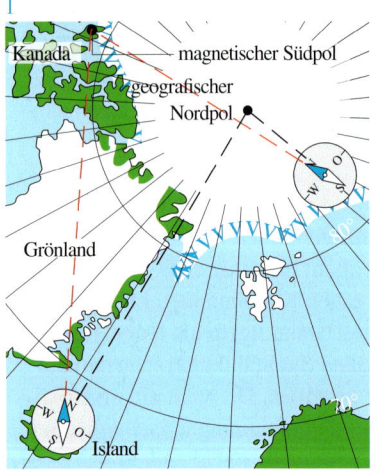

2 Missweisung

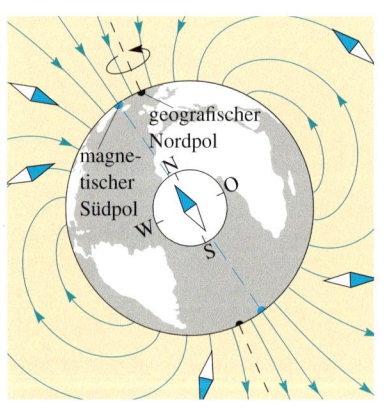

3

4 Polarlichter

5 Magnetschweif der Erde

Aus der Geschichte Die Entwicklung des Kompasses

Die Erfindung des Kompasses durch die Chinesen

Die Tatsache, dass ein bestimmtes Erz Eisen anzieht, war den Griechen und den Chinesen offenbar schon lange vor der Zeitenwende bekannt.

Um 1160 v. Chr. wurden in China unter den CHOU-Fürsten sogenannte magnetische Wagen gebaut. In ihrem vorderen Teil war eine frei schwimmende Magnetnadel untergebracht. Sie stellt die beweglichen Arme und Hände einer kleinen Figur dar und weist nach Süden. Diese Apparate wurden „Fse-Nan" (Andeuter des Südens) genannt. Der chinesische Kaiser CHING WANG schenkte solche Geräte den Gesandten von Tonking und Tonkingchina. Sie benutzten sie als Kompass, um leichter ihren Heimweg durch die großen Ebenen zu finden. Als Material verwendeten die Chinesen vermutlich Magnetit oder Magneteisenstein. ↑6

Um 374 v. Chr. setzten sich schwimmend gelagerte Magnete als Navigationshilfen für die Schifffahrt durch. Dabei handelte es sich nur um Magnete, die in Richtung Nord bzw. Süd zeigten. Sie hatten noch keine Windrose oder ähnliche Skalen. ↑8

Die Entwicklung des Kompasses in Europa

Erst 1181 erwähnt der Mönch und Lyriker DE PROVINS aus der Champagne erstmals in Europa eine schwimmende Magnetnadel zur Bestimmung der Himmelsrichtung. 1302 erfindet GIOJA aus Amalfi die Windrose für den Kompass. Dadurch war es leicht möglich, beliebige Himmelsrichtungen anzugeben. ↑7,9

Vor der Erfindung des Kompasses in Europa orientierten sich die Seeleute tagsüber am Stand der Sonne und nachts an der Lage der Sternenbilder.

6

7

8 Seefahrer nutzen den Kompass zur Navigation.

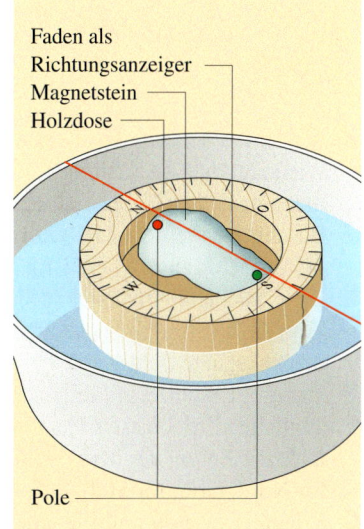

Faden als
Richtungsanzeiger
Magnetstein
Holzdose

Pole

9 Kompass mit Windrose

Probier 's mal!

1 Orientierung durch Magnete

Auf Wanderkarten sind Norden und Süden verzeichnet. Um dich orientieren zu können, musst du die Karte so halten, dass „ihr" Norden mit der tatsächlichen Nordrichtung übereinstimmt.

a Warum kann ein Magnet dem Wanderer im unbekannten Gelände Informationen über die Himmelsrichtungen liefern?

b Norde mithilfe eines Kompasses eine Wanderkarte ein. Wo befinden sich Süden, Osten und Westen? ↑1

1

2 Ein einfaches Münzprüfgerät

Bild ↑2 zeigt den prinzipiellen Aufbau eines Prüfgeräts für Münzen.

a Versuche ein solches Prüfgerät zu bauen.

b Was geschieht eigentlich mit den Münzen, die selbst magnetisch sind?

c Verbessere die Anordnung so, dass auch echte magnetische Münzen in den Automaten gelangen.

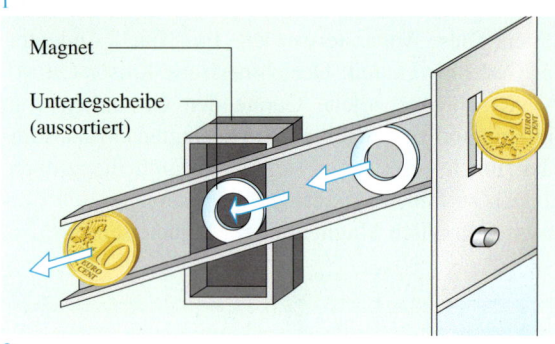

Magnet

Unterlegscheibe (aussortiert)

2

Aufgaben

1 Wo werden im Haushalt überall Magnete benutzt? Nenne mindestens fünf Beispiele und beschreibe ihre Funktion.

2 Welche Stoffe werden von Magneten angezogen?

3 Ein Magnet zieht eine Büroklammer an und hält sie fest. Die Büroklammer zieht eine zweite an und hält sie. Wie ist das zu erklären?

4 Warum darf das Gehäuse eines Kompasses nicht aus Eisen oder aus Nickel hergestellt werden?

5 Wo sind bei Magneten die Stellen mit der größten magnetischen Wirkung und wie heißen sie?

6 Von zwei Eisenstäben ist nur einer magnetisch. Wie kann man herausfinden, welcher von beiden magnetisch ist? Nenne mehrere Möglichkeiten.

7 Beschreibe mehrere Methoden, wie du den Nordpol eines Magneten herausfinden kannst.

8 Zwei Magnete – mal ziehen sie sich an … Zeichne die vier Versuche ab und male die „weißen" Magnete richtig aus. ↑3

9 Die drei Bilder rechts zeigen Experimente mit ähnlichen Ergebnissen. Zeichne die Bilder ab und male die Seiten der Magnete mit Farben aus (Rot für Nord, Grün für Süd). ↑4

10 Erläutere, wie du mithilfe eines Kompasses die Südrichtung bestimmen kannst.

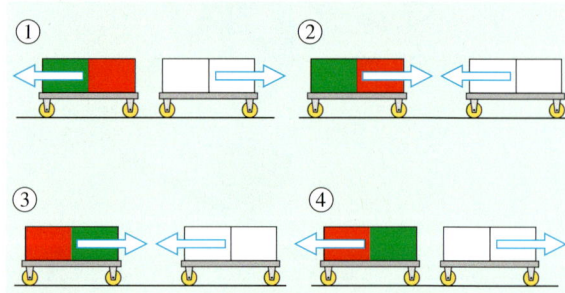

① ②

③ ④

3

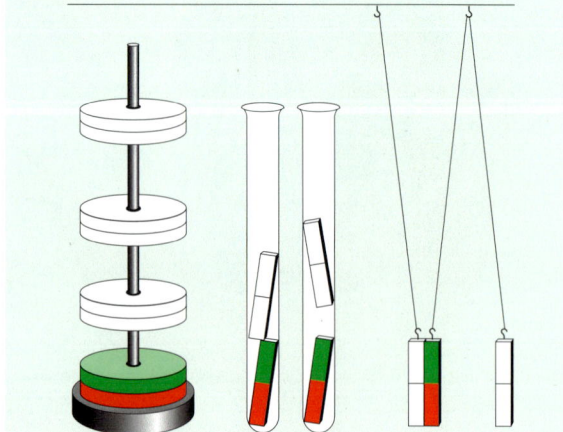

4

Selbst erforscht

Orientierung bei Tag und Nacht

Der Kompass stellt nur eine Möglichkeit dar, sich im Gelände zu orientieren, indem man die Nord-Süd-Richtung bestimmt.

Finde heraus, welche weiteren Möglichkeiten es gibt, die Himmelsrichtungen zu bestimmen. Informationen findest du in Lehrbüchern zur Astronomie, Geografie, in Bibliotheken oder im Internet.

Probiere selbst aus, ob diese Methoden geeignet sind, sich in unbekanntem Gelände zu orientieren.

1. Themenvorschlag: Orientierung an der Sonne

Wie kann man mithilfe des Sonnenstandes die Himmelsrichtungen bestimmen?

Wie kann man mit einem Schattenstab die Nordrichtung ermitteln?

Auch eine Uhr mit Zeigern (keine Uhr mit digitaler Anzeige) kann verwendet werden, um die Himmelsrichtungen zu bestimmen. Wie?

2. Themenvorschlag: Sternenhimmel

Was sind Sternbilder? Welche Sterne sind für die Bestimmung von Himmelsrichtungen besonders interessant …

3. Themenvorschlag: Satellitennavigation

Was ist eigentlich GPS und wie funktioniert es?

5

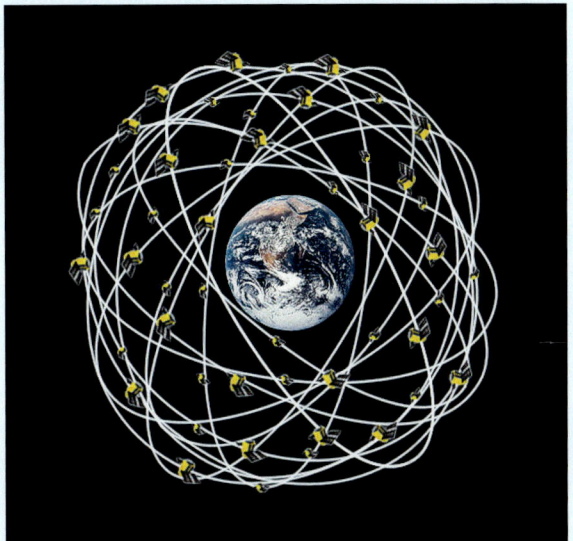

7

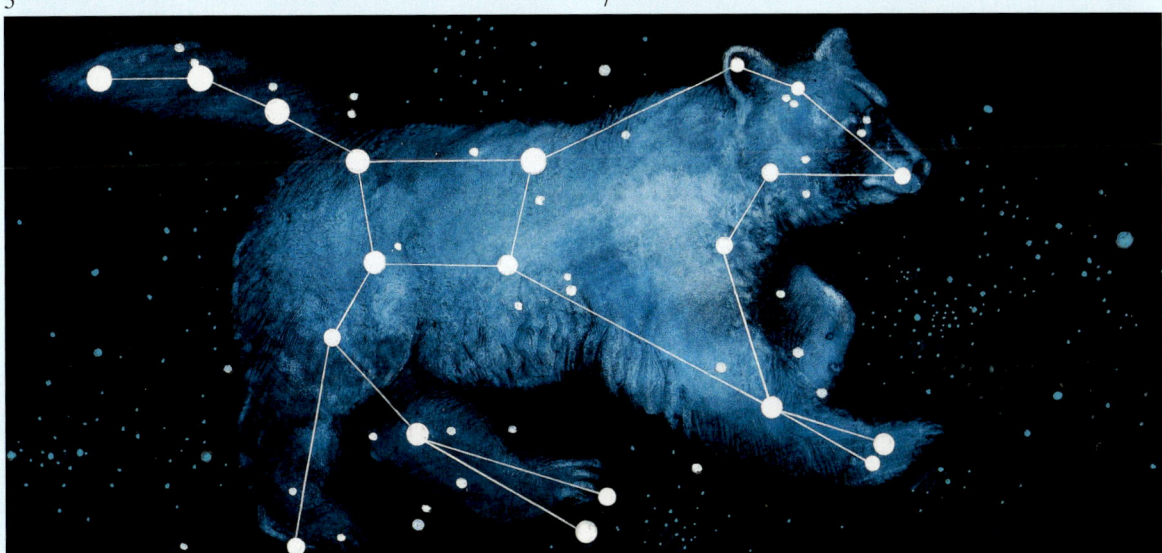

6

Kompass im Kopf?

1822 wurde in Mecklenburg ein Storch gefunden, dessen Hals von einem 80 cm langen Pfeil durchbohrt war. Dieser Pfeil stammte aus Zentralafrika. Damit konnte man zum ersten Mal nachweisen: Störche überwintern nicht im Erdreich oder in Höhlen, sondern im Süden. Beim Vogelzug legen Störche bis zu 10 000 km zurück – vom Norden Europas bis nach Südafrika. Wie schaffen es Zugvögel, über Tausende von Kilometern hinweg ihr Ziel zu finden?

Besonders faszinierend ist die Fähigkeit von Brieftauben, von einem unbekannten Startplatz aus zielsicher zu ihrem Nest zu finden. Genau wie wir Menschen bräuchten sie zur Orientierung Karte und Kompass. Es ist noch nicht vollständig erforscht, wie der Orientierungssinn der Vögel funktioniert.

Denkbar ist, dass sie die Sonne als eine Art Kompass benutzen, der die Richtung zum Ziel anzeigt.
In der Schnabeloberhaut entdeckten Forscher Magneteisenstein (Magnetit). Man vermutet, dass die Magnetit-Teilchen durch die Ortsveränderung im Erdmagnetfeld ihre Form verändern. Damit könnten die Tauben eine Art „Landkarte" abspeichern.

Durch spezielle Angepasstheit an ihr Verbreitungsgebiet schützt sich diese Pflanze vor direkter Sonneneinstrahlung: In den Sommermonaten stellt sie ihre Blätter senkrecht zur Sonne. Gleichzeitig richtet sie die Blätter in Nord-Süd-Richtung aus. Sie wird deshalb auch als Kompass-Pflanze bezeichnet.

Die sehr schmalen, bis zu 3 m langen und 4 m hohen Plattennester der australischen Kompasstermiten sind sehr genau an der magnetischen Nord-Süd-Richtung orientiert. So wird nur ein geringer Teil des Baues von der Sonne bestrahlt. Das Innere heizt sich nur sehr wenig auf.

Walstrandungen gehören zu den Phänomenen, die man versucht mithilfe von Störungen im Erdmagnetfeld zu erklären.

In den 1980er-Jahren bewiesen Experimente mit künstlichen Magnetfeldern, dass Rochen und Haie die Fähigkeit besitzen, sich im Erdmagnetfeld zu orientieren.

Auf einen Blick

Eigenschaften von Magneten

Eigenschaften von Magneten Magnete ziehen Gegenstände aus Eisen (auch Nickel oder Cobalt) an.↑1

Die Stellen eines Magneten, an denen die magnetische Wirkung am größten ist, heißen Pole.

Jeder Magnet besitzt einen Nordpol und einen Südpol.↑2

Gleichnamige Pole stoßen sich gegenseitig ab. Ungleichnamige Pole ziehen sich gegenseitig an.↑3

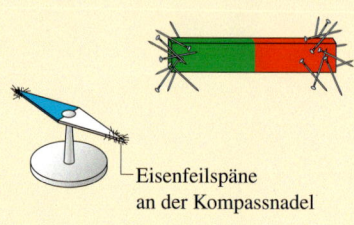

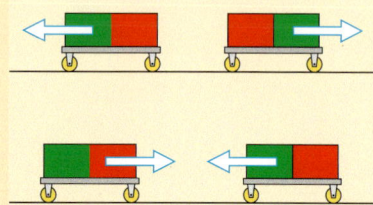

1 Eisen, Nickel und Cobalt werden vom Magneten angezogen.

2 An den Polen der Magnete ist die magnetische Wirkung am größten.

3 Gleichnamige Pole → Abstoßung. Ungleichnamige Pole → Anziehung.

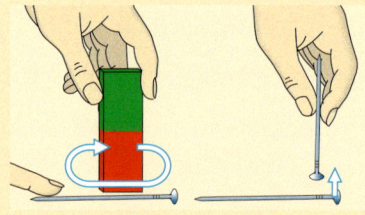

4 Magnetisieren eines Nagels

Magnetisieren und Entmagnetisieren Körper aus Eisen (Nickel, Cobalt) lassen sich mithilfe von Magneten magnetisieren. Sie werden selbst zu Magneten.↑4

Wenn Magnete stark erschüttert oder erhitzt werden, verlieren sie ihre magnetische Wirkung.

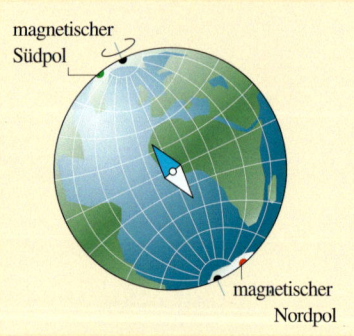

5 Die Erde ist ein Magnet.

Die Erde als Magnet Die Erde ist ein großer Magnet. Ihre Magnetpole liegen in der Nähe der geografischen Pole.↑5

Ein Kompass enthält eine drehbar gelagerte Magnetnadel. Die Magnetpole von Erde und Kompassnadel ziehen sich gegenseitig an.

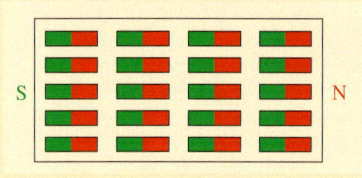

6 Magnet im Modell

Magnete im Modell Wir stellen uns vor, dass alle magnetischen Stoffe (Eisen, Nickel, Cobalt) aus unzähligen winzigen Elementarmagneten bestehen. Diese Elementarmagnete sind bei einem Magneten alle in derselben Richtung ausgerichtet.↑6

Alles klar?

1 Laura sagt: „Meine Büroklammer wird vom Magneten angezogen." Niels behauptet: „Meine Büroklammer wird nicht vom Magneten angezogen." Welche Erklärung hast du für die verschiedenen Aussagen? ↑7

2 Manche Münzen sehen aus, als seien sie aus Messing oder Kupfer. Sie werden aber vom Magneten angezogen. Was kannst du daraus schließen?

3 Welche der folgenden Körper lassen sich magnetisieren: eine Stahlstricknadel, eine Messingschraube, ein Eisenblech, ein Nickeldraht, ein Kupferdraht?

4 Lena hat eine Schere magnetisiert.
a Auf welche Weise hat sie das wohl gemacht? Beschreibe ihr Vorgehen auch im Modell.
b Lenas Mutter ist über die magnetische Schere gar nicht glücklich. Warum wohl?

5 Magnete sollte man nicht fallen lassen. Nenne dafür Gründe.

6 Wenn man eine Stahlstricknadel mit einem Magneten bestreicht, wird die Nadel zu einem Magneten. Wenn man sie dann in der Mitte durchkneift, erhält man …

7 Tina hat eine von zwei Stricknadeln magnetisiert und nicht gekennzeichnet. Sie fragt: „Wer bekommt ohne ein weiteres Hilfsmittel heraus, welche der beiden Stricknadeln magnetisiert ist?" Wie würdest du vorgehen, um die Lösung zu finden?

8 Die blaue Spitze einer Kompassnadel ist ein magnetischer Nordpol. Von welchem Pol der Erde kann sie deshalb angezogen werden? Wo liegt dieser Magnetpol?

9 Untersuche die magnetische Wirkung von zwei Stabmagneten, wenn du diese unterschiedlich zusammenlegst. Versuche eine Erklärung für das unterschiedliche Verhalten zu finden. ↑8

10 Was ist ein Magnetfeld?

11 Was kann man aus dem Verlauf der Feldlinien eines Magnetfeldes erkennen? ↑9

12 Zeichne das Magnetfeld von:
a Stabmagneten
b Hufeisenmagneten

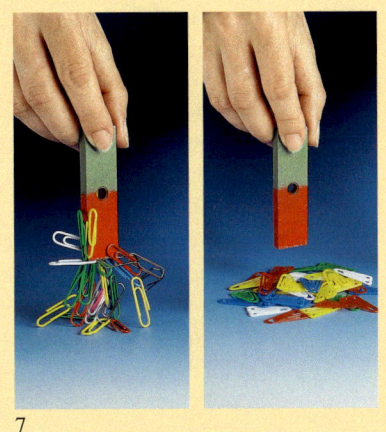

7

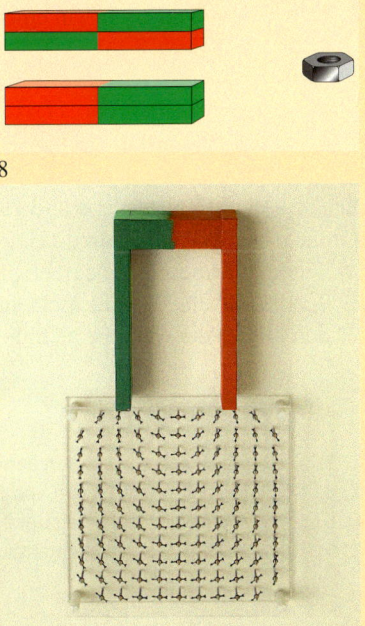

8

9

Check up

1   Wie kann man prüfen, ob die Gummidichtung an der Tür eines Kühlschranks einen Magnetgummi enthält?

2   Warum wird magnetisiertes Eisen wieder unmagnetisch, wenn man kräftig mit dem Hammer daraufschlägt?

3   Erkläre, warum beim Teilen eines Magneten stets wieder vollständige Magnete entstehen.

4   Die magnetische Stricknadel im Korken hat oben ihren Nordpol. ↑1

a   Skizziere den Weg, auf dem sie sich bewegt.

b   Was würde geschehen, wenn auf dem Korken ein kleiner Stabmagnet läge? Erkläre den Unterschied.

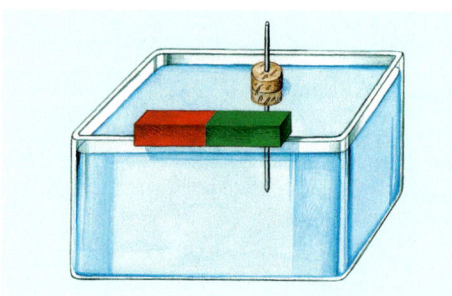

1

5   Beschreibe zwei Möglichkeiten, wie du den Feldlinienverlauf um einen Magneten ermitteln kannst.

6   Videobänder, Disketten, Scheckkarten und Parkscheine enthalten dünne magnetische Schichten. In diesen sind Töne, Bilder, Texte oder auch Zahlen gespeichert. Warum dürfen solche „Datenspeicher" nicht in die Nähe von Magneten gebracht werden?

7   Bei vielen Stabmagneten ist die eine Hälfte rot und die andere grün lackiert. Andere Stabmagnete sind unlackiert.

a   Erkläre, was die Farben bedeuten.

b   Du sollst die schwarzen Magnete auch rot und grün lackieren. Wie gehst du vor, damit die richtige Farbe auf die richtige Seite kommt?

8   In einer Bastelkiste findest du einen runden, flachen Magneten. ↑2 Dein Vater meint, solch ein Magnet hat nur einen einzigen Magnetpol.

a   Stimmst du dieser Meinung zu?

b   Wie kannst du die Anzahl der Pole feststellen? Plane ein Experiment.

c   Wie kannst du herausfinden, welcher Pol der Nordpol und welcher Pol der Südpol ist? Nenne die Hilfsmittel und beschreibe dein Vorgehen.

2   ↻ 024-1

> Die Lösungen findest du auf Seite 155.

Schätze deine Kenntnisse und Fähigkeiten ein.

Ordne dazu deiner Lösung im Heft ein Smiley zu:
☺ Ich konnte die Aufgabe richtig lösen.
😐 Ich konnte die Aufgabe nicht komplett lösen.
☹ Ich konnte die Aufgabe nicht lösen.

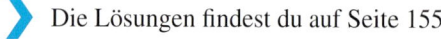

Aufgabe	Fähigkeit	Hilfe findest du auf Seite ...
1, 3, 6, 8	Eigenschaften von Dauermagneten nennen und beschreiben	10, 12
2, 3	Modellvorstellungen von Magneten erläutern	14
4, 5	Magnetfeld und Feldlinienbilder erklären	13
1, 5, 8	Experimente planen und durchführen	9, 13

Stromkreise

Stell dir ein-
mal vor, der elektrische
Strom fiele aus und es gäbe keine
Batterien und Akkus zu kaufen. Wie
sähe dein Leben ohne Elektrizität aus?
Kein Licht, kein Fernseher, kein CD-Player,
kein Telefon, kein Handy, kein Computer ...
Die Entdeckung und Erforschung der Elektrizität und die darauf aufbauende Entwicklung
immer neuer elektrischer und elektronischer
Geräte hat die menschliche Gesellschaft
stärker verändert und geprägt als jede
andere technische Errungenschaft.

Elektrische Stromkreise

Aus dem Weltall gesehen ist Europa nachts ein Lichtermeer. Unsere Welt ist ohne elektrische Energie nicht denkbar.
Wir können unseren Alltag ohne elektrische Geräte nicht mehr bewältigen.
Elektrische Stromkreise dienen der Energieübertragung. In vielen Experimenten wirst du Stromkreise erforschen.

1

Gibt es auch hier einen elektrischen Stromkreis?
Warum ist es für den Vogel nicht lebensgefährlich, auf der Hochspannungsleitung zu sitzen? ↑3

3

2 Licht durch elektrischen Strom

Elektrischer Strom kann gefährlich sein! Führe keine Experimente an der Steckdose durch: Es könnte tödliche Folgen haben! ↻ 026-1

4 Was gehört zur Beleuchtungsanlage?

5 Wo ist hier der Stromkreis?

6 Eine vorschriftsmäßige Fahrradbeleuchtung ist für deine Sicherheit wichtig. Mängel können an Leitungen, Anschlüssen, Lampen und Fassungen auftreten.
Um die trickreiche Fahrradbeleuchtung zu verstehen, experimentieren wir erst einmal mit einfachen Stromkreisen.

1 Ist die Fahrradlampe in Ordnung?

Mit einer Flachbatterie kann man prüfen, ob eine Fahrradlampe in Ordnung ist. Bei welcher Anordnung wird die Lampe leuchten, bei welcher nicht (auch wenn sie in Ordnung ist)?

Überlege zuerst und überprüfe dann die vier Schaltungen.↑7

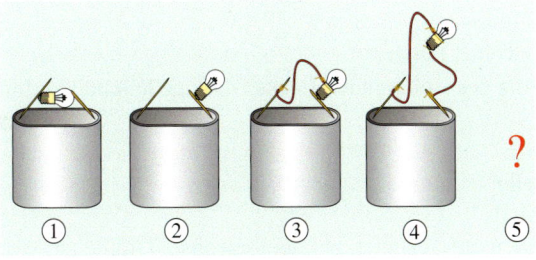

7

2 Glühlampe und Netzgerät

Leichter geht es, wenn du zum Überprüfen der Glühlampe eine Lampenfassung und ein Netzgerät verwendest.↑8

a Welche Möglichkeiten hast du, um die Lampe auszumachen?

b Kannst du die Lampe mit nur einem Kabel leuchten lassen?

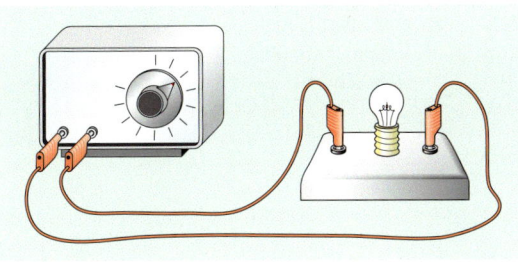

8

3 Leitungen

Wir überprüfen die Leitungen der Fahrradbeleuchtung. Sieh zuerst nach, wie die Leitungen innen und außen aufgebaut sind. Mit dem Experiment in Bild↑9 kannst überprüfen, ob sie in Ordnung sind.

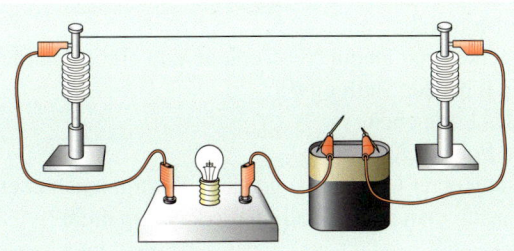

9

4 Glühlampe und Dynamo

Schließe deine Glühlampe so an einen Dynamo an, wie es Bild↑10 zeigt.

a Drehe das Rad mit dem angeklappten Dynamo. Was stellst du fest?

b Wo befindet sich der zweite Pol des Dynamos?

10

5 Stromkreise

Der Fahrraddynamo wird jetzt durch eine Flachbatterie oder ein Netzgerät ersetzt.↑11

a Was ist zu tun, damit die Lampe leuchtet?

b Führe das Experiment auch mit dem Rücklicht durch. Wie wird der Stromkreis geschlossen?

c Zeichne den Stromkreis am Fahrrad. Verwende dazu die richtigen Schaltzeichen (↑S.30).

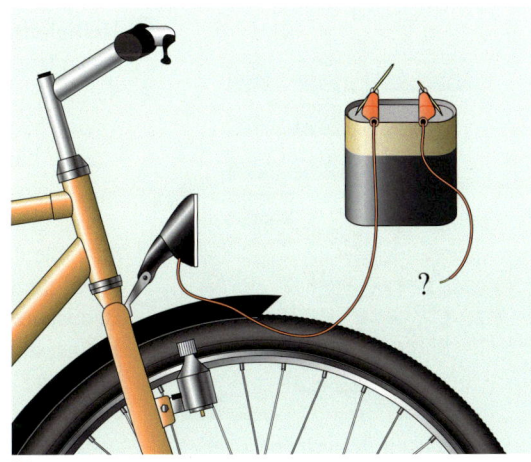

11

Experimente

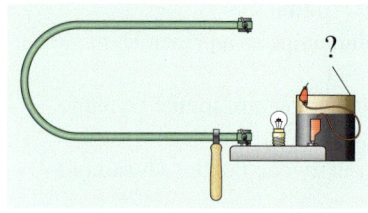

1

2

3

1 Stromkreis mit einem Leiter

Die Lampe im Bild ↑1 soll leuchten, obwohl du – wie beim Fahrrad – nur einen Draht benutzt.

a Welcher Teil des Aufbaus entspricht dem Fahrradrahmen?

b Wie erreichst du, dass die Lampe aufleuchtet?

c Nicht alle Teile des Laubsägebügels sind dafür geeignet, den Stromkreis zu schließen. Worauf musst du achten?

d Wir übertragen deine Erkenntnisse auf die Schaltung der Fahrradbeleuchtung:
Wo ist dort der „zweite" Leiter?
Wie wird dort (trotz des isolierenden Lacks) für eine leitende Verbindung gesorgt?

2 Vor- und Nachteile

Neue Fahrräder sind:
– mit einem Dynamo ausgestattet, bei dem jeweils 2 Drähte zu
jeder der beiden Lampen führen.
– mit einem Nabendynamo ausgestattet. ↑2
– mit batteriebetriebenen Lampen ausgestattet. ↑3

Untersuche die Beleuchtungsarten an den Fahrrädern und stelle die
Vor- und Nachteile der verschiedenen Beleuchtungsarten in einer
Tabelle zusammen. Übernimm dazu die unten stehende Tabelle in
dein Heft.

	Dynamo mit einem Kabel	Dynamo mit zwei Kabeln	Nabendynamo	Batterie
Dynamo mit einem Kabel	x	man spart Kabel, Verkabelung über-sichtlich	man spart Kabel, Verkabelung über-sichtlich	?
Dynamo mit zwei Kabeln	?	x	?	?
Nabendynamo	?	?	x	?
Batterie	?	?	?	x

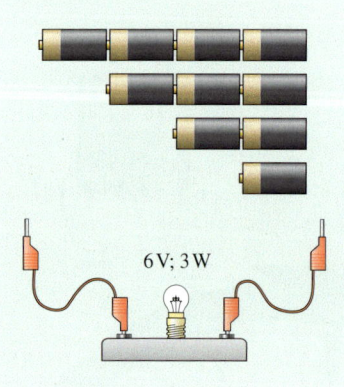

6V; 3W

4

3 Helligkeit der Lampe

Wann leuchtet die Lampe mit der „richtigen" Helligkeit?

a Schließe ein Fahrradlämpchen (Aufschrift: 6V; 3W) an
– eine Monozelle.
– zwei hintereinanderliegende Monozellen.
– drei geschaltete Monozellen an.
– vier geschaltete Monozellen an. ↑4

b Schließe das Lämpchen jetzt an ein Netzgerät an und drehe den Stell-
knopf langsam von 0 bis zur Stellung 6V.
Beobachte dabei das Lämpchen.
Kannst du jetzt die Frage beantworten?

c Betrachte die Fassung einer Glühlampe genauer. Warum leuchtet eine
Glühlampe nicht, wenn man sie nur halb in die Fassung dreht?

GRUNDLAGEN: Elektrischer Stromkreis

Damit eine Glühlampe leuchtet, muss sie an eine elektrische Quelle – also z. B. an eine Batterie – angeschlossen werden. ↑5, 6

Eine Glühlampe kann nur leuchten, wenn ihre beiden Kontakte mit je einem Pol der elektrischen Quelle verbunden sind. Man spricht dann von einem geschlossenen elektrischen Stromkreis.

Die Lampe kann direkt mit den Polen der elektrischen Energiequelle verbunden sein oder mithilfe von Kabeln.
Anstelle einer Batterie wird oft ein Netzgerät verwendet. ↑7
Es kann mit einem eingebauten Schalter ein- oder ausgeschaltet werden, sodass man nicht erst das Kabel lösen muss, um den Stromkreis zu unterbrechen. Noch praktischer kann es sein, in den Stromkreis selbst einen zusätzlichen Schalter einzubauen.
Man kann vermuten, dass in einem Stromkreis irgendetwas strömt. Wir nennen es zunächst einmal Elektrizität. Wenn Elektrizität fließt, sprechen wir von einem elektrischen Strom. ↻ 029-1

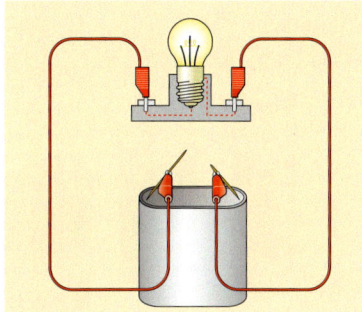

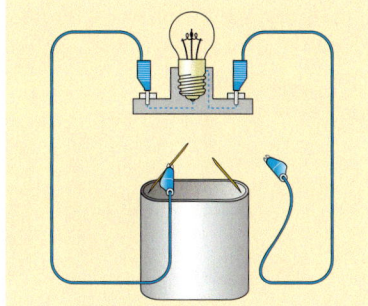

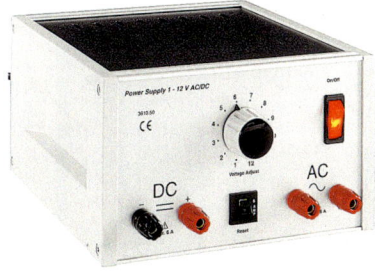

5 Geschlossener Stromkreis   6 Unterbrochener Stromkreis   7 Netzgerät

Der Fahrradstromkreis Stromkreise müssen nicht immer über Drähte geschlossen sein. Auch die Metallteile des Fahrrads können Teile eines Stromkreises sein. So besteht z. B. der Stromkreis des Scheinwerfers aus: dem Fußkontakt des Dynamos (1. Pol) – Draht – Lampenanschluss – Fußkontakt der Lampe – Glühdraht – Gewinde der Lampe – Gehäuse des Scheinwerfers – Rahmen – Halterung des Dynamos – Gehäuse des Dynamos (2. Pol). ↑8

Scheinwerfer

zum Rücklicht

8   9

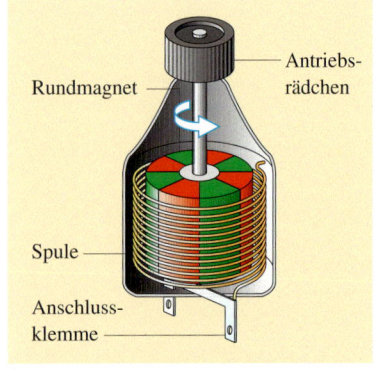

Antriebsrädchen

Rundmagnet

Spule

Anschlussklemme

1

2

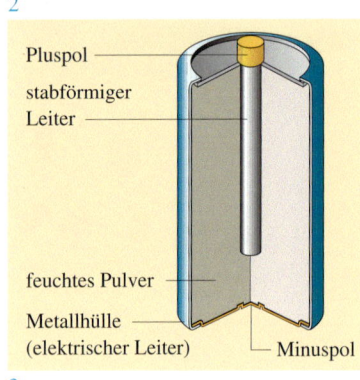

Pluspol

stabförmiger Leiter

feuchtes Pulver

Metallhülle (elektrischer Leiter)

Minuspol

3

GRUNDLAGEN: Elektrische Energiequellen

Von alleine leuchtet keine Lampe. Beim Fahrrad muss das Rädchen am Dynamo gedreht werden. Bei einer Taschenlampe muss man Batterien einlegen. Zum Leuchten benötigen die Lampen elektrische Energie. Elektrische Energie wird von einem Ort zum anderen mithilfe von Stromkreisen übertragen.

Bei einem Dynamo dreht sich ein kräftiger Magnet in einer Spule. ↑1
In Elektrizitätswerken gibt es riesige Dynamos (Generatoren). ↑2
Sie sind über Zwischenstationen mit den Steckdosen in den Wohnungen verbunden; die Pole der Steckdose sind die verlängerten Anschlüsse eines Generators.

Eine Batteriezelle besteht aus zwei unterschiedlichen Metallen mit feuchtem Pulver dazwischen. ↑3

Ein Lämpchen leuchtet mit der richtigen Helligkeit, wenn die Aufschrift mit der Voltangabe bei Quelle und Lämpchen übereinstimmen. Jedes elektrische Gerät funktioniert nur, wenn die Aufschrift mit der Voltangabe bei Quelle und elektrischem Gerät übereinstimmen. ↻ 030-1

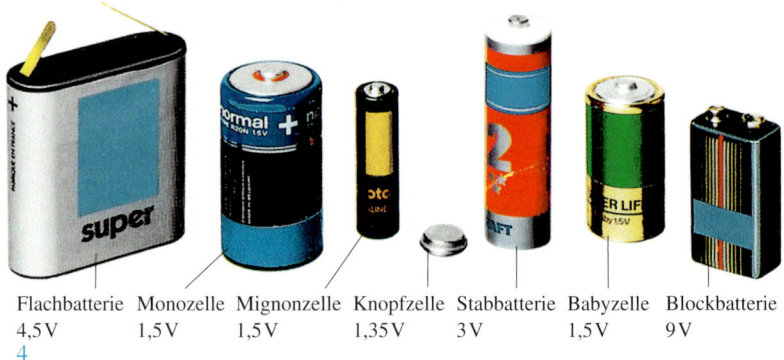

| Flachbatterie 4,5 V | Monozelle 1,5 V | Mignonzelle 1,5 V | Knopfzelle 1,35 V | Stabbatterie 3 V | Babyzelle 1,5 V | Blockbatterie 9 V |

4

GRUNDLAGEN: Schaltsymbole und Schaltpläne

Elektrische Stromkreise werden übersichtlich in Schaltplänen dargestellt. Man verwendet dazu Schaltzeichen (Schaltsymbole). ↑5–7

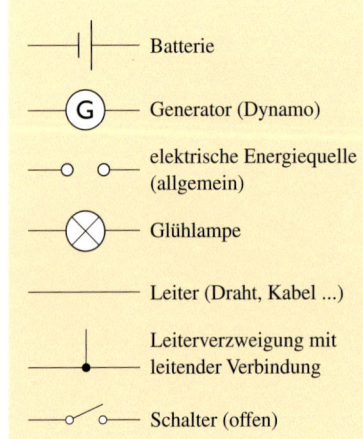

Batterie

Ⓖ Generator (Dynamo)

elektrische Energiequelle (allgemein)

⊗ Glühlampe

Leiter (Draht, Kabel ...)

Leiterverzweigung mit leitender Verbindung

Schalter (offen)

5 Schaltsymbole

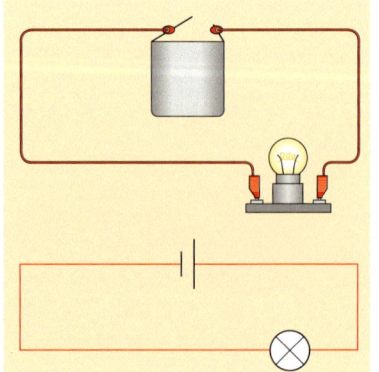

6 Geschlossener Stromkreis

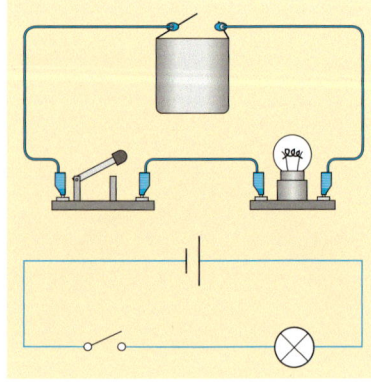

7 Unterbrochener Stromkreis

Führt die folgenden Experimente in Gruppen durch. Es wird ein empfindlicher „Mikromotor" benötigt. Stellt euch die Experimente gegenseitig vor.

1 Das Generatorprinzip

Auf ein Glas- oder Kunststoffröhrchen werden 50 Windungen Kupferlackdraht gewickelt. Kratze die Drahtenden blank und verbinde sie mit dem Mikromotor. ↑8
Stoße einen Stabmagneten möglichst schnell in die Spule und ziehe ihn ruckartig wieder heraus.

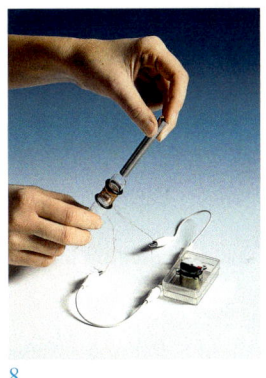 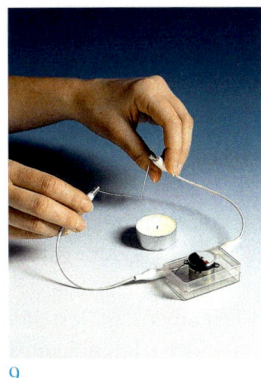

8   9

2 Das Thermoelement

Zwei blank geschmirgelte Drahtstücke aus Kupfer und Konstantan werden an einem Ende zusammen-geknotet. An die anderen Enden wird der Mikro-motor angeschlossen.
Erhitze den Knoten dieses „Thermoelements". ↑9

10

3 Das Batterieprinzip

Ein Blatt saugfähiges Papier wird mit Zitrone ge-tränkt und zwischen ein Kupfer- und ein Zinkblech gelegt. Die Bleche dürfen sich nicht berühren. Der Motor wird an die Bleche angeschlossen. Presse nun die beiden Bleche und das Papier zusammen. Was stellst du nach einiger Zeit an der Oberfläche der Bleche fest? ↑10

4 Die Solarzelle

Der Mikromotor wird an eine kleine Solarzelle angeschlossen. Beleuchte die Solarzelle mit einer Lampe oder halte sie in das Sonnenlicht. ↑11

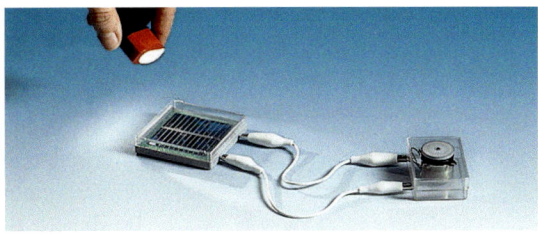

11

5 Schalter

Die Bilder ↑12 und 13 zeigen einen Schalter und einen Taster. Welche Aufgabe haben beide? Worin unterscheiden sie sich?
Baue einen Stromkreis mit Batterie, Lämpchen und Schalter auf.

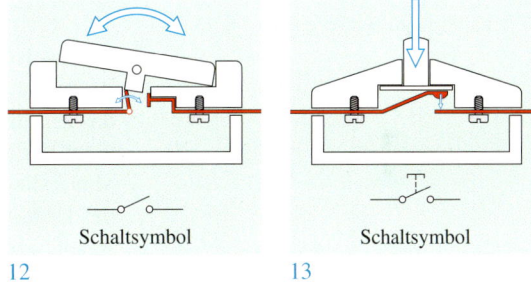

Schaltsymbol   Schaltsymbol
12   13

6 Schalter an den Türen

Um die Innenbeleuchtung eines Autos ein- und auszuschalten, sind meistens Schalter an den Rahmen der Türen angebracht. Wenn man eine der Türen öffnet, wird der Schalter an dieser Tür geschlossen. Die Lampe im Innenraum leuchtet, wenn irgendeine der Türen geöffnet ist.
Wie müssen Schalter, Batterie und Lampe angeord-net sein? Baue die Anordnung auf.

7 Zündschloss und Hupe

Die Hupe eines Autos funktioniert nur, wenn das Zündschloss eingeschaltet ist und der Hupenkon-takt am Lenkrad gedrückt wird. Baue eine entspre-chende Schaltung auf. Ersetze dabei die Hupe durch eine Lampe oder Klingel.

Experimente

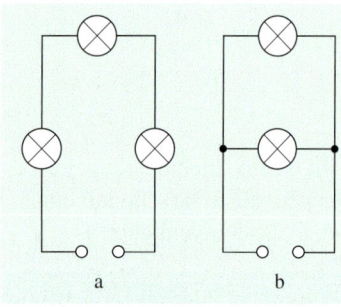

1

1 Schaltungen mit mehreren Lampen
a Baue die Schaltung nach Bild ↑1a auf, sie heißt „Reihenschaltung".
Schraube jeweils eine Lampe heraus. Was beobachtest du? Erkläre.
b Baue nun die Schaltung nach Bild ↑1b auf, sie heißt „Parallelschaltung". Verfahre wie bei ↑a.

2 Reihenschaltung von Schaltern
Bei vielen Backöfen müssen zwei Schalter betätigt werden, damit das Backen beginnt. ↑2
Mit Schalter 1 schaltet man das Backprogramm ein. Mit dem Schließen der Tür wird Schalter 2 geschlossen, der Ofen fängt an zu heizen. Beide Schalter gehören zu einer Reihenschaltung.
a Mit einer Lampe statt des Backofens und einer Batterie statt der Steckdose kannst du diese Schaltung aufbauen.
Bei welchen Schalterstellungen leuchtet die Lampe?
b Manche Backöfen haben nur einen Schalter. Welchen Vorteil hat der zweite Schalter in unserem Beispiel?

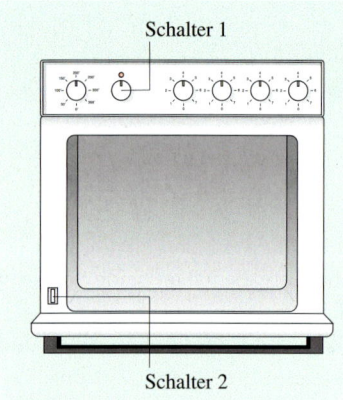

2 Schalter beim Backofen

3 Parallelschaltung von Schaltern
Bei einem Haus lässt sich die Klingel mit einem Schalter am Gartentor oder einem an der Haustür betätigen.
Die Schalter sind Teil einer Parallelschaltung. ↑3
Mit einer Lampe statt der Klingel kannst du diese Schaltung aufbauen. Bei welchen Schalterstellungen leuchtet die Lampe?

4 Wechselschaltung von Schaltern
Bestimmt gibt es so eine Schaltung auch bei dir zu Hause: Wenn man das Zimmer von links betritt, kann man dort das Licht einschalten und beim Verlassen des Zimmers rechts das Licht wieder ausschalten.
Man kann das Zimmer aber auch nach links wieder verlassen und hier das Licht ausschalten. Wie könnte so eine „Wechselschaltung" aussehen? *Tipp:* Für die Wechselschaltung braucht man zwei „Wechselschalter". ↑4
Zeichne einen Schaltplan und baue die Schaltung auf.
Erfüllt sie ihren Zweck?

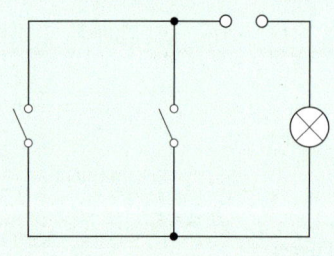

3 Schalter für die Türklingel

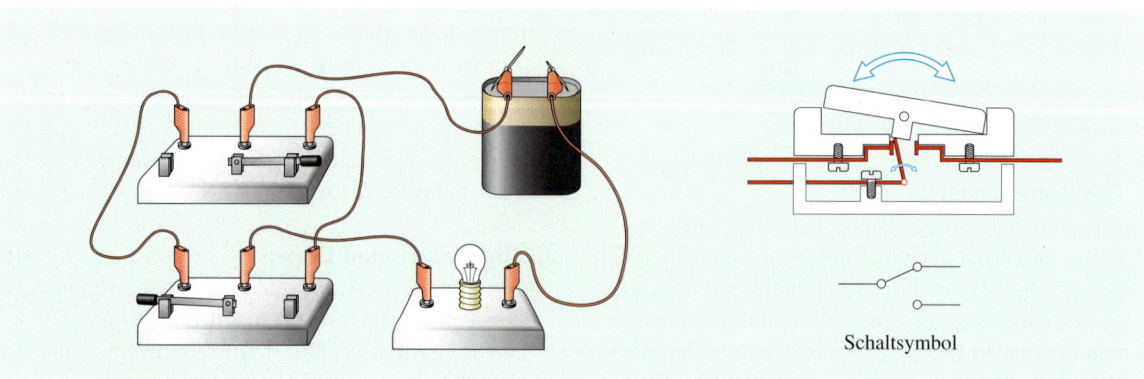

Schaltsymbol

4 Wechselschalter

1 Sieh dir die Bilder ↑5–7 an.
a Was haben die Darstellungen gemeinsam und worin unterscheiden sie sich?
b Nenne Vor- und Nachteile dieser drei Darstellungsarten.

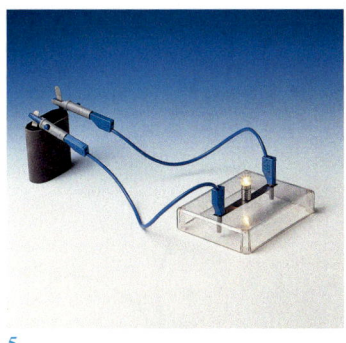

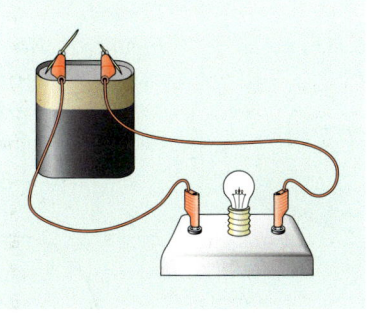

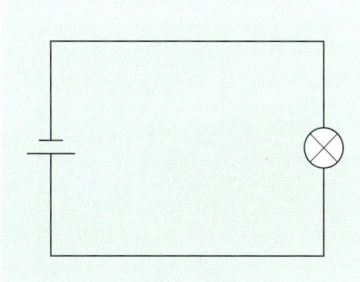

5　　　　　　　　　　6　　　　　　　　　　7

2 Ein Stromkreis müsste ja eigentlich anders aussehen. Warum hat man sich auf die Darstellungsart von Bild ↑7 geeinigt?
3 In einer Schaltung aus Batterie, Glühlampe und Fassung leuchtet die Lampe nicht. Gib mögliche Gründe dafür an. Verwende bei deiner Beschreibung den Begriff „unterbrochener Stromkreis".
4 Wie kannst du mit einer Flachbatterie überprüfen, ob eine Glühlampe kaputt ist oder nicht? Zeichne deinen Vorschlag auf.
5 Die Leitungen der Fahrradbeleuchtung enthalten keine dicken Drähte, sondern Litzen. Litzen bestehen aus feinen Drähten, die zusammengedreht und gemeinsam isoliert sind. ↑8,9
Warum werden nicht alle elektrischen Leitungen aus massiven Drähten hergestellt? Verwende zur Beantwortung auch Bild ↑10.

8 Massiver Kupferdraht　　　9 Kupferlitze　　　10 Bruchstelle

6 Übertrage die Zeichnung der Glühlampe von Bild ↑11 in dein Heft. Zeichne außerdem die Batterie und zwei Drähte, die die Lampe mit den Batteriepolen verbinden.
a Markiere den Stromkreis mit einem Farbstift.
b Beschreibe den Stromkreis. Beginne am Pluspol und benutze dabei die Begriffe aus der Abbildung. ↑11
7 Zeichne den Schaltplan eines Stromkreises aus Lampe, Netzgerät und Drähten. Beschreibe den Stromkreis von einem Pol des Netzgerätes zum anderen Pol.
8 Wieso braucht man für den Fahrradscheinwerfer nur einen Draht zum Dynamo?
9 Beschreibe den Stromkreis des Fahrradrücklichts.

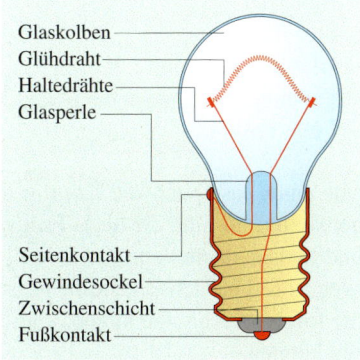

Glaskolben
Glühdraht
Haltedrähte
Glasperle

Seitenkontakt
Gewindesockel
Zwischenschicht
Fußkontakt

11

Die Sprache der Physik – Versuchsbeschreibung – Schaltplan

In einer Aufgabe heißt es:
In einer Schaltung aus Batterie, Glühlampe und Fassung leuchtet die Lampe nicht. Gib mögliche Gründe dafür an. Verwende bei deiner Beschreibung den Begriff „unterbrochener Stromkreis".

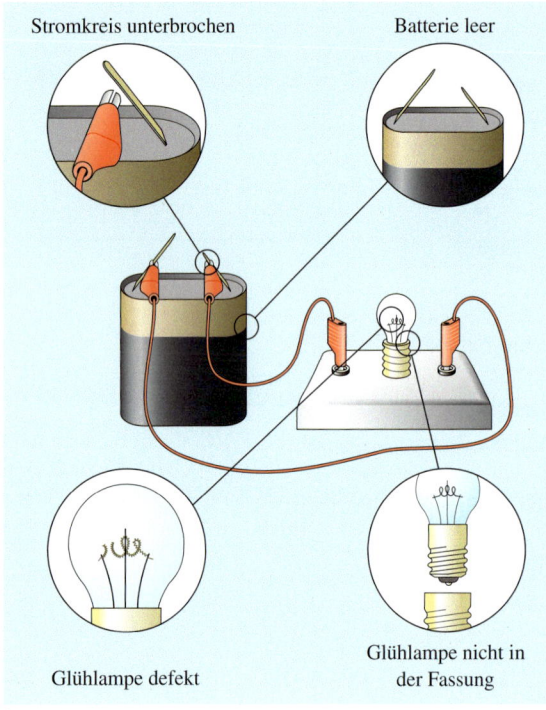

Stromkreis unterbrochen

Batterie leer

Glühlampe defekt

Glühlampe nicht in der Fassung

1

Die Antwort könnte lauten:
„Wenn die Lampe nicht leuchtet, könnte die Batterie leer sein, der Stromkreis könnte unterbrochen sein, weil die Glühlampe kaputt ist oder die Glühlampe nicht fest in die Fassung eingeschraubt ist oder ein Leitungsdraht defekt (gebrochen) ist."

Der Physiker verwendet spezielle Begriffe:
– Batterie
– Stromkreis
– Glühlampe
– Fassung
– Leitungsdraht

Mit ihnen lässt sich die Lösung der Aufgabe knapp, genau und für alle, die diese Fachsprache kennen, klar und logisch darstellen.
Wenn du die Fachsprache beherrschst, wirst du auch die folgende Aufgabe knapp, klar und verständlich lösen können.

Aufgabe:
Baue eine Wechselschaltung für 2 Lampen auf und fertige eine Versuchsbeschreibung an.
Beschreibe die Funktionsweise der Schaltung.

Lösung:
Benötigte Materialien: Batterie, 2 Glühlampen mit zwei Fassungen, 2 Wechselschalter, 5 Kabel
Versuchsbeschreibung: Ich fertige einen Schaltplan an und baue die Schaltung gemäß dieser Skizze auf.

2

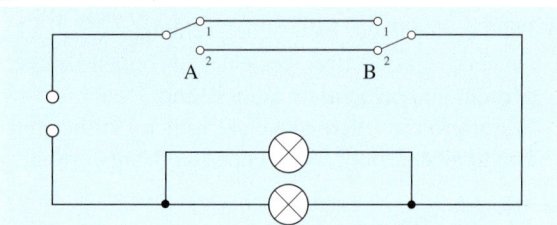

3

Wir betrachten verschiedene Schalterstellungen:
1. *A1 und B1:* Der Stromkreis ist geschlossen, die Lampe leuchtet. Sie kann sowohl von Schalter A als auch von Schalter B ausgeschaltet werden. (A2 – B1 oder A1 – B2)
2. *A1 und B2:* Der Stromkreis ist unterbrochen, die Lampe leuchtet nicht. Sie kann sowohl von Schalter A als auch von Schalter B eingeschaltet werden. (A2 – B2 oder A1 – B2)
Entsprechendes gilt für die Schalterstellungen A2 und B2 (Fall 1) bzw. A2 und B1 (Fall 2).

Die Schaltskizze wird unter Verwendung von Schaltsymbolen und mit geradlinigen, meist rechtwinkligen Verbindungen gezeichnet, damit sie übersichtlich ist. Mit einer klaren Bezeichnung der verschiedenen Schaltungsmöglichkeiten ergibt sich eine übersichtliche und logisch nachvollziehbare Darstellung.

GRUNDLAGEN: Reihen- und Parallelschaltung

Zwei Lampen kann man auf unterschiedliche Weise an die Energiequelle anschließen. ↑4–7

Bei der Reihenschaltung liegen beide Lampen hintereinander in einem Stromkreis.

Wenn eine Lampe ausfällt, erlischt auch die andere Lampe.
Die Lampen in Lichterketten sind häufig in Reihe geschaltet.

Bei der Parallelschaltung bildet jede Lampe mit der Energiequelle einen eigenen Stromkreis.

Wenn eine der Lampen ausfällt, leuchtet die andere immer noch weiter.
Bei der Fahrradbeleuchtung sind die Lampen parallel geschaltet.

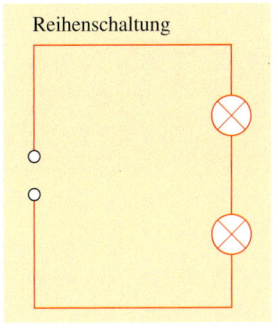

Reihenschaltung

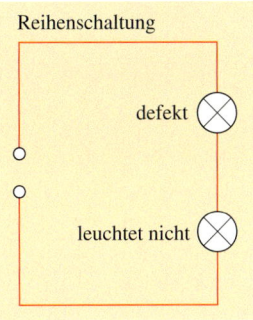

Reihenschaltung

defekt

leuchtet nicht

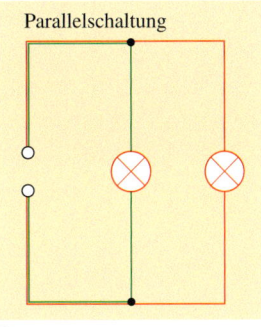

Parallelschaltung

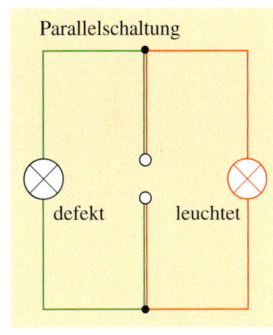

Parallelschaltung

defekt   leuchtet

4   5   6   7

Aufgaben

1 Um welche Schaltungsarten handelt es sich bei den Bildern ↑8 und 9?
Ordne die folgenden Sätze den Schaltungen zu:
– „Wenn man eine Lampe herausdreht, geht die andere aus."
– „Jede Lampe hat einen eigenen Stromkreis."

2 Beim Fahrrad sind an einen Dynamo zwei Lampen angeschlossen (Scheinwerfer und Rücklicht).
Dreht man eine Lampe aus ihrer Fassung, leuchtet die andere weiter. Wie müssen die beiden Lampen und der Dynamo geschaltet sein? Begründe.

3 Die Fotos der Bilder ↑10 und 11 zeigen, wie man Lampen schalten kann.
a Zeichne die Schaltpläne.
b Welches ist eine Reihenschaltung, welches eine Parallelschaltung?
c Welche dieser Schaltungsarten verwendet man bei der Fahrradbeleuchtung? Begründe.
d In eurer Wohnung können mehrere Lampen und Elektrogeräte gleichzeitig eingeschaltet sein. Welche Schaltungsart wird hier angewendet? Begründe.

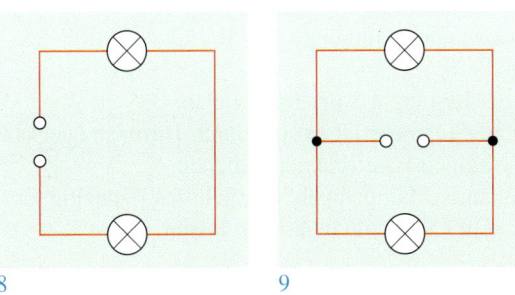

8   9

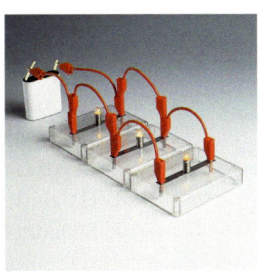

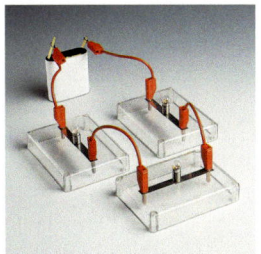

10   11

Leiter und Nichtleiter – Gefahren des elektrischen Stroms

Warum leuchtet hier die Lampe nicht?

Viele Stoffe leiten den elektrischen Strom (Leiter), andere leiten ihn nicht (Nichtleiter). Um uns vor den Gefahren des elektrischen Stroms zu schützen und die Regeln für den Umgang mit dem elektrischen Strom zu verstehen, prüfen wir, welche Stoffe Leiter und welche Nichtleiter sind.

1

Jeden Tag haben wir vielfach Umgang mit elektrischem Strom: Morgens wird das Licht eingeschaltet, mit der elektrischen Zahnbürste werden die Zähne geputzt, mit dem Toaster die Brötchen geröstet …

In Deutschland sterben jährlich Hunderte von Menschen durch elektrischen Strom. Dabei sind häufig Unwissenheit und Leichtsinn im Spiel. Gefahr herrscht vor allem da, wo Wasser und Strom „einander begegnen" und man unachtsam mit elektrischen Geräten umgeht.

Zu einem Elektrounfall kann es kommen, wenn man Teil eines geschlossenen Stromkreises wird. Berührt man nur einen Pol einer Batterie, droht noch keine Gefahr, da es keine leitende Verbindung zum anderen Pol gibt. Berührst du dagegen auch nur einen Pol der Steckdose, so befindest du dich in Lebensgefahr. Möglicherweise schließt du nämlich einen Stromkreis mit dem Generator im Elektrizitätswerk.

2

Einige Tipps zum Umgang mit dem elektrischen Strom:
1. Darauf achten, dass Elektrogeräte VDE-geprüft sind.
2. Nach Gebrauch des Geräts den Stecker aus der Steckdose ziehen.
3. Elektrogeräte niemals mit Wasser reinigen.
4. Wenn kleine Kinder in der Wohnung sind, Steckdosen mit Steckdoseneinsätzen sichern.
5. Stecker nicht an der Leitung aus der Dose ziehen.
6. Leitungen nicht unter Teppiche legen oder durch Türritzen quetschen.
7. In der Badewanne keinen Haartrockner bedienen.
8. Heizlüfter und Nachttischlampen gehören nicht ins Badezimmer.
9. Schadhafte Teile vom Fachmann reparieren lassen.

Probier 's mal!

1 Prüfgerät

Baue dir ein Prüfgerät für Leiter und Nichtleiter.
Du brauchst:
– Lüsterklemmen, 5 Abschnitte
– 1 Leuchtdiode
– 1 Festwiderstand (330 Ohm)
– 3 flexible, leicht biegbare Kupferkabel, an den Enden abisoliert
– 2 starre Kupferkabel, an den Enden abisoliert
– eine 4,5-Volt-Flachbatterie oder
– eine 9-Volt-Blockbatterie mit Anschluss
So wird's gemacht:
Entferne vorsichtig die Isolierung von allen Drahtenden. Baue dann das Gerät nach Bild↑3 zusammen. Achte dabei auf die richtige Polung der Leuchtdiode!

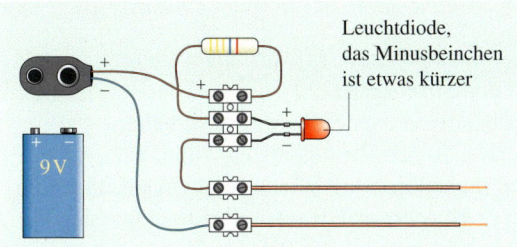

Leuchtdiode, das Minusbeinchen ist etwas kürzer

3

So kannst du das Prüfgerät testen:
Wenn sich die beiden Enden der Prüfstrecke berühren, muss die Leuchtdiode leuchten. (*Tipps zur Fehlersuche:* Richtige Polung der Leuchtdiode? Isolierung sauber entfernt? Schrauben der Lüsterklemmen fest? Batterie „leer"?)
Bild↑4 zeigt das Prüfgerät im Einsatz. So kann man sogar an den Wurzeln direkt messen, ob genügend Feuchtigkeit vorhanden ist. Als Prüfstrecke kannst du auch – wie hier – Stricknadeln nehmen.

4

2 Leiter und Nichtleiter

a Prüfe, welche festen Stoffe den elektrischen Strom leiten und welche ihn nicht leiten.
Verwende dazu dein selbst gebautes Prüfgerät oder eine Flachbatterie, eine Glühlampe in der Fassung, Krokodilklemmen und Anschlussdrähte.↑5
Trage die Ergebnisse in eine Tabelle ein.

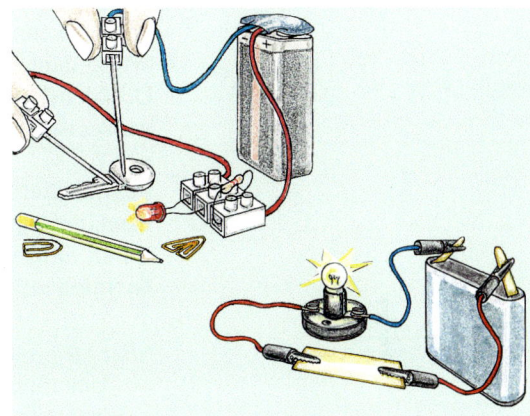

5

Körper	Stoff, aus dem er besteht	Leitet der Stoff?
Becher	Porzellan	ja/nein
Draht	Kupfer	ja/nein
?	?	?

b Prüfe, welche Flüssigkeiten den elektrischen Strom leiten und welche nicht.
Verwende dazu dein selbst gebautes Prüfgerät oder ein Messgerät mit Anschlusskabeln, 2 Kupferstreifen oder Kohlestäbe, ein Becherglas sowie verschiedene Flüssigkeiten.↑6
Trage die Ergebnisse in eine Tabelle ein.

Flüssigkeit	Leitet der Stoff?
destilliertes Wasser	ja/nein
Apfelsaft	ja/nein

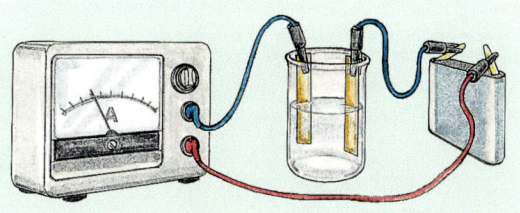

6

GRUNDLAGEN: Der Mensch als elektrischer Leiter

Metalle und Kohlenstoff sind elektrische Leiter. Auch Salzwasser leitet. Glas, Gummi, Porzellan, Kunststoffe, Öl und Spiritus sind Beispiele für Nichtleiter. Auch der menschliche Körper ist ein elektrischer Leiter.

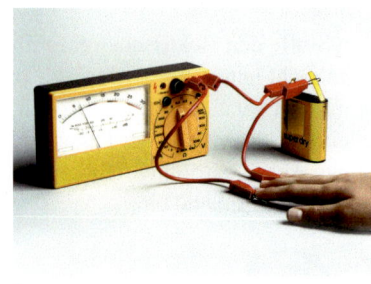

1

Dass der menschliche Körper leitet, zeigt das Messgerät in Bild↑1. Schon bei recht kleinen Strömen durch den menschlichen Körper besteht Lebensgefahr: Die Muskeln verkrampfen sich, das Herz kann außer Takt geraten und Verbrennungen sind möglich.

Wie kommt es, dass der menschliche Körper ein elektrischer Leiter ist? Der Mensch besteht zu zwei Dritteln aus salzhaltigem Wasser – und Salzwasser ist ein recht guter elektrischer Leiter.

Das Hantieren an Steckdosen oder am Stromnetz sowie das Öffnen von Elektrogeräten sind lebensgefährlich. Verwende beim Experimentieren immer nur Batterien, Netzgeräte oder kleine Dynamos als Energiequellen!

Bei Elektrounfällen ist eine schnelle Hilfeleistung wichtig:
– Unterbrich zuerst den Stromkreis:
  Not-Aus-Schalter betätigen oder Sicherung ausschalten!
– Auf keinen Fall darfst du den Verunglückten vorher anfassen!
– Bei Atemstillstand muss sofort mit Wiederbelebungsmaßnahmen
  begonnen werden (z. B. Atemspende oder Herzdruckmassage).
– Außerdem muss ein Notarzt bzw. der Rettungswagen gerufen
  werden (Stichwort: Stromunfall).

Aus der Technik Auch Nichtleiter sind wichtig

Vor rund 100 Jahren, als deine Urgroßeltern noch Kinder waren, gab es kaum Elektrogeräte in den Haushalten. Wasch- oder Spülmaschinen und Staubsauger waren weitgehend unbekannt. Erst allmählich setzte sich das elektrische Licht durch. Obwohl die Elektrizität damals weniger verbreitet war als heute, gab es viele Stromunfälle. Das lag vor allem an den schlecht isolierten Leitungen. Die Leitungen waren in den Wohnungen sichtbar an Wänden und Decken angebracht.↑2 Die Isolierung der Leitungen in Bild↑3 bestand aus Baumwollband und Gummi. Diese Materialien wurden schnell brüchig – vor allem in der Nähe von Lampen. Dort wurden die Leitungen heiß.

Beim Auswechseln von Lampen konnte man leicht mit den blanken Drähten in Berührung kommen. Das führte dann zu lebensgefährlichen Unfällen.

Heute sind elektrische Leitungen mit Kunststoffen isoliert. Diese sind ziemlich hitzebeständig und elastisch und werden auch nach Jahren nicht brüchig. Erst diese neueren Kunststoffe haben es möglich gemacht, Leitungen überall gefahrlos zu verlegen – selbst im Wasser oder in der Erde.↑4

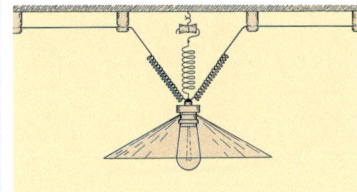

2

3

4 Erdkabel

Aus der Technik Schaltungen mit mehreren Schaltern

Die Sicherheitsschaltung Bild↑5 zeigt eine Schneidemaschine für Papier. Ihr scharfes Messer schneidet über tausend Papierbögen in einem Arbeitsgang. Der Arbeiter drückt mit beiden Händen gleichzeitig auf zwei Taster. Sie sind rechts und links von ihm angebracht. Erst wenn der Arbeiter beide Taster drückt, senkt sich das Messer … Taster sind Schalter, die von selbst zurückspringen, wenn man sie loslässt.↑5

Die Sicherheitsschaltung soll helfen, Unfälle an gefährlichen Maschinen zu vermeiden (z. B. an Pressen oder Schneidemaschinen). Die Maschine arbeitet nur, wenn zwei Taster gleichzeitig gedrückt werden. Die Taster sind in Reihe geschaltet. Man nennt diese Schaltung UND-Schaltung, weil der Stromkreis nur dann geschlossen ist, wenn Taster 1 *und* Taster 2 gedrückt werden.↑6

Die Klingelschaltung In Mehrfamilienhäusern hat jede Wohnung zwei „Klingelknöpfe": einen Taster an der Haustür und einen an der Wohnungstür. Die Klingel läutet – egal, ob der Taster an der Haustür oder an der Wohnungstür gedrückt wurde … ↑8

Die Klingelschaltung für die Klingel an der Haustür und an der Wohnungstür ist eine Schaltung mit zwei Tastern. Die Klingel läutet schon, wenn einer der beiden Taster gedrückt wird.↑7

Die Taster sind parallel geschaltet. Man nennt diese Schaltung ODER-Schaltung, weil der Stromkreis schon dann geschlossen ist, wenn Taster 1 *oder* Taster 2 gedrückt ist.

1 Nenne weitere technische Geräte, bei denen du eine UND- bzw. ODER-Schaltung findest.

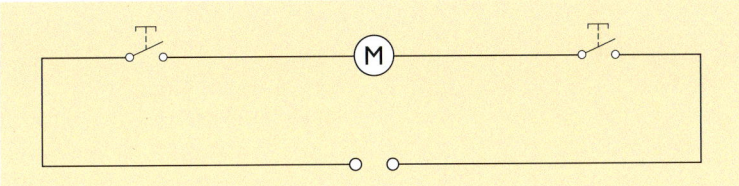

6

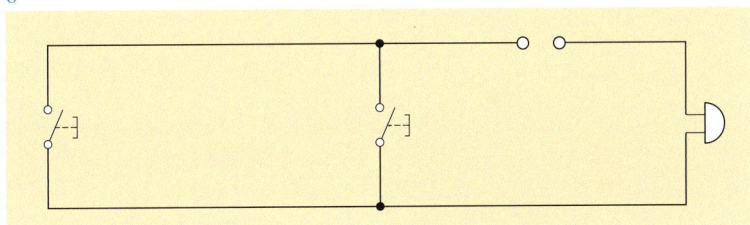

5   7

2 Zur Papierschneidemaschine

a Was muss der Arbeiter tun, damit die Maschine zu arbeiten beginnt?

b Die zwei auseinanderliegenden Taster stellen einen Schutz für den Arbeiter dar. Welche Unfallgefahr wird durch die zwei Taster gebannt?

c Wie müssen die Taster in den Stromkreis eingebaut sein, damit der Motor der Maschine laufen kann? Zeichne einen Schaltplan.

d Baue die „Sicherheitsschaltung" der Schneidemaschine als Experiment auf. Falls du keinen Motor hast, nimm eine Glühlampe. Ihr Aufleuchten soll dem Anlaufen der Schneidemaschine entsprechen. Übertrage die Tabelle in dein Heft und notiere die Ergebnisse.

1. Taster	2. Taster	Leuchtet die Lampe?
offen	offen	?
offen	geschlossen	?
geschlossen	offen	?
geschlossen	geschlossen	?

8

Aufgaben

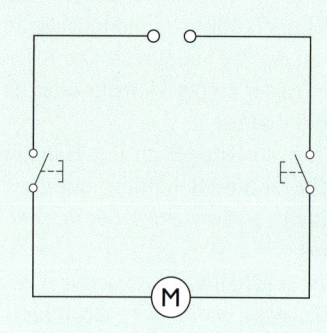

1

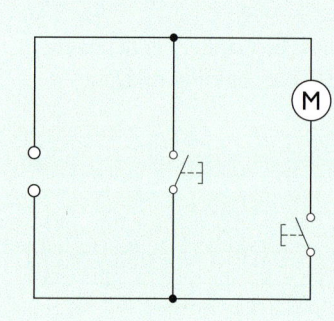

2

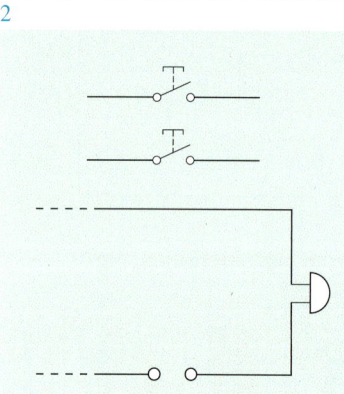

3

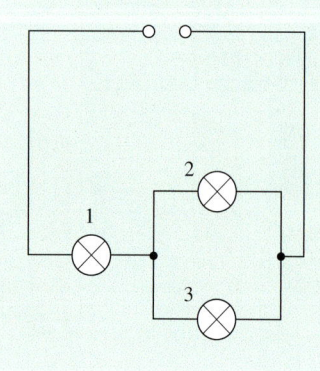

4

1 Stoffe können elektrische Leiter oder Nichtleiter sein. Nichtleiter bezeichnet man auch als Isolatoren.

a Schreibe fünf Leiter und fünf Nichtleiter auf.

b Anja behauptet: „Mein Bleistift ist ein Leiter." Sven widerspricht: „Ein Bleistift ist ein Nichtleiter." Beide haben sogar recht … Erkläre.

c Wie hätten sie sich genauer ausdrücken müssen?

2 Hier sind „Steckbriefe" von drei Metallen:
   1. Silberfarben, leicht, daraus werden z. B. Fensterrahmen gemacht.
   2. Grau, rostet leicht, wird von einem Magneten angezogen.
   3. Dunkelgrau, leicht biegbar, schwer.

Gib an, welche drei Metalle in den Steckbriefen beschrieben sind. Sind es Leiter oder Nichtleiter?

3 Destilliertes Wasser ist frei von anderen Stoffen und wird z. B. in Dampfbügeleisen verwendet. Wie kannst du herausfinden, ob destilliertes Wasser ein elektrischer Leiter ist? Plane dazu ein Experiment. Zeichne einen Schaltplan.

4 Wann beginnt ein Elektrogerät mit zwei in Reihe geschalteten Schaltern zu arbeiten? Ergänze den Satz: „Das Elektrogerät beginnt erst zu arbeiten, wenn …"

5 Die Reihenschaltung von Schaltern wird auch UND-Schaltung genannt. Weshalb hat man wohl diesen Namen gewählt?

6 Carola hat die Sicherheitsschaltung wie in Bild ↑1 aufgebaut, Frank wie in Bild ↑2. Wer hat es richtig gemacht?

7 Auch bei der „Klingelschaltung" wird nur eine Energiequelle gebraucht. Kann es sich wieder um eine UND-Schaltung handeln? Begründe.

8 Wie sind die beiden Taster bei der Klingelschaltung eingebaut worden? Denke daran, dass der Stromkreis schon durch einen Taster geschlossen wird.

a Fertige einen Schaltplan an. Bild ↑3 bietet dir eine Hilfe.

b Baue den Versuch auf. Statt der Klingel kannst du wieder eine Glühlampe nehmen. Trage dein Ergebnis in eine solche Tabelle ein:

1. Taster	2. Taster	Leuchtet die Lampe?
ein	aus	?
ein	ein	?
aus	ein	?
aus	aus	?

c Vergleiche deine Tabelle mit der, die zur UND-Schaltung auf der ↑S. 39 entstand.

9 Die „Klingelschaltung" ist eine ODER-Schaltung.

a Ergänze: „Die Klingel ist in Betrieb, wenn man den Taster 1 …"

b Suche nach einer Erklärung für die Bezeichnung ODER-Schaltung.

c Sind die Schalter bei der ODER-Schaltung parallel oder in Reihe geschaltet?

10 Im Bild ↑4 siehst du eine Schaltung aus drei Lampen. Beschreibe, was geschieht, wenn jeweils eine der drei Lampen defekt ist.

Schalter zum Selbstbauen

Schalter und Taster gibt es viele. Manchmal sind sie gar nicht als solche zu erkennen. Auf dieser Seite siehst du einige Modelle. Wo kann man sie einsetzen und wie funktionieren diese Schalter oder Taster?

Welchen der Schalter würdest du in den folgenden Beispielen einsetzen?

– Sandra möchte möglichst frühzeitig wissen, wann jemand zu ihr ins Zimmer kommen will.
Sie baut sich eine „Frühwarnanlage": Eine Klingel läutet, wenn sich jemand vom Flur her ihrem Zimmer nähert.

– Bei Meiers fließt Wasser in den Keller, wenn es stark regnet. Frank schlägt ihnen deshalb vor, eine „Regenwarnanlage" zu bauen.

– In der Zeitung steht etwas von einem Brand, der in einem Wohnhaus ausgebrochen ist: Während die Familie im Wohnzimmer vor dem Fernseher saß, brach oben im Dachboden des Hauses ein Feuer aus. Hier wäre doch ein selbst gebauter „Feuermelder" auf dem Dachboden angebracht …

Hast du Lust, eines der Modelle zu bauen? Du könntest es dann vorführen. Vielleicht erfindest du sogar einen ganz anderen Schalter …

Welcher Schalter gefällt dir besonders gut? Baue ihn möglichst nach und setze ihn in einen Stromkreis mit Lampe (Klingel, Motor) ein. Führe den fertigen Schalter anschließend in deiner Klasse vor.

Erkläre, wie der Schalter funktioniert. Beispiel für den Schalter 1: „Wenn man auf das obere Brett tritt, wird der Schaumstoff zusammengedrückt. Daraufhin …"
Erkläre genau, wann der Stromkreis geschlossen und wann er offen ist.

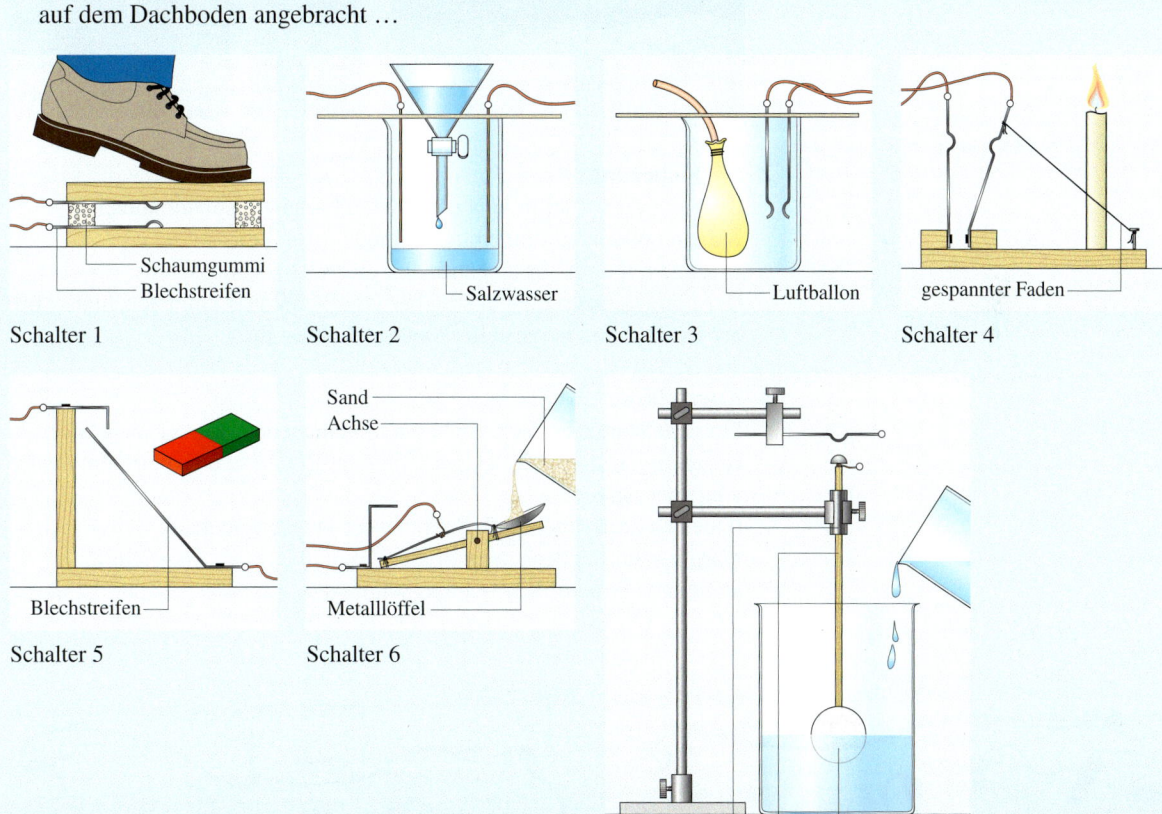

Schalter 1 — Schaumgummi, Blechstreifen

Schalter 2 — Salzwasser

Schalter 3 — Luftballon

Schalter 4 — gespannter Faden

Schalter 5 — Blechstreifen

Schalter 6 — Sand, Achse, Metalllöffel

Schalter 7 — Rohrstück, Holzstab, Styroporkugel

Probier 's mal!

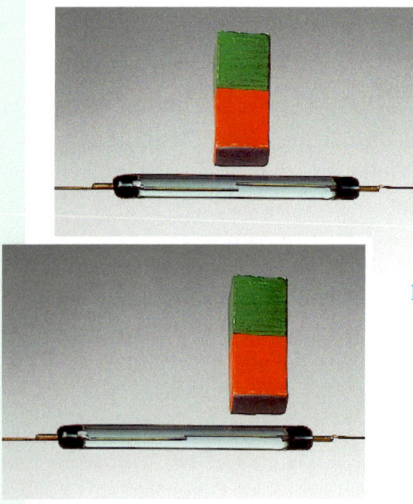

1

2

1 Reed-Schalter
Wird ein Magnet dem Reed-Schalter genähert, schließt sich der Kontakt zwischen den beiden Elektroden. ↑1,2

a Probiere den Schalter in einem Stromkreis mit Netzgerät und Glühlampe aus.

b Ein Reed-Schalter befindet sich auch an der Vordergabel deines Fahrrads, wenn es einen Tachometer besitzt. Jedes Mal wenn der in der Speiche befindliche Magnet an dem Reed-Schalter vorbeikommt, wird ein Stromkreis geschlossen – der Fahrradcomputer erhält einen elektrischen Impuls und zählt ihn. Wie funktioniert die Geschwindigkeitsanzeige und warum muss man beim Programmieren des Tachometercomputers den Umfang des Reifens eingeben? ↑3,4

3

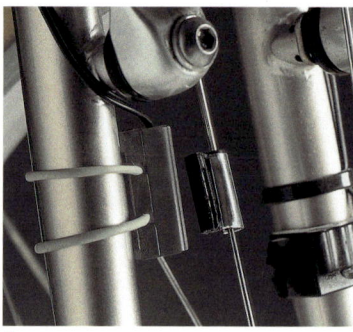

4

2 Die Sicherung
Baue mit einem Trafo, einer Lampe in Fassung, Isolatorstützen, Kabeln und einem Lamettafaden einen Stromkreis auf.
Erzeuge mit dem Schraubendreher einen Kurzschluss. ↑5
Der Lamettafaden dient als Sicherung. Wenn die Lampe leuchtet, wird der Kurzschluss hergestellt. Was beobachtest du?

3 Kurzschluss
Bei dem Wort „Kurzschluss" könnte man an den „kurzen Weg" denken, den der Strom zurücklegen musste. Bei diesem Experiment ist der Weg aber länger … ↑6
Baue das Experiment auf. Schließe ein langes Kabel an.
Warum schmilzt der Lamettafaden? Woran liegt es offensichtlich nicht, dass er beim Kurzschluss schmilzt?

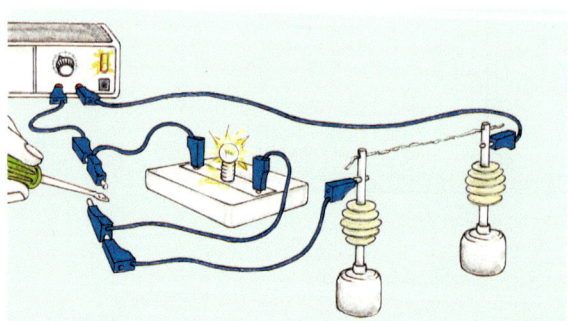

5

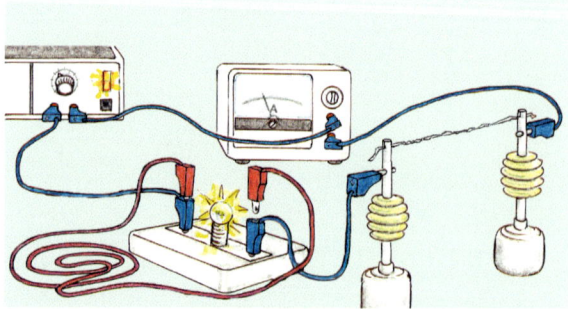

6

Probier 's mal!

4 Überlastung

Diese Schaltung kannst du vereinfacht nachbauen. ↑7, 8

a Schließe nacheinander mehrere Lampen in Parallelschaltung an das Netzgerät an. Achte auf die Anzeige des Strommessers.

b Schalte zusätzlich ein Stück Eisendraht (Länge: 50 cm, Durchmesser: 0,1 mm) zu den Lampen parallel. Es stellt den Heizdraht eines Heizlüfters dar. Achte wieder auf das Messgerät.

c Jetzt werden die Lampen in ihren Fassungen gelockert. Der Draht wird abgeklemmt. Das Messgerät ersetzen wir durch einen Lamettafaden als Sicherung. Was geschieht, wenn die Lampen nacheinander festgedreht werden und schließlich auch noch der Eisendraht angeschlossen wird?

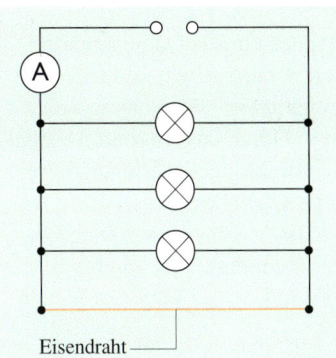

7

8

5 Geschicklichkeit

Wer ist am geschicktesten?

a Baue einen Stromkreis nach Bild ↑9 auf.

b Erläutere, wie der „Geschicklichkeitstester" funktioniert.

c Wer ist der Geschickteste?

6 Dimmen mit Salzwasser

a Baue einen Stromkreis nach Bild ↑10 auf.

b Das Lämpchen soll heller leuchten. Wie kannst du das erreichen, ohne die Spannung am Netzgerät zu ändern?

c Nun soll das Lämpchen wieder dunkler werden. Beschreibe, wie du das erreichen kannst, und führe das Experiment durch.

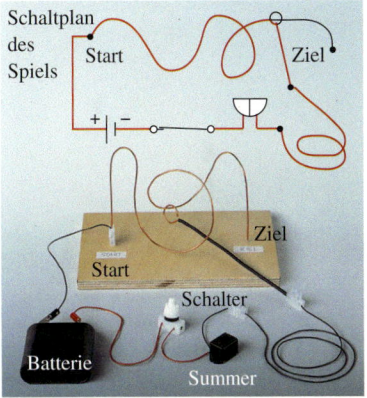

9

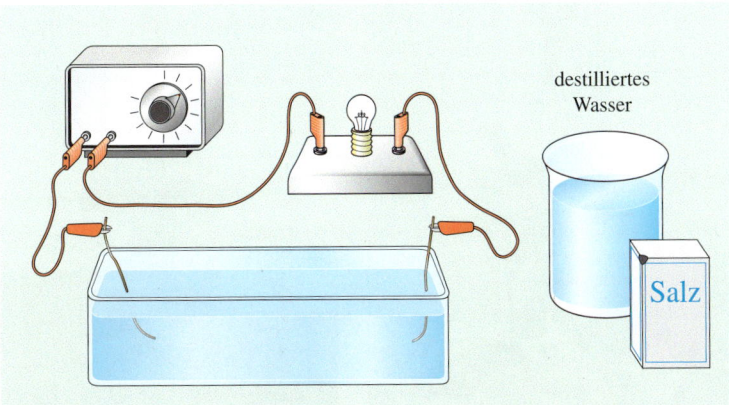

10

Der Elektromagnetismus

Magnetschwebebahnen gehören zu den modernsten und teuersten Projekten zur Personenbeförderung. Durch das An- und Abschalten von Magneten können diese Züge schweben.
Der JR-Maglev (Japan) erreicht Geschwindigkeiten von bis zu 500 km/h.

1

Vielleicht hast du dich schon einmal auf einem Schrottplatz umgesehen: Tonnenschwere Stahlteile oder Autos werden hochgehoben und an anderer Stelle wieder abgeladen.
Als Lastenheber setzt man oft ganz spezielle Magnete ein: Elektromagnete. Sie bestehen im Prinzip aus einer Drahtspule und einem Stück Eisen. Bei einem elektrischen Strom durch die Spule werden sie magnetisch. Schaltet man den Strom ab, fallen die Stahlteile wieder herunter. ↑2, 3
Elektrischer Strom „äußert" sich nicht nur im Leuchten von Glühlampen, Erwärmen von Wasser in der Waschmaschine, sondern auch im Magnetischwerden von Spulen in Elektromagneten …
Bestimmt kennst du noch weitere Elektrogeräte, die die magnetische Wirkung des elektrischen Stroms nutzen.

2

3

Experimente

1 Magnetische Wirkung

Die magnetische Wirkung des elektrischen Stroms ist oft nur sehr schwach. Mit einem Kompass kannst du sie „sichtbar" machen.

a Baue das Experiment wie in der Zeichnung auf. *Hinweis:* Die Glühlampe (Aufschrift „4,5 V") dient nur als „Stromanzeiger". ↑4
Merke dir die Stellung der Kompassnadel bei geöffnetem Stromkreis.

b Schließe den Stromkreis: In welche Richtung zeigt die Kompassnadel jetzt?
Schiebe den Kompass auch an anderen Stellen unter den Draht: Ergibt sich immer dieselbe Ausrichtung der Kompassnadel?

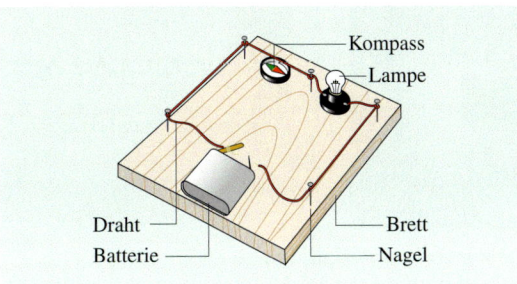

4

Magnetische Wirkungen beobachtet man nicht nur bei Stabmagneten oder Kompassnadeln. Du weißt bereits, dass auch der elektrische Strom magnetische Wirkungen zeigt. Allerdings sind sie bei einem Draht, der an eine Batterie angeschlossen wird, nur sehr schwach. Durch zwei Maßnahmen lassen sich erheblich stärkere Wirkungen erzielen und man erhält einen Elektromagneten.

2 Ein selbst gebauter Elektromagnet

Elektromagnete bestehen immer aus einem Draht, der zu einer Spule aufgewickelt ist, und einem Kern aus Eisen, der im Hohlraum der Spule steckt. Du kannst dir einen eigenen Elektromagneten leicht selbst zusammenbauen.
Wickle 15 cm lackierten Kupferdraht (Durchmesser: 0,3 mm) auf einem Eisennagel zu einer Spule. Entferne den Lack an den Drahtenden und schließe sie an eine 4,5-V-Batterie an. (*Tipp:* Schließe den Stromkreis immer nur kurzzeitig, sonst ist die Batterie schnell verbraucht.)

a Teste deinen Elektromagneten an Büroklammern, Nägeln … ↑5

b Ist die Spule ohne den Eisennagel magnetisch? Ist der Eisennagel ohne die Spule magnetisch?

c Funktioniert der Elektromagnet noch, wenn du die Anschlüsse an der Batterie wieder löst?

d Hat dein Elektromagnet einen Nord- und einen Südpol? Untersuche es mit einer Kompassnadel. Vertausche dann die Anschlüsse an der Batterie: Ändern sich damit auch die Magnetpole?

e Der Elektromagnet soll „stärker" werden. Schließe ihn dazu einmal an eine 1,5-V-Batterie und einmal an eine 9-V-Batterie an. Bei welcher Batterie sind die magnetischen Wirkungen „stärker"?

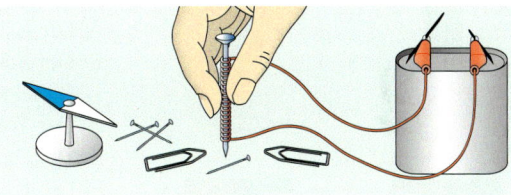

5

GRUNDLAGEN: Elektromagnete

Wenn ein elektrischer Strom durch einen Draht fließt, lassen sich magnetische Wirkungen beobachten. Besonders groß sind die magnetischen Wirkungen, wenn der Strom durch einen Draht fließt, der zu einer Spule aufgewickelt ist.

Ein Elektromagnet besteht aus einer Drahtspule, in der sich ein Kern aus Eisen befindet. Er zeigt magnetische Wirkungen, wenn die Drahtenden an eine Batterie oder ein Netzgerät angeschlossen werden.

Elektromagnete und Magnete aus Stahl (Dauermagnete) haben viele gemeinsame Eigenschaften. Anders als Dauermagnete kann man Elektromagnete jedoch abschalten und ihre Magnetpole vertauschen.

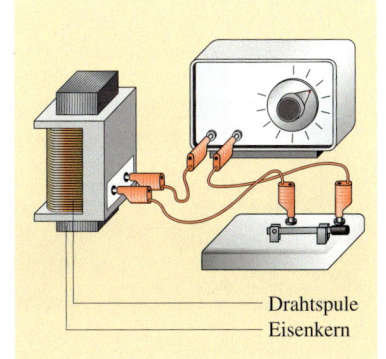

6

Aufgaben

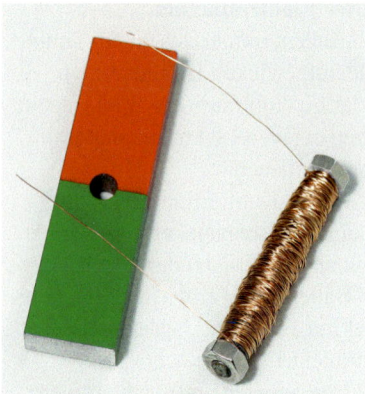

1

1 Es gibt zwei Arten von Magneten: Dauermagnete und Elektromagnete. Wie unterscheiden sie sich? ↑1

2 Beschreibe die in den Bildern ↑2 bis 4 dargestellten Eigenschaften von Dauermagneten. Plane Experimente, um zu überprüfen, ob Elektromagnete die gleichen Eigenschaften haben.

3 Auch die Kompassnadel ist ein Dauermagnet. Wenn sie sich auf einer Nadelspitze drehen kann, weist ihr blau gefärbter Nordpol stets nach Norden. Wie kannst du mit einer Magnetnadel feststellen, welches der Süd- und welches der Nordpol eines Dauermagneten ist?

4 Einen Dauermagneten kann man nicht ohne weiteres umpolen. Prüfe in einem Experiment die Polung eines Elektromagneten mit einer Magnetnadel. Vertausche dann die Anschlüsse an der Batterie (oder dem Netzgerät) und prüfe wieder.

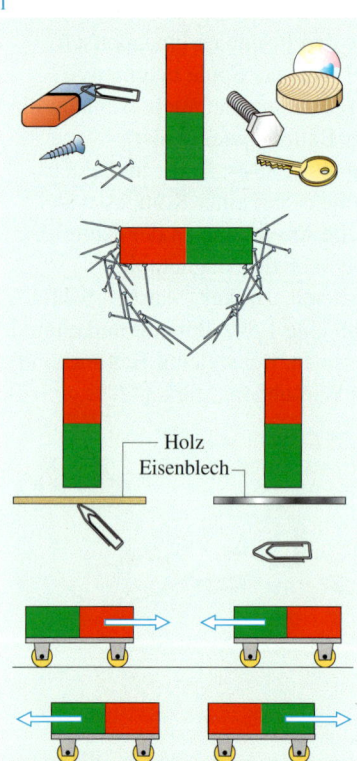

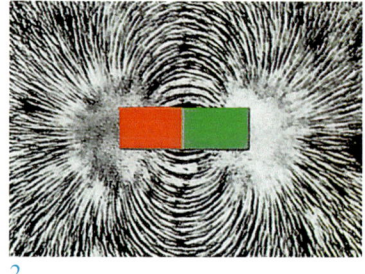
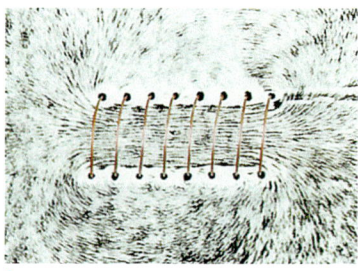

2   3

5 Wenn man den Klingelknopf an der Wohnungstür drückt, ertönt oft ein „Ging-Gong". Wie ein solcher Gong funktioniert, verraten dir die folgenden Sätze. Ordne sie in deinem Heft in der richtigen Reihenfolge und ergänze die fehlenden Satzteile:

A Die Klingeltaste wird gedrückt.
B Der bewegliche Eisenkern wird in die Spule hineingezogen. Dabei schlägt er gegen …
C Der Ton „Ging" entsteht.
D Der Stromkreis ist geschlossen und die Spule wird zum Magneten.
E Die Klingeltaste wird wieder losgelassen.
F Der Eisenkern wird durch die Feder aus der Spule herausgedrückt und schlägt gegen …
G Der Stromkreis ist unterbrochen und die Spule verliert ihre magnetische Wirkung.
H Der Ton „Gong" entsteht. ↻ 046-1

Holz
Eisenblech

4

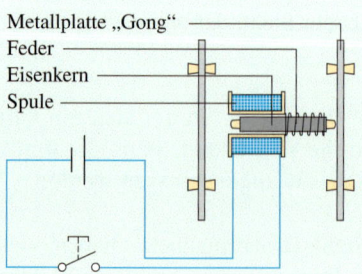
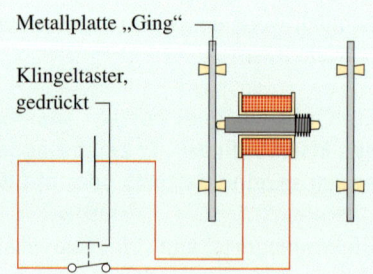

Metallplatte „Gong"
Feder
Eisenkern
Spule

Metallplatte „Ging"

Klingeltaster, gedrückt

5 Ein elektromagnetischer Gong – und wie er funktioniert

Aus der Technik Lasthebemagnete

In Stahlwerken und auf großen Schrottplätzen werden vielfach Kräne eingesetzt. Das Besondere an diesen Kränen ist, dass sie ihre Last nicht mit einem Greifer oder Haken halten, sondern mit einem Elektromagneten. ↑6
Dadurch wird das Aufnehmen und Ablegen von Eisenteilen einfach: Man braucht nur den Strom ein- und auszuschalten. Wie ein Lasthebemagnet aufgebaut ist, zeigt Bild ↑7.
Eine Spule aus dickem Kupfer- oder Aluminiumdraht ist von einem glockenförmigen Gehäuse aus einer speziellen Eisenlegierung umgeben. Wenn Elektrizität durch die Spule fließt, werden Spule und Gehäuse zu einem starken Magneten. Sobald aber der Spulenstrom ausgeschaltet wird, geht die magnetische Wirkung verloren. Der Magnet ist 10 000 kg (oder 10 t) schwer und hat einen Durchmesser von 2 m.
Welche Masse ein Körper aus Eisen höchstens haben darf, damit der Magnet ihn noch halten kann, lässt sich nicht so einfach angeben. Es kommt nämlich darauf an, was der Magnet halten muss. So ist seine Tragfähigkeit für einen Eisenblock viel größer als für Schrott, der nicht so dicht und lückenlos „gepackt" ist wie massives Eisen. Für massive Eisenkörper beträgt die Tragfähigkeit des Magneten ca. 30 000 kg (30 t) – so viel wiegt ein schwer beladener Güterwagen! Dagegen kann er kleine Eisenplatten nur halten, wenn sie nicht mehr als 2000 kg – so viel wie zwei Autos – wiegen. Für Schrott beträgt die Tragfähigkeit nur 1200 kg.

1 Welche Besonderheiten machen den Magneten so stark?

6

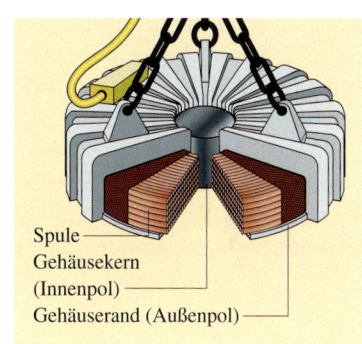

Spule
Gehäusekern
(Innenpol)
Gehäuserand (Außenpol)

7

Aus der Technik Lautsprecher und Türöffner

Lautsprecher Ein Lautsprecher besitzt eine Spule, durch die ein sich ändernder elektrischer Strom fließt. Die Spule befindet sich im Magnetfeld eines starken Dauermagneten. ↑8
Der Lautsprecher wandelt die im Mikrofon erzeugten Stromschwankungen wieder in Sprache und Musik um. Je nach der Stärke des elektrischen Stroms wird auf die Spule im Magnetfeld des Ringmagneten eine mehr oder weniger große Kraft ausgeübt. Dadurch bewegt sie sich hin und her und überträgt diese Bewegung auf die große Membran.

Der elektrische Türöffner Haustüren haben einen elektrischen Türöffner: Drückt man auf einen Taster, dann gibt ein Elektromagnet die Sperre im Schließblech frei. Während dieser Zeit hört man ein Brummen und kann die Tür von außen öffnen. Beim elektrischen Türöffner ist ein Teil des Schließblechs drehbar. Dieses Teil lässt sich aber nur dann drehen, wenn ein Elektromagnet den Anker anzieht. ↑9

1 Beschreibe den Aufbau und die Wirkungsweise
a eines Lautsprechers
b eines elektrischen Türöffners.
2 Aus einem dicken Eisennagel, einem Stück Kupferdraht und einer Batterie soll ein möglichst starker Elektromagnet gebaut werden. Beschreibe, was du tun kannst.

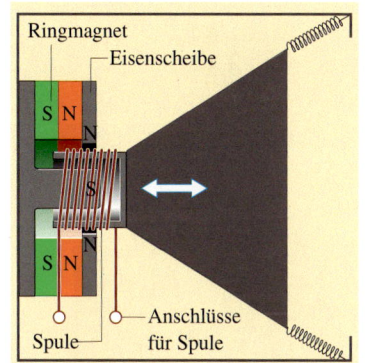

Ringmagnet
Eisenscheibe
S N
N
S
N
S N
Spule
Anschlüsse
für Spule

8

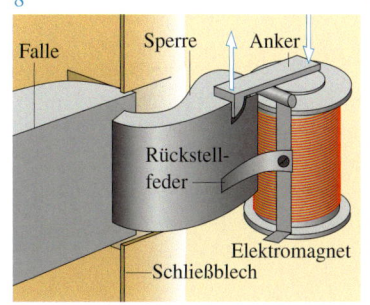

Falle
Sperre   Anker
Rückstell-
feder
Elektromagnet
Schließblech

9

Aus der Geschichte Nachrichtenübermittlung – früher

Unfall auf dem Schulhof! Zwei Schüler sind zusammengeprallt. Einer hat eine tiefe Platzwunde am Auge. Glücklicherweise ist schon 5 Minuten später der Unfallwagen der Feuerwehr da. Woher wusste die Feuerwehr so schnell Bescheid? „Da hat jemand die Feuerwehr angerufen", wirst du sagen. „Das ist doch selbstverständlich!"

Dass Nachrichten so schnell übermittelt werden, war vor 100 Jahren keineswegs selbstverständlich – es gab noch kein Telefon. Es konnte lange dauern, bis nach einem Unfall Hilfe da war. Im Jahr 1832 führte der amerikanische Professor JOSEPH HENRY seinen Freunden eine aufsehenerregende Erfindung vor. In der Universität – etwa 2 km vom Haus HENRYS entfernt – saß sein Freund Tom vor einem Schalter. Der Schalter war mit einer Batterie und zwei Drähten verbunden, die aus dem Gebäude herausführten. In HENRYS Haus stand ein Holzkasten auf dem Tisch. Auf dem Kasten war ein federnder Eisenstab (Klöppel) mit einem Gong angebracht. In den Kasten führten zwei Drähte hinein. HENRY und seine Freunde beobachteten gespannt den Kasten. ↑1

Da, auf einmal bewegte sich der Klöppel auf dem Kasten wie von Geisterhand. In einem ganz bestimmten Rhythmus schlug er gegen den Gong. Erstaunt und auch ein wenig erschrocken starrten HENRYS Freunde auf den Kasten. HENRY lauschte aufmerksam und rief dann aus: „Es klappt! Ich habe verstanden, was Tom mir mitgeteilt hat!" HENRY hatte einen der ersten Telegrafen erprobt.

1 Welche Möglichkeiten gab es vor HENRYS Erfindung, um Nachrichten schnell zu übermitteln? Wie werden heute Nachrichten schnell übermittelt?
2 Zu HENRYS Fernmelder:
a Was war in dem Holzkasten verborgen?
b Wohin führten die Drähte, die aus dem Kasten herauskamen?
c Wie könnte man aus den Teilen von Bild ↑2 einen „Fernmelder" bauen? Zeichne! Beschreibe die Funktionsweise.

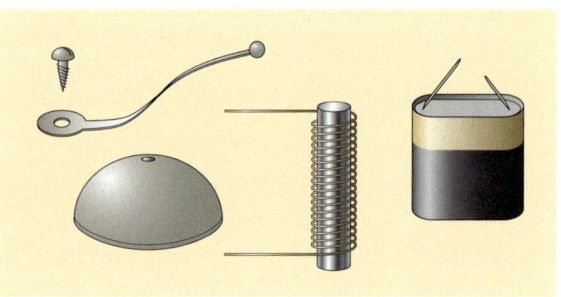

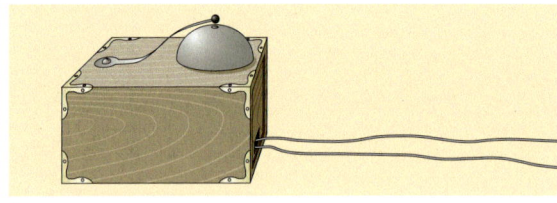

1

2

Aus der Geschichte Die Erfindung des Samuel Morse

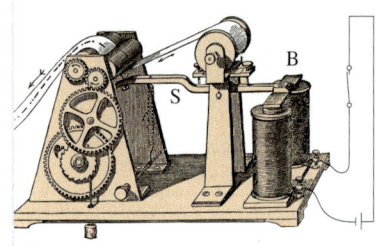

3

Im Jahr 1847 stellte der Amerikaner SAMUEL MORSE einen elektromagnetischen Schreibapparat vor. ↑3

Mit ihm konnte man Nachrichten über weite Entfernungen „schriftlich" übermitteln. Dafür wurde ein besonderes Alphabet benutzt, das nur aus Punkten und Strichen bestand: das Morsealphabet.

Morseapparate waren lange Zeit für die schnelle Übermittlung von Nachrichten unentbehrlich. Noch 1953 wurden sie in Deutschland im Eisenbahnverkehr benutzt.

1 •– – – –	2 • •– – –	3 • • •– –	4 • • • •–	5 • • • • •	6 –• • • •	7 – –• • •	8 – – –• •	9 – – – –•	0 – – – – –
A •–	B –• • •	C –• –•	D –• •	E •	F • •–•	G – –•	H • • • •	I • •	J •– – –
K –•–	L •–• •	M – –	N –•	O – – –	P •– –•	Q – –•–	R •–•	S • • •	T –
V • • •–	W •– –	X –• •–	Y –•– –	Z – –• •	CH – – – –	Ä •–•–	Ö – – –•	Ü • •– –	U • •–

4 Das Morsealphabet

1 Die selbst tanzende Puppe

Du benötigst:
– 1 Eisenschraube mit Mutter (4–6 cm lang und möglichst dick)
– 1 dünnen, lackierten Kupferdraht (5–6 m lang)
– 1 Batterie (4,5 V) oder einen Trafo
– 1 Taster
– 1 Pappschachtel; dünnes Gummiband
– dicken Draht oder Leisten für das Traggestell der Puppe
– etwas Klebestreifen und Kontaktkleber
– dünne Pappe (zum Ausschneiden der Puppe)
– 10 Büroklammern

Wickle den Kupferdraht sorgfältig auf die Schraube mit Mutter auf und achte darauf, dass ca. 30 cm des Drahtes frei bleiben. Du musst dabei immer in die gleiche Richtung wickeln; d. h., wenn du am Ende der Schraube angekommen bist, wickelst du in gleicher Richtung die zweite Lage von hinten nach vorn, dann eine dritte Lage usw. ↑5

Auch am Ende sollen etwa 30 cm Draht frei bleiben. Die letzte Drahtlage klebst du am besten mit einem Klebestreifen fest, damit sie sich nicht abwickelt.

Die Puppe schneidest du aus der dünnen Pappe aus. Ihre Arme und Beine machst du aus Büroklammern. Dann klebst du den Elektromagneten auf den Boden der Pappschachtel und führst die Anschlussdrähte nach außen. Bevor du die Drähte an den Tastschalter und die Batterie anschließt, musst du natürlich den Lack von den Drahtenden abkratzen. So und nun kannst du dein Püppchen tanzen lassen. ↑6

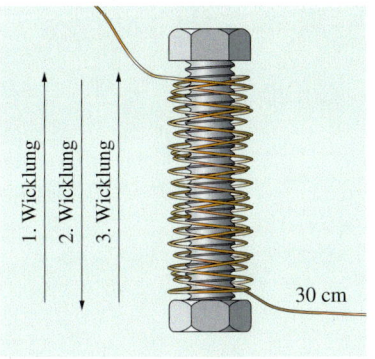

5

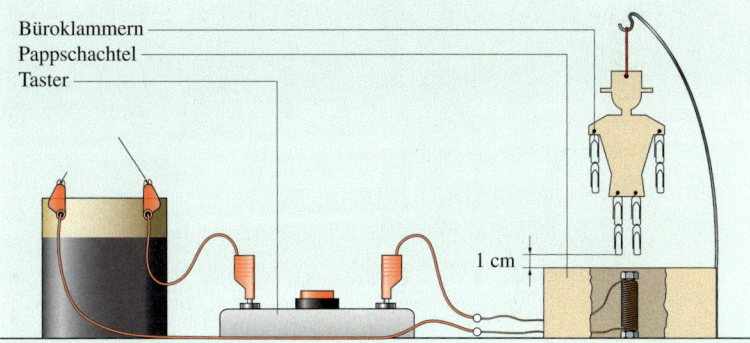

6

1 Welche Sätze treffen nur auf Dauermagnete zu, welche nur auf Elektromagneten? Welche Aussagen gelten für beide Arten von Magneten?
  A Sie bestehen aus einer Spule mit Eisenkern.
  B Sie können abgeschaltet werden.
  C Sie haben einen Nord- und einen Südpol.
  D Sie ziehen Gegenstände aus Eisen, Nickel, Cobalt an.
  E Sie wirken durch Holz und viele andere Stoffe hindurch.
  F Sie lassen sich nicht umpolen.
  G An ihren Enden ist die magnetische Wirkung am größten.
  H Gleichnamige Magnetpole stoßen einander ab.
2 Die Magnetwirkung einer Spule nimmt zu, wenn ein Eisenkern in ihren Hohlraum geschoben wird. Erkläre mithilfe des Modells der Elementarmagnete.
3 Im Aufbau nach Bild ↑7 soll sich der Blechstreifen hin- und herbewegen. Vervollständige die Schaltung in deinem Heft und beschreibe ihre Funktionsweise.
4 Wie funktioniert eine elektrische Klingel? ↑8

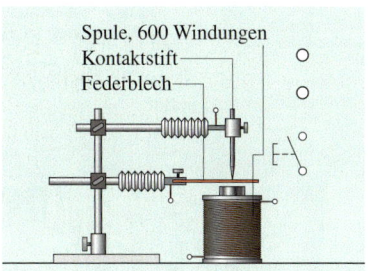

7

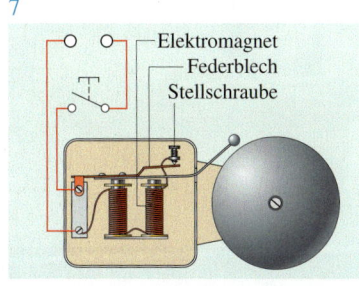

8

Physik *erlebt*

Wo die elektrische Energie herkommt

Mit einer *Batterie* kann man eine kleine Glühlampe (4 Watt) betreiben, aber keinen Haushalt versorgen. Der Gebrauch von Batterien ist problematisch: Sie müssen als Sondermüll entsorgt und mit großem technischem Aufwand recycelt werden. Akkumulatoren, die man wieder aufladen kann, stellen eine Alternative dar.

Mit dem *Generator* eines Kohlekraftwerks kann man 5 Millionen 100-Watt-Lampen betreiben oder 180 000 Haushalte mit elektrischer Energie versorgen. Um diese Energie aufzubringen, müssen pro Sekunde im Kraftwerk 250 kg Rohbraunkohle verbrannt werden. Übrig bleiben erhebliche Mengen Abgase und Asche.

Mit einer großen *Fotovoltaik-Anlage* kann man 50 000 100-Watt-Lampen betreiben oder 1800 Haushalte versorgen. Solarzellen nutzen die Energie der Sonne und erzeugen keinen Restmüll.

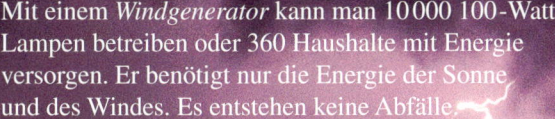

Mit einem *Windgenerator* kann man 10 000 100-Watt-Lampen betreiben oder 360 Haushalte mit Energie versorgen. Er benötigt nur die Energie der Sonne und des Windes. Es entstehen keine Abfälle.

Theoretisch könnte man mit einem Blitz 100 Millionen 100-Watt-Lampen betreiben oder 3,6 Millionen Haushalte mit Elektrizität versorgen – allerdings nur für eine 30 Millionstelsekunde.

Auf einen Blick

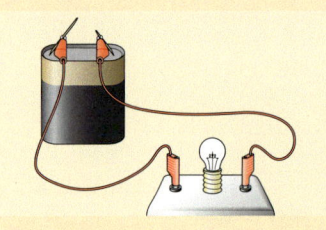

1

Geschlossene und unterbrochene Stromkreise Eine Glühlampe leuchtet nur, wenn sie mit ihren beiden Kontaktstellen an die elektrische Energiequelle angeschlossen ist. Damit ein Elektrogerät funktioniert, muss es Teil eines geschlossenen Stromkreises sein.

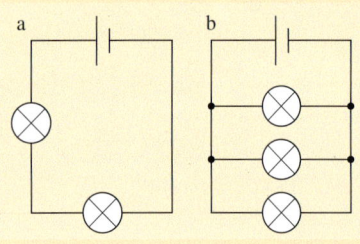

2

Reihenschaltung Bei der Reihenschaltung bilden beide Lampen gemeinsam mit der Batterie einen Stromkreis. ↑2a
Wenn eine dieser Lampen ausfällt, erlischt auch die andere.

Parallelschaltung Bei der Parallelschaltung bildet jede der Lampen mit der Batterie einen eigenen Stromkreis. ↑2b
So entstehen zwei getrennte Stromkreise. Wenn eine der Lampen ausfällt, leuchtet die andere weiter.

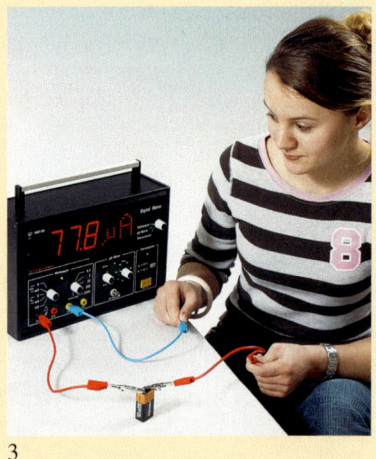

3

Leiter und Nichtleiter Zu den elektrischen Leitern gehören die Metalle und der Kohlenstoff.
Auch unter den Flüssigkeiten gibt es elektrische Leiter. Sie leiten nicht so gut wie die Metalle. Leitende Flüssigkeiten sind zum Beispiel Leitungswasser, Salzwasser, Essig und Fruchtsäfte.
Kunststoffe, Glas, Gummi, Porzellan, Speiseöl, Spiritus und Benzin leiten den elektrischen Strom praktisch nicht. Sie sind Nichtleiter oder Isolatoren.

Gefahren des elektrischen Stroms Der menschliche Körper ist ein Leiter. Wenn er Teil eines Stromkreises mit der Steckdose als Energiequelle wird, besteht Lebensgefahr. Schon sehr geringe Ströme sind lebensgefährlich. Experimente dürfen deshalb nur mit Batterien oder speziellen Stromversorgungsgeräten durchgeführt werden. ↑3

Elektromagnete Eine Spule, die an eine elektrische Energiequelle angeschlossen ist, wirkt wie ein Magnet.
Die Wirkung lässt sich durch einen Eisenkern verstärken. Wenn der Stromkreis unterbrochen wird, verliert die Spule ihre magnetische Wirkung; auch der Eisenkern wird wieder unmagnetisch.

Dauermagnet	Elektromagnet	Gemeinsamkeiten
Er besteht aus Stahl (oder anderen magnetischen Stoffen).	Er besteht aus einer Drahtspule mit einem Eisenkern.	Sie ziehen nur magnetische Stoffe an. Die magnetische Wirkung ist an den Polen am größten.
Seine magnetische Wirkung ist nicht abschaltbar.	Er wirkt nur bei geschlossenem Stromkreis, ist also abschaltbar.	Sie haben Nord- und Südpol. Gleichnamige Pole stoßen einander ab, ungleichnamige ziehen sich gegenseitig an.
Er lässt sich nicht umpolen, Nordpol bleibt Nordpol.	Er lässt sich durch Vertauschen der Anschlüsse umpolen.	

4 Unterschiede zwischen Dauermagneten und Elektromagneten

1 In Bild↑5 siehst du eine Glühlampe mit Fassung. Die Lampe ist mit zwei Drähten an eine Batterie angeschlossen.

a Warum leuchtet sie trotzdem nicht?

b Zeichne einen Schaltplan einer entsprechenden Schaltung, bei der die Glühlampe leuchtet.

2 Auch beim Fahrrad leuchtet die Lampe nur, wenn der Stromkreis geschlossen ist. Wie ist das möglich? (Bedenke, dass nur ein einziger Draht von der Lampe zum Dynamo führt.)

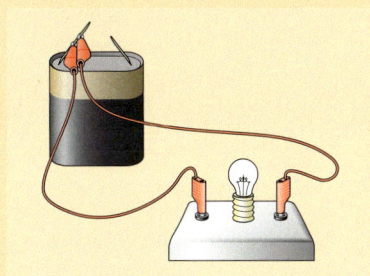

5

3 Petra behauptet, ihr Armband sei aus Silber. Frank dagegen meint: „Das Armband ist aus Plastik und nur mit einer Silberfarbe angestrichen." Wie können die beiden die Streitfrage klären, ohne dabei das Armband zu beschädigen? Hättest du eine Idee? …

4 Handelt es sich bei den folgenden Gegenständen um Leiter oder um Nichtleiter? Lege eine Tabelle an und trage folgende Begriffe in die Spalten ein: Eisendraht, Aluminiumblech, Glasstab, Bleistiftmine, nasser Bindfaden, Badewasser, Öl.
Schreibe mindestens drei weitere Leiter und drei Nichtleiter hinzu.

5 Einen Drachen darf man niemals in der Nähe von Hochspannungsleitungen steigen lassen, sonst bringt man sich in Lebensgefahr. Warum eigentlich – der Stoff, aus dem ein Bindfaden besteht, ist doch ein Nichtleiter?↑6

6

6 Beschreibe mit dem Begriff „Stromkreis", welchen Zweck Schalter oder Taster haben.

7 Welche der folgenden Begriffe gehören wohl zusammen?
Klingelschaltung – Taster – Reihenschaltung – Parallelschaltung – UND-Schaltung – ODER-Schaltung

8 Die Spülmaschine beginnt noch nicht zu arbeiten, wenn nur die Ein-Taste gedrückt ist. Erst muss man noch die Tür zumachen und auch die Wasserzufuhr muss geöffnet sein.

a Warum hat man in diesem Fall drei „Schalter" eingebaut?

b Wurde hier eine UND- oder eine ODER-Schaltung gewählt?

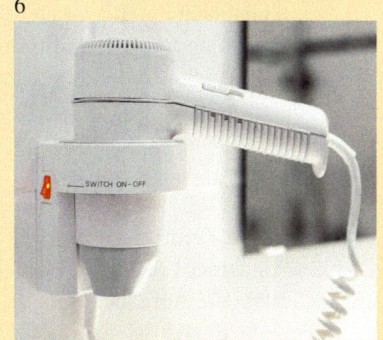

7

9 Bild↑8 zeigt den Schaltplan für einen Haartrockner. Er ist mit zwei Schaltern ausgestattet. ↑7,8

a Was geschieht, wenn Schalter S_1 geschlossen wird?

b Zusätzlich wird jetzt noch der Schalter S_2 geschlossen. Was ändert sich?

c Was geschieht, wenn nur S_2 geschlossen ist? Begründe!

d Mit welchem Schalter könntest du den gesamten Haartrockner abschalten?

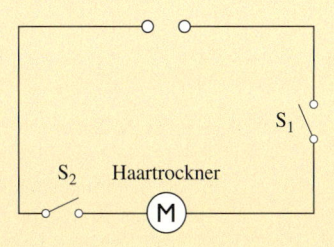

8

Check up

1 Magnete

a Vergleiche Dauer- und Elektromagnete. Welche Gemeinsamkeiten und welche Unterschiede kennst du?

b Suche Anwendungsmöglichkeiten für Elektromagnete. Begründe, warum man an dieser Stelle keine Dauermagnete einsetzen kann.

2 Beschreibe, was geschieht, wenn jeweils eine der drei Lampen defekt ist.

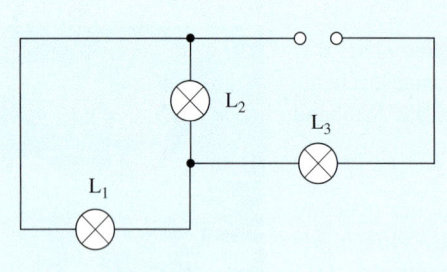

1

3 Die Lampen der Deckenbeleuchtung in einem Zimmer sind meistens durch eine Parallelschaltung miteinander verbunden.
Warum wäre eine Reihenschaltung in diesem Fall ungünstig?

4 Ein Fahrstuhl soll erst dann losfahren können, wenn auch die Tür geschlossen ist. Welche Schaltung würdest du für diese Aufgabe wählen? Zeichne einen geeigneten Schaltplan.

5 Herr Pfiffig besitzt einen Goldbarren. Um ihn vor Dieben zu schützen, entwirft er eine elektrische Schaltung, die zwei Kontrolllampen enthalten soll:
– Die Lampe L_1 soll anzeigen, dass die Schaltung in Betrieb ist.
– Bei Entfernen des Goldbarrens soll die Lampe L_2 aufleuchten.
Entwirf selbst eine möglichst einfache Schaltung, die beide Anforderungen erfüllt.

6 Die Freileitungsseile einer Überlandleitung werden in der Nähe des Mastes durch einen Monteur mit Isolatoren versehen. ↑2

2

a Aus welchem Material müssen diese Isolatoren bestehen? Begründe deine Antwort.

b Warum sind diese Schutzvorrichtungen notwendig?

7 Wenn bei einem Sturm ein Freileitungsseil zerrissen wird, darf man es auf keinen Fall berühren und man sollte auch nicht nahe herangehen. Begründe diese beiden Vorsichtsmaßnahmen. ↻ 054-1

> Die Lösungen findest du auf Seite 155.

Schätze deine Kenntnisse und Fähigkeiten ein.
Ordne dazu deiner Lösung im Heft ein Smiley zu:
☺ Ich konnte die Aufgabe richtig lösen.
☺ Ich konnte die Aufgabe nicht komplett lösen.
☹ Ich konnte die Aufgabe nicht lösen.

Aufgabe	Fähigkeit	Hilfe findest du auf Seite ...
1	Dauer- und Elektromagnete miteinander vergleichen	10, 45, 52
2	Elektrische Stromkreise beschreiben	29
3, 4	Reihen- und Parallelschaltungen erkennen und beschreiben	35
5	Selbst Schaltungen entwerfen	34
6	Leiter und Nichtleiter erkennen und deren Notwendigkeit begründen	38
7	Schutzmaßnahmen beim Umgang mit Elektrizität anwenden	36, 38

Optik

In die Tiefe des Universums blickt das Hubble-Teleskop, ein frei im Weltraum schwebendes Fernrohr mit einer Digitalkamera. Ihm, seinem Spiegel und seinen Linsen verdanken wir beeindruckende Bilder von fremden Welten.

In eigenen Experimenten und Beobachtungen erfährst du viel über Licht und Schatten. Du lernst, wie Sonnenfinsternisse entstehen, wie man mit Spiegeln um die Ecke sieht, warum man mit Brenngläsern kokeln kann und wie dein Auge funktioniert. Wie Linsen Bilder erzeugen, wirst du in Experimenten selbst herausfinden. Damit lernst du zu verstehen, wie Fernrohre, Fotoapparate, Brillen und andere optische Geräte funktionieren.

Licht und Sehen

„Die Natur ist ungerecht!
Den Grottenolm lässt sie nach der
Geburt erblinden, der Eule aber
beschert sie Augen in Luxusaus-
führung." – „Dem Grottenolm
wäre auch mit den besten Augen
nicht zu helfen …"

1

2

Der Grottenolm ist ein Höhlentier, das in Gewässern tief im Inneren von dunklen Höhlen lebt. Bei der Geburt hat das Tier noch Augen. Sie bilden sich aber bald darauf vollständig zurück. Nachtjäger wie die Eule sind mit großen Augen ausgestattet. Ihre Pupillen öffnen sich in der Dunkelheit sehr weit. Dadurch können Eulen auch bei Nacht hervorragend sehen. Ihnen reicht das schwache Licht der Sterne und des Mondes, um ihre Beutetiere zu finden. ↑1

Aber ohne jedes Licht könnten auch die Eulen nichts sehen. Da ginge es ihnen wie uns. Im Dunkeln fehlt uns die Orientierung. Wir wissen nicht, was um uns herum geschieht. Aber wenn sich unsere Augen an die Dunkelheit gewöhnt haben, reicht schon das Licht einer einzigen Kerze, um die Umgebung zu erkennen.

Kerzen sind Lichtquellen. Andere Lichtquellen sind Verkehrsampeln, Leuchtreklamen, Deckenlampen und natürlich die Sonne, unsere wichtigste Licht- und Energiequelle. ↑2–5

Lichtquellen erzeugen selbst Licht. Deshalb sehen wir sie auch in absoluter Dunkelheit. ↻ 056-1

3

4

5

1 Totale Dunkelheit

Versuche ein Zimmer völlig abzudunkeln. Siehst du noch etwas? Überprüfe dann, ob wirklich kein Licht mehr ins Zimmer dringt.

Vielleicht siehst du etwas, wenn sich deine Augen an die Dunkelheit gewöhnt haben?

2 Licht fällt auf verschiedene Flächen

Gehe mit einer Taschenlampe in ein dunkles Zimmer. Lege ein weißes und ein schwarzes Blatt Papier sowie ein Stück zerknitterte Aluminiumfolie auf den Fußboden. Beleuchte die drei Flächen nacheinander von oben mit der Lampe. ↑6
Beobachte, wie hell es im Raum wird (z. B. an der Zimmerdecke). Beschreibe deine Beobachtung und überlege dir dafür eine Erklärung.

6

Aus der Umwelt Sehen und gesehen werden

In der Dämmerung oder auf beleuchteten Straßen kann man noch recht gut sehen. Beim Radfahren musst du aber trotzdem Scheinwerfer und Rücklicht anschalten. Sonst besteht Lebensgefahr! Lichtquellen von Fahrzeugen sind nicht nur dazu da, die Straße zu beleuchten. Manche Lichtquellen haben die Aufgabe, den Verkehrsteilnehmern etwas mitzuteilen. ↑7
Es gilt nicht nur zu sehen, sondern auch gesehen zu werden!
Ein beleuchtetes Fahrzeug ist früher zu erkennen als ein unbeleuchtetes. Seine Lichter geben auch an, ob das Fahrzeug bremsen oder abbiegen wird. Bei einem

Fahrzeug mit Blaulicht gilt es, schnell Platz zu machen. Auf der Straße gibt es viele Lichtquellen, die den Verkehr regeln. Das gilt nicht nur für die Lichtquellen an Fahrzeugen. Auch die leuchtenden Signale an Straßenrändern, z. B. die Ampelanlagen, haben diesen Zweck. Baustellenmarkierungen sind sogar vom Gesetzgeber vorgeschrieben. ↑8

1 Suche auf deinem Schulweg Beispiele für Lichtquellen, die der Information von Verkehrsteilnehmern dienen.

↻ 057-1

7

8

GRUNDLAGEN: Wie wir Lichtquellen sehen – unsere Augen sind Lichtempfänger

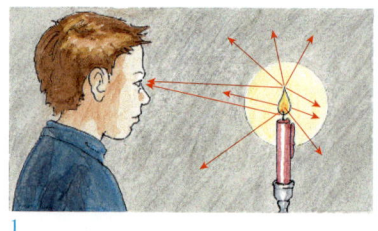

1

Wenn wir die Augen schließen oder wenn es stockdunkel ist, können wir nichts sehen. Damit wir etwas sehen, muss Licht in unsere Augen gelangen. Durch ein kleines Loch – die Pupille – kann Licht ins Innere des Auges kommen.

Wenn zum Beispiel das Licht einer Kerze in unsere Augen fällt, dann sehen wir die Kerze. ↑1

Das Auge ist also ein Lichtempfänger.

Die Sterne, eine Kerzenflamme oder der Fahrradscheinwerfer sind Lichtquellen. Lichtquellen erzeugen selbst Licht. Wir sehen sie, wenn ihr Licht ins Auge fällt. ↻ 058-1

Lichtquellen sind Lichtsender – Augen sind Lichtempfänger.
Wir sehen Lichtquellen, wenn ihr Licht in unsere Augen fällt.

Aus der Natur Lebendige Lichtquellen

2

3

4

Auch unter den Tieren und Pflanzen gibt es Lichtquellen – lebendige Lichtquellen! Das Leuchten ist oft für das Überleben der Lebewesen wichtig: Entweder wird damit ein Partner oder ein Beutetier angelockt. Glühwürmchen oder Johanniskäfer sind bei uns heimisch. ↑2

Sie bilden in besonderen Körperzellen einen Stoff, den sie zum Leuchten bringen können. Mit diesem Licht locken sich Männchen und Weibchen gegenseitig an. Tintenfische können sogar in unterschiedlichen Farben leuchten: einige weiß, andere hellblau und andere wiederum rot. ↑3

Bild ↑4 zeigt Pilze, die im tropischen Regenwald wachsen. Ihr Leuchten wird von Bakterien hervorgerufen, die auf der Oberfläche der Pilze leben. Der Anglerfisch lebt in der dunklen Tiefsee. Er kann seine Beute nicht sehen. Mit seinem Leuchtorgan lockt er sie jedoch vor sein aufgerissenes Maul. ↑5

5

Aus der Natur Sonne, Mond und Planeten

Die Sonne ist unsere wichtigste Lichtquelle. Sie gibt uns nicht nur Licht, sondern auch die Wärme, die wir zum Leben brauchen. Die Sonne ist immer rund. ↑6

Der Mond dagegen verändert seine Form: Mal ist er eine schmale Sichel, mal Halbmond und mal rund wie die Sonne. Vor über 2000 Jahren hat der griechische Philosoph THALES VON MILET erkannt, dass der Mond immer aussieht wie eine von der Sonne beleuchtete Kugel. Der Mond erzeugt sein Licht nicht selbst – er ist keine Lichtquelle. Er wird von der Sonne beleuchtet und wir sehen am Himmel nur die beleuchtete Seite. Die dunkle, unbeleuchtete Seite sehen wir meist nicht. ↑7

In der Dämmerung ist der Morgen- oder Abendstern oft sehr hell über dem Horizont zu sehen. Das ist die Venus. Mit einem Fernglas erkennst du: Mal ist sie eine schmale, große Sichel, einige Wochen später eine „Halbvenus" und nach einigen Monaten eine kleine „Vollvenus". ↑8

Die Venus gehört zu den 8 Planeten. Man erkennt Planeten oder Wandelsterne daran, dass sich ihr Standort am Nachthimmel gegenüber den Fixsternen im Laufe der Zeit ändert. Auch die Erde zählt zu den Planeten. Diese Himmelskörper sind sichtbar, weil sie von der Sonne beleuchtet werden. Sie erzeugen also kein Licht, sondern streuen auftreffendes Sonnenlicht. Venus, Mars, Jupiter und Saturn kannst du ohne Fernrohr beobachten. In einem Himmelsjahrbuch oder in Hinweisen in der Zeitung oder im Internet kannst du nachlesen, in welchem Sternbild sie gerade stehen. Sie wandern im Lauf des Jahres durch die Sternbilder hindurch.

↻ 059-1

6

7

8

1 Sammle im Internet Informationen und Fotos der 8 Planeten.
2 Finde heraus, welche Planeten zurzeit nachts sichtbar sind und in welchem Sternbild sie stehen.

Aus der Natur Die Sterne

Die ganze Schönheit des Sternenhimmels siehst du am besten in einer wolkenlosen, dunklen Nacht, ohne Mondlicht und fern von Straßenlampen. Wenn deine Augen sich an die Dunkelheit gewöhnt haben, wirst du unzählige Sterne sehen. Mit bloßem Auge sieht man etwa 3000 Sterne. Manche sind strahlend, andere leuchten so schwach, dass man sie nur sieht, wenn man etwas danebenschaut. Dann ist das Auge nämlich etwas empfindlicher. Die hellsten Sterne fügte man in Gedanken zu Sternbildern zusammen. Die bekanntesten Sternbilder sind der Große Wagen, der Orion, die Kassiopeia … Den Großen Wagen findest du, wenn du nach Norden schaust. Wenn du die Strecke zwischen den beiden hinteren Sternen des Wagenkastens fünfmal verlängerst, findest du den Polarstern. Merke dir die Stellung des Wagens und schaue drei Stunden später noch mal hin. Dann wirst du sehen, dass er sich mit allen anderen Sternen ein Stück um den Polarstern gedreht hat. Aber wenn du nach Osten zum Horizont schaust, wirst du immer neue Sterne aufgehen sehen, und im Westen siehst du andere Sterne untergehen. Die Astronomen erklären diese Beobachtung so: Die Sterne stehen unbeweglich im Weltraum. Aber unsere Erde ist ein Karussell, das sich in 24 Stunden einmal herumdreht. Und wenn man von diesem Karussell nach oben blickt, dann scheint sich der ganze Himmel zu drehen. Die Achse, um die die Erde sich dreht, zielt genau auf den Polarstern. Der scheint deshalb stillzustehen.

1 Suche in einer sternklaren Nacht den Großen Wagen und den Polarstern. Über welcher Himmelsrichtung (Osten, Süden, Westen, Norden) steht der Polarstern?

Die Ausbreitung des Lichts

Die „Strahlen" der Sonne sehen wir meistens nicht. Um so beeindruckender ist es, wenn sie doch einmal in Erscheinung treten. Dann bilden sie einen riesigen Fächer aus Licht.
Unter welchen Bedingungen sehen wir solche Lichtstreifen?

1

Sehen wir immer Lichtstreifen wie auf diesem Bild, wenn das Licht der Sonne durch Lücken zwischen den Wolken fällt? ↑1

Um eine Antwort zu finden, ahmen wir die Situation in einem Experiment nach: Eine Lampe ersetzt die Sonne, der Karton mit Löchern die Wolken. ↑2 Zunächst sind nur ein paar helle Flecke an der Decke zu sehen – nichts von einem Lichtstreifen. Schüttelt einen Lappen mit Kreidestaub über dem Karton aus. Erst jetzt könnt ihr einen Lichtfächer sehen. Wenn ihr genau hinschaut, seht ihr: Es sind einzelne Kreidekörner, die aufleuchten, sobald sie ins Licht gelangen. ↑3

Im Dunkeln sehen wir die Kreidekörner nicht. Auch am Himmel macht erst Staub oder Nebel in der Luft die Lichtfächer sichtbar.

Manche Dinge sehen wir auch in der Dunkelheit: die Sterne, einen Blitz, die Lichter eines entfernten Dorfes, eine Kerzenflamme …

Das sind Lichtquellen. Lichtquellen sind Gegenstände, die von selbst Licht aussenden. Wir sehen sie, wenn unsere Augen ihr Licht empfangen.

Aber wie kommt es dazu, dass wir auch Dinge sehen, die keine Lichtquellen sind?

↻ 060-1

2

3

Experimente

1 Lichtausbreitung sichtbar gemacht
Untersuche, unter welchen Bedingungen Lichtstreifen am Himmel
zu sehen sind. ↑4
Du hast eine Glühlampe mit elektrischer Energiequelle, ein Sieb, Alu-
folie, einen Nagel und einen Lappen mit Kreidestaub zur Verfügung.

2 Wie viel Licht werfen Gegenstände zurück?
Weißer Karton wird auf eine Experimentierlampe gesteckt. So wird er
nicht direkt beleuchtet. Untersuche, wie sich sein Aussehen verändert,
wenn Gegenstände vor die Leuchte gehalten werden. ↑5
a Verwende verschiedene farbige Gegenstände. Welche Veränderungen
beobachtest du auf dem weißen Karton?
b Was geschieht, wenn du statt der undurchsichtigen Körper eine
Glasplatte und dann eine Milchglasscheibe vor die Lampe hältst?

3 Lichtbündel
Versuche ein möglichst schmales Lichtbündel (↑S. 64) herzustellen.
Überlege selbst, welche Geräte du dazu brauchst. Wie kannst du
deinen „Lichtstrahl" sichtbar machen?

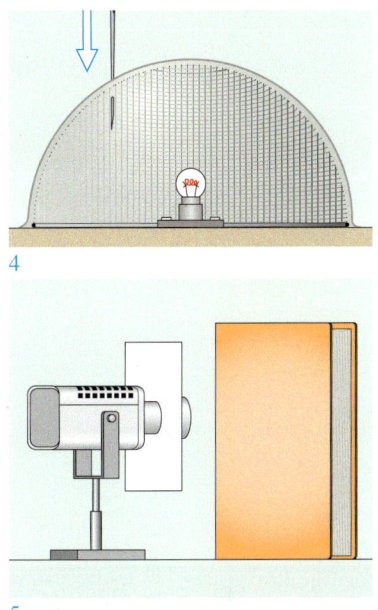

4

5

Probier 's mal!

1 Lichtstreuung
Verdunkle dein Zimmer so weit wie möglich
(Nacht, Vorhänge zu, alle Lichter aus). Leuchte mit
einer Taschenlampe auf eine weiße Wand, ein
schwarzes Buch, einen Schrank …
Achte auf die Helligkeit im Raum außerhalb
des hellen Lichtflecks. Bei welchen beleuchteten
Flächen wird es im Zimmer am hellsten?

2 Lichtkegel der Taschenlampe
Gehe bei Regen oder Nebel nachts mit einer
Taschenlampe nach draußen. Richte deine Taschenlampe in den Himmel, auf nahe und ferne Gegenstände … Was beobachtest du?

3 Licht in der Badewanne
Richte deine Taschenlampe im dunklen Badezimmer auf das Wasser in der Badewanne. Schütte
nun Badesalz (oder etwas Milch) in das Wasser.
Was stellst du fest?

4 Indirektes Licht
Jemand stellt sich so vor ein helles Fenster, dass
sein Gesicht vom Fenster weggewandt ist. Dann
hält er sich ein Blatt weißes Papier vors Gesicht.
Welche Veränderung erkennst du am Gesicht?

5 Der Supertrick
Mario lässt ganz ohne Leinwand ein Bild erscheinen. Er bewegt nur einen Zeigestock im Lichtkegel
des Projektors. Probiere es aus. ↑6

6

6 Leuchtet die Lampe?
Eine Experimentierleuchte steht so, dass wir sie
von der Seite sehen. Der schmale Lichtkegel ist in
eine Dose gerichtet. Der Raum ist verdunkelt.
a Kannst du von der Seite sehen, ob die Lampe
leuchtet?
b Auf welche Weise kann man sicher erkennen, dass
die Lampe leuchtet?

GRUNDLAGEN: Licht wird gestreut, absorbiert oder durchgelassen

Wird eine Stelle an einer weißen Wand mit einer Taschenlampe beleuchtet, dann wird nicht nur die Stelle an der Wand heller, auch die gegenüberliegende Wand wird heller.[1,3]

Die beleuchtete Stelle an der Wand hat die Wirkung einer Lichtquelle. Sie verteilt das von der Taschenlampe empfangene Licht in alle möglichen Richtungen. Dieser Vorgang heißt Streuung des Lichts. Sie macht es möglich, dass wir beleuchtete Gegenstände sehen. Weiße Gegenstände streuen den größten Teil des auftreffenden Lichts unverändert zurück. Werden sie von rotem Licht beleuchtet, so streuen sie rotes Licht.[2]

Farbige Gegenstände streuen farbiges Licht zurück.[4]

Das Licht wird also verändert.   ↻ 062-1

Dunkle Gegenstände wie der Krug absorbieren (verschlucken) den größten Teil des Lichts. Nur ein geringer Teil wird zurückgestreut.[1,5]

Klare, farblose Gegenstände wie Glasplatten oder Flüssigkeiten lassen das Licht fast ungehindert durch.[6]

Durchscheinende Gegenstände (Pergamentpapier, Milchglasscheiben) streuen das Licht in alle Richtungen, auch nach vorn.[7]

1

2

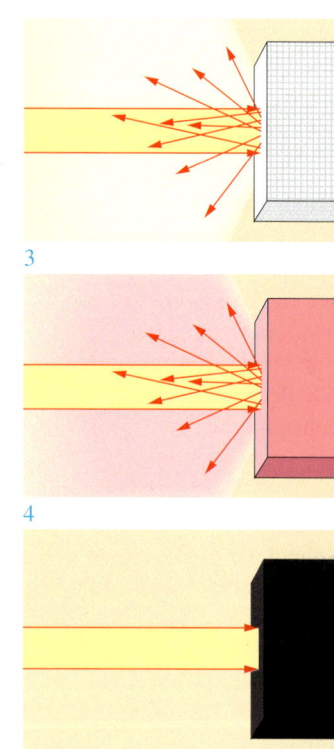

3

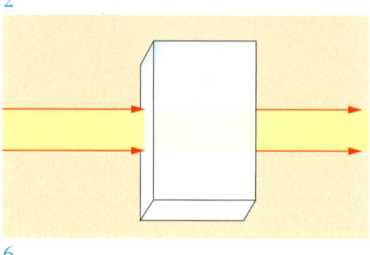

4

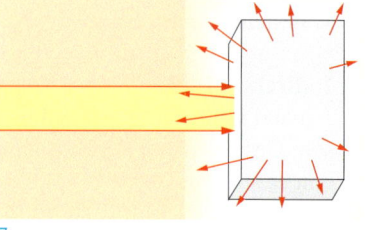

5

6

7

GRUNDLAGEN: Wie wir Gegenstände sehen

Wie wir Lichtquellen sehen, weißt du schon: Das von der Lichtquelle ausgestrahlte Licht fällt durch die Pupille ins Auge. Physikalisch gesehen ist das Auge ein Lichtempfänger.

Aber wenn wir nur Lichtquellen sehen könnten, hätten wir Mühe, uns zurechtzufinden. Oft ist ja keine Lichtquelle in Sichtweite. Und lesen könnten wir auch nicht – Bücher sind ja keine Lichtquellen. Zum Glück sehen wir auch Gegenstände, die selbst kein Licht erzeugen. (Dabei reicht es nicht, „hinzusehen". Sonst müssten wir ja auch im Dunkeln sehen können.) Wir sehen ein Buch, wenn es „im Licht" ist. Dann fällt Licht auf das Buch. Dieses Licht wird in alle Richtungen gestreut. Ein Teil davon fällt in unsere Augen. ↑8

Wenn Licht von einem beleuchteten Gegenstand in unsere Augen fällt, können wir diesen Gegenstand sehen.

Hast du schon einmal versucht, einen Frosch im Teich zu entdecken? Du erkennst ihn nur, wenn du genau „hinsiehst". Wer am Teich nur „Licht empfängt", wird vieles übersehen. Sehen ist nämlich eine Tätigkeit, die oft Konzentration und Anstrengung verlangt.

„Licht empfangen" ist nur der physikalische Teil des Sehens. Die Informationen, die mit dem Licht aufgenommen werden, werden im Gehirn verarbeitet. Beim Betrachten von Bild ↑9 wirst du vielleicht nur helle und dunkle Flecken sehen. Aber wenn du das Buch drehst, werden dir die Muster auf einmal bekannt vorkommen …

An diesem Beispiel wird klar: Die mit dem Licht aufgenommenen Informationen müssen mithilfe des Gedächtnisses gedeutet werden. Erst dann erkennen wir, was wir sehen. Was wir erkennen, hängt stark von unserem Vorwissen und unseren Erfahrungen ab.   ↻ 063-1

9

Aus der Umwelt Streulicht im Straßenverkehr

Im Straßenverkehr müssen Personen und Gegenstände gut zu sehen sein. Wenn sie nicht selbst eine Lichtquelle haben, ist zurückgeworfenes Licht wichtig. Fußgänger sollten nachts helle Kleidung tragen. Helle Kleidung streut nämlich mehr Licht als dunkle. Autofahrer können sie dann schon von Weitem erkennen. ↑10

Verkehrsschilder sind beim Autofahren nachts gut zu sehen. Die Schilder werfen das auftreffende Scheinwerferlicht zurück – vor allem in die Richtung, aus der sie beleuchtet werden. Auch Rück- und Seitenstrahler von Fahrrädern werfen das Licht zurück.   ↻ 063-2

10

1 Welche Farben soll die Kleidung haben, wenn man bei Dunkelheit auf die Straße geht?

2 Ein kleiner Versuch: Im verdunkelten Raum werden Personen mit hellen und dunklen Kleidungsstücken angeleuchtet. Vergleicht dabei, wie viel Streulicht auf die Wände des Raumes fällt.

3 Richte das Licht einer Taschenlampe im Dunkeln auf einen Leuchtstreifen. Aus welcher Richtung musst du ihn beleuchten, damit er am hellsten erscheint?

GRUNDLAGEN: Wie sich Licht ausbreitet

Die Ränder von Lichtstreifen sind immer gerade, egal wie die Wolken aussehen. Wie mit einem riesigen Lineal gezogen, zeichnen sie sich am Himmel ab. Verlängern wir die geraden Linien, so finden wir in ihrem Schnittpunkt den Ort der Sonne, auch wenn diese gar nicht zu sehen ist. Licht breitet sich nämlich immer auf geraden Wegen aus.

Licht breitet sich nach allen Seiten hin geradlinig aus.

Oft kann sich Licht nicht in alle Richtungen ausbreiten. ↑2
Bei der Experimentierleuchte kann es nur nach vorn austreten. Es entsteht ein Lichtbündel.
Mit Lochblenden kann man immer feinere Lichtbündel herstellen. Macht man in Gedanken ein Lichtbündel immer feiner, so kommt man zu einer Linie. Diese Linie heißt *Lichtstrahl*.

1

2

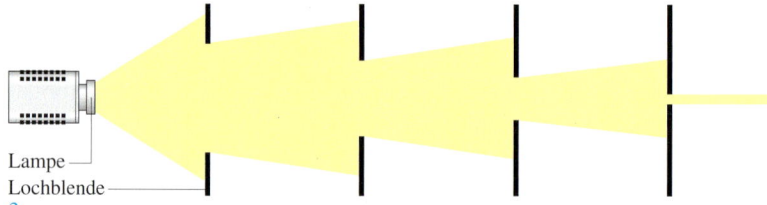

Lampe
Lochblende
3

Aufgaben

1 Auf ↑S. 61 hast du „Marios Supertrick" gesehen. Erkläre ihn.

2 Wenn die Sonne untergegangen ist, kann man manchmal noch Flugzeuge sehen, die sehr hell beleuchtet erscheinen. Wie ist das möglich?

3 Kai behauptet: „Nebel verschlechtert die Sicht." Ulla entgegnet ihm: „… und manches macht er erst sichtbar." Was meint sie damit?

4 Von einem Schiff aus ist das Licht eines Leuchtturms nur zu sehen, wenn er weniger als 40 km entfernt ist. Vom Flugzeug aus kann man ihn noch aus größerer Entfernung sehen. Woran könnte das liegen?

5 Warum werden in Lasershows oft Nebelmaschinen eingesetzt?

6 Wie kommt der helle Rand der Wolke im Bild ↑4 zustande?

7 Von den Spotlampen gehen Lichtbündel mit unterschiedlich großen Winkeln aus.
Welche Vorteile und welche Nachteile haben die verschiedenen Lichtbündel? ↑5

8 Wenn Licht durch ein Glasgefäß mit Wasser fällt, kann man es kaum sehen. Mit Badesalz im Wasser wird das Licht sichtbar. Erkläre. Ändert sich dabei die Ausbreitungsrichtung des Lichts?

4

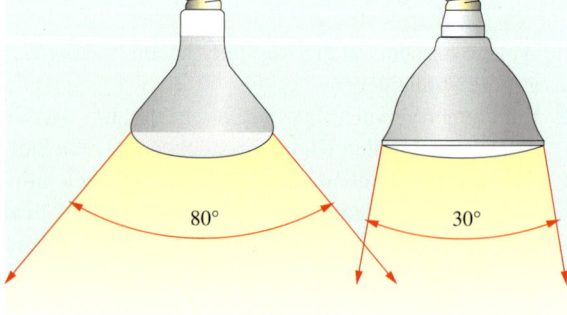

80°   30°

5

Lichtquellen Licht geht von Lichtquellen aus. Als Lichtquellen oder selbstleuchtende Körper bezeichnen wir alle Gegenstände, die ihr Licht selbst erzeugen.

Lichtausbreitung Licht breitet sich geradlinig aus, solange es nicht auf andere Gegenstände fällt.
Wenn Licht durch ein Loch scheint, entsteht ein Lichtbündel. Lichtstrahlen sind Linien, auf denen das Licht läuft. Wir nutzen sie, um die Lichtausbreitung in Zeichnungen darzustellen.

6

Lichtstreuung Fällt Licht auf Gegenstände, so wird ein mehr oder weniger großer Anteil des Lichts absorbiert. Das übrige Licht wird an lichtundurchlässigen Körpern in alle möglichen Richtungen gestreut. Die Umgebung wird zu einem großen Teil von Streulicht beleuchtet. Von beleuchteten Gegenständen geht Licht aus. ↑7

7

Sehvorgang Kommt das Licht direkt von einer Lichtquelle, sehen wir die Lichtquelle selbst. Beleuchtete Körper sehen wir dann, wenn das von ihnen gestreute Licht ins Auge gelangt.

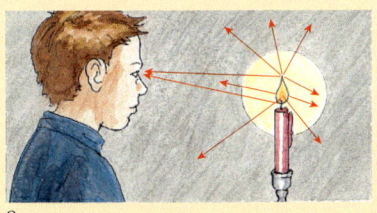
8

9

Alles klar?

1 Kann man „Sonnenstrahlen" sehen? Begründe deine Antwort.

2 Im Bild siehst du Astronauten im Sonnenlicht. Auch die Lufthülle der Erde ist beleuchtet. Der Weltraum dagegen ist tiefschwarz. Erkläre. ↑10

3 Warum wird es nicht „Nacht", wenn sich eine Wolke vor die Sonne schiebt?

4 Es gibt natürliche und vom Menschen gemachte (künstliche) Lichtquellen. Sammle in einer Tabelle für beide Arten Beispiele.

5 Paul meint: „Bei Vollmond wird die Erde richtig hell beleuchtet. Der Mond ist dabei die Lichtquelle." Was sagst du dazu?

10

Schatten

Lucky Luke – der Mann, der den Colt schneller zieht als sein Schatten!

1

Dass dein Schatten sich schneller bewegt als du – das gibt es in Wirklichkeit nicht. Aber er kann größer oder kleiner als du sein, und manchmal hast du zwei Schatten. Und Schatten können sogar farbig sein. ↑2–5 Wir erforschen mit eigenen Experimenten, wie Schatten entstehen.

2

3

4

5

Für die Experimente 1 und 2 brauchst du 2 Lichtquellen (Kerzen oder Taschenlampen ohne Reflektor),
2 Gegenstände (Klebestifte oder andere längliche
Gegenstände) und mehrere Blätter weißes Papier.

1 Schattenbild und Schattenraum
   Stelle Lichtquelle und Gegenstand auf weißes
   Papier.
a Verkleinere und vergrößere den Abstand.
   Beschreibe jeweils deine Beobachtung.
b Halte ein zweites Blatt Papier (den „Schirm")
   senkrecht in den Schattenraum und bewege es vor
   und zurück. Was kannst du beobachten?
c Welcher Zusammenhang besteht zwischen dem
   Schattenbild auf dem „Boden" und dem Schattenbild auf dem Schirm?
d Wie verändert sich das Schattenbild auf dem
   Schirm, wenn du diesen schräg hältst? ↑6
   Formuliere zunächst eine Vermutung. Überprüfe
   diese Vermutung im Experiment.

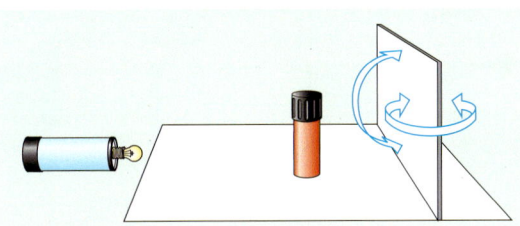

6

2 Schatten von zwei Lichtquellen
   Stelle die beiden Lichtquellen nebeneinander vor
   den Gegenstand (Vorsicht Brandgefahr!). ↑7
a Beschreibe und zeichne die Schatten. Achte auch
   auf die unterschiedliche Helligkeit der Schatten.
b Beobachte die Schattenbilder auch auf einem
   senkrecht in den Schattenraum gehaltenen Schirm
   in verschiedenen Abständen.
   Beschreibe deine Beobachtungen.
c Verschiebe die Kerzen so, dass der dunkle Schatten
   länger wird.
   Gibt es verschiedene Möglichkeiten?

7

3 Silhouetten zeichnen
   Jeder sucht sich einen Partner oder eine Partnerin.
   Zeichnet voneinander Schattenbilder (Vorsicht
   Brandgefahr!). ↑8,9
   Alle Schattenbilder werden mit einer Nummer
   versehen und ausgehängt. Welches Bild wird von
   den meisten erkannt?
   Erläutert, wie man die Schattenbilder am besten
   erzeugt.

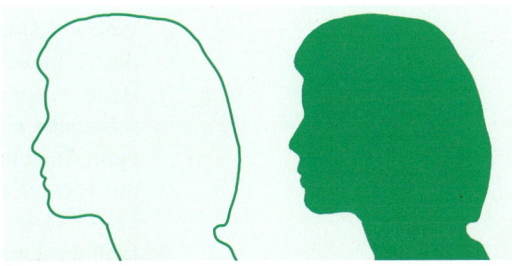

8

9

4 Unscharfe Schatten
   Eine Leuchtstofflampe ist im Abstand von ca. 4 m
   waagerecht vor einer weißen Wand aufgebaut.
   Zwischen Lampe und Wand steht jemand.
   Zuerst ist die Lampe bis auf eine kleine Öffnung
   verhängt. Dann wird die Lampe mehr und mehr
   aufgedeckt. ↑10
   Was beobachtest du?

10

GRUNDLAGEN: Kern- und Halbschatten

1

Untersuche den Bereich hinter dem lichtundurchlässigen Körper mit der Hand oder einem Stück Papier. Du wirst feststellen, dass der Schatten ein Stück des Raums ausfüllt – den Schattenraum. Da das Licht sich geradlinig ausbreitet, gelangt es nicht in den Schattenraum. In ihm fehlt das Licht. Hält man seinen Kopf in den Schattenraum, versperrt der lichtundurchlässige Gegenstand den Blick zur Lichtquelle. An der Wand zeichnet das Schattenbild die Umrisse des Gegenstands nach. Spricht man im Allgemeinen von Schatten, kann der Schattenraum oder das Schattenbild gemeint sein. ↑1

Welche Lampe muss man ausschalten, damit der rote Schatten verschwindet? Und welche, wenn der grüne Schatten verschwinden soll? ↑2
Beim Ausprobieren erlebt man eine Überraschung: Der rote Schatten verschwindet nicht, wenn man die rote Lampe ausschaltet. Er verschwindet beim Ausschalten der grünen Lampe. Im roten Bereich des Schattens fehlt das Licht der grünen Lampe, im grünen Bereich fehlt das Licht der roten Lampe. Diese Teile des Schattens heißen Halbschatten. Im Kernschatten fehlt das Licht beider Lampen. ↑3

↻ 068-1

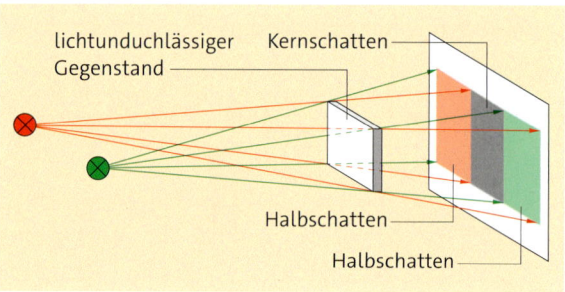

2   3

Wird ein lichtundurchlässiger Körper von zwei Lichtquellen beleuchtet, entsteht hinter dem Körper ein Schatten. Der Bereich, in den nur das Licht einer Lichtquelle fällt, heißt Halbschatten. Der Bereich, in den kein Licht gelangt, heißt Kernschatten.

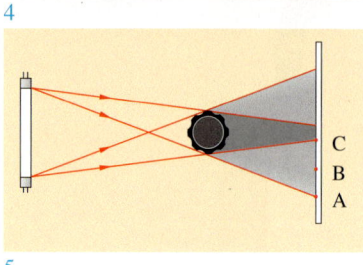

4

5

Unscharfe Schatten Manche Schatten haben einen scharfen Umriss, man erkennt viele Einzelheiten. Andere sind verschwommen wie ein verwackeltes Foto. Die Schärfe des Schattens hängt von der Lichtquelle ab. Eine kleine Halogenlampe erzeugt einen sehr scharfen Schatten, eine matte Glühlampe erzeugt einen unscharfen Schatten. ↑4
Blickt man vom Schirm in Richtung der ausgedehnten Lichtquelle, sieht man von Punkt A aus die ganze Lampe. Diese Stelle ist hell, weil das Licht der ganzen Lampe sie erreicht. Von Punkt B aus wird ein kleiner Teil der Lampe verdeckt. Dort kommt weniger Licht hin. Von Punkt C aus wird ein großer Teil der Lampe verdeckt. Dort ist es fast so dunkel wie im Kernschatten. Zwischen den Punkten A und C liegt der Bereich des unscharfen Randes. Wenn die Lichtquelle kleiner ist, ist dieser Bereich schmaler, der Schatten erscheint scharf begrenzt. ↑5

Unscharfe Schatten entstehen durch ausgedehnte Lichtquellen.

1 Schattengröße
Betrachte den Schatten deiner Hand im Licht einer Schreibtischlampe.
Welche Möglichkeiten gibt es, den Schatten größer oder kleiner werden zu lassen?

2 Lichtquelle und Schatten
Vergleiche die Schatten deiner Hand im Licht verschiedener Lichtquellen (Sonne, Kerze, Halogenlampe, klare und matte Glühlampe …).

3 Blende und Schatten
Betrachte den Schatten deiner Hand im Licht einer matten Glühlampe. Halte ein Stück Pappe mit einem Loch (Blende) vor die Lampe. Wie verändert sich das Aussehen des Schattens?

4 Entfernung und Schatten
Untersuche, wie die Schärfe des Schattens vom Abstand Gegenstand – Lichtquelle abhängt.

1 Du stehst zwischen Glühlampe und Wand.
a In welche Richtung musst du dich bewegen, damit dein Schatten größer wird?
b In welche Richtung muss die Glühlampe gezogen werden, damit dein Schatten kleiner wird?
2 Warum wird der Schatten einer Person kürzer, wenn sie sich einer Straßenlaterne nähert? Erkläre mit einer Skizze.
3 Wenn du bei Vollmond unter einer Straßenlaterne entlanggehst, hast du zwei Schatten. Der eine zeigt immer in die gleiche Richtung, der andere dreht sich. Erkläre.
4 Was ist bei den folgenden Redewendungen jeweils mit dem Wort Schatten gemeint – der Schattenraum, das Schattenbild oder etwas ganz anderes?
a Er sitzt im Schatten eines Baumes.
b Abends werden die Schatten länger.
c Das Ereignis wirft seine Schatten voraus.
d Er steht im Schatten seiner Vorgänger.
e Ein Schatten huscht über die Wand.
5 Klassenräume und Werkstätten werden oft mit Leuchtstoffröhren beleuchtet.
Welche Vor- und Nachteile hat das?
6 Stell dir vor, der Kopf eines Menschen wird auf verschiedene Weise dargestellt:
– als Gemälde
– als Fotografie
– als Fernsehbild
– als Schattenbild
– als Diaprojektion auf einer Leinwand
a Welche Gemeinsamkeiten führen dazu, dass man diese fünf Darstellungen als Bilder bezeichnet?
b Nenne Unterschiede zwischen den fünf Bildern.
7 Steht die Sonne hinter einer Wolke, gibt es fast keine Schatten, obwohl es doch taghell ist. Erkläre.

8 Im Wohnbereich bevorzugt man oft eine indirekte Beleuchtung.
Dabei wird das Licht einer Lichtquelle an die Zimmerdecke oder an die Wände gelenkt. Worin liegt der Vorteil dieser Beleuchtungsart?
9 Warum ist dieser Schatten blau? ↑6

6

Schatten im Weltraum

Alle paar Jahre kannst du in einer klaren Vollmondnacht etwas Seltsames am Himmel erleben. Eben noch stand der Mond rund und strahlend am Himmel. Doch dann scheint sich etwas dunkles Braunes in ihn hineinzufressen.

1

Der Mond wird schmaler und schmaler – bis er nur noch als schmale Sichel zu sehen ist. Dann ist er verschwunden. Nein, wenn die Augen sich an die Dunkelheit gewöhnt haben, ist er in einem fahlen Braunrot zu sehen. Doch dann wird eine schmale Sichel wieder hell. Bis er nach etwa zwei Stunden wieder rund und voll am Himmel steht. Früher bekamen die Menschen Angst bei einer Mondfinsternis. Heute können wir uns dieses Schauspiel ohne Angst ansehen. Doch die Frage bleibt: Warum verschwindet der Vollmond manchmal für ein paar Stunden?

2

Als KOLUMBUS mit seiner Mannschaft in Amerika gelandet war, hatte er eine lange Seefahrt hinter sich und kaum noch Lebensmittel an Bord. Deshalb erhielten sie welche von den Indianern. Aber nach einigen Wochen wollten die Indianer sie nicht länger versorgen. Da hatte KOLUMBUS eine geniale Idee: Er wusste, dass eine Sonnenfinsternis bevorstand. „Mein allmächtiger Gott wünscht, dass ihr uns weiterhin Lebensmittel gebt. Wenn ihr das nicht tut, wird er zur Strafe die Sonne vom Himmel nehmen!", sagte er den Indianern. Am folgenden Tag, als die Sonne sich mehr und mehr verdunkelte, flehten die Indianer ihn an, bei seinem Gott um Gnade zu bitten, und versprachen ihm, ihn weiter zu versorgen.

3

4

1 Mondphasen

Ein Tennisball oder eine große weiße Styropor-kugel wird in der Mitte des Klassenraums an einem Faden aufgehängt. Sie soll den Mond darstellen. Beleuchtet sie mit einem Lichtbündel, das genauso groß ist wie der Durchmesser der Kugel. ↑3

a Zeichnet die Kugel so, wie ihr sie von eurem Platz aus seht.

b Heftet die Bilder anschließend an die Tafel. Versucht herauszufinden, von welchen Positionen aus die einzelnen Bilder gezeichnet wurden.

c Skizziert an der Tafel Sonne, Erde und die Bahn des Mondes um die Erde.
Die von euch gezeichneten Monde sollen nun so an die Tafel geklebt werden, wie sie von der Erde aus zu sehen sind.

2 Sonnenfinsternis

Du benötigst einen Tennisball und eine große, mattierte kugelförmige Glühlampe.

a Stelle dich in 2 m Entfernung von der Glühlampe auf. Halte den Ball so vor das Auge, dass er die Lampe gerade vollständig bedeckt. Bewege den Kopf hin und her. Beschreibe deine Beobachtungen.

b In welchem Teil des Schattens befand sich dein Auge, als du die Lampe hinter dem Ball nicht mehr gesehen hast? Wo befand es sich, als die Lampe teilweise verdeckt war?

3 Finsternisse im Modell

Wie stehen Sonne, Mond und Erde bei einer Mond- oder Sonnenfinsternis? Die Experimentierleuchte stellt die Sonne dar, der Globus die Erde und der Ball den Mond. ↑4
Stelle mit diesen „Himmelskörpern" eine Mond-finsternis und eine Sonnenfinsternis nach.

1 Mondbeobachtung

Skizziere den Mond regelmäßig mehrere Wochen lang. Erfasse deine Beobachtungen in einer Tabelle. Wie lange dauert es, bis der Mond wieder die gleiche Form hat?

2 Position von Sonne und Mond

Oft sind Sonne und Mond gleichzeitig zu sehen. Halte einen Arm in Richtung des Mondes und den anderen in Richtung der Sonne. Schätze den Winkel zwischen beiden Armen. Führe diese Beobachtung bei unterschiedlichen Mondphasen durch. ↑5
Notiere deine Beobachtungsergebnisse.

Datum	Skizze	Mondphase
19.08.2005		Vollmond
26.08.2005		letztes Viertel (abnehmender Halbmond)

5

GRUNDLAGEN: Die wechselnde Gestalt des Mondes

Der Mond ist eine Kugel. Sein Durchmesser beträgt etwa ein Viertel des Erddurchmessers. Der Mond erzeugt kein Licht, sondern erhält sein Licht von der Sonne. Wie bei der Erde ist auch beim Mond immer eine Halbkugel hell, die andere dunkel. In etwa einem Monat umkreist der Mond einmal die Erde.

Von der Erde aus sieht der Mond jeden Tag anders aus. Man bezeichnet die wechselnden Gestalten auch als *Mondphasen*.

Der Mond ist stets von der Sonne zur einen Hälfte beleuchtet. Je nachdem, wie Mond, Erde und Sonne gerade zueinanderstehen, sehen wir unterschiedlich viel von dieser beleuchteten Hälfte.

In der Abbildung sind die von der Erde aus sichtbaren Teile der hellen Mondseite eingezeichnet. ↑2

Position ①: Wir blicken auf gleich große beleuchtete und unbeleuchtete Teile des Mondes (abnehmender Halbmond).

Position ②: Wir blicken auf einen kleinen Teil des beleuchteten Mondes. Der größere Teil des Mondes ist dunkel.

Position ③: Von der Erde aus gesehen steht der Mond etwa in Richtung der Sonne. Wir blicken auf den unbeleuchteten, dunklen Teil des Mondes (Neumond).   ↻ 072-1

Die übrigen Positionen lassen sich genauso erklären.

In Position ⑦ blicken wir auf die beleuchtete Halbkugel. Es ist Vollmond.

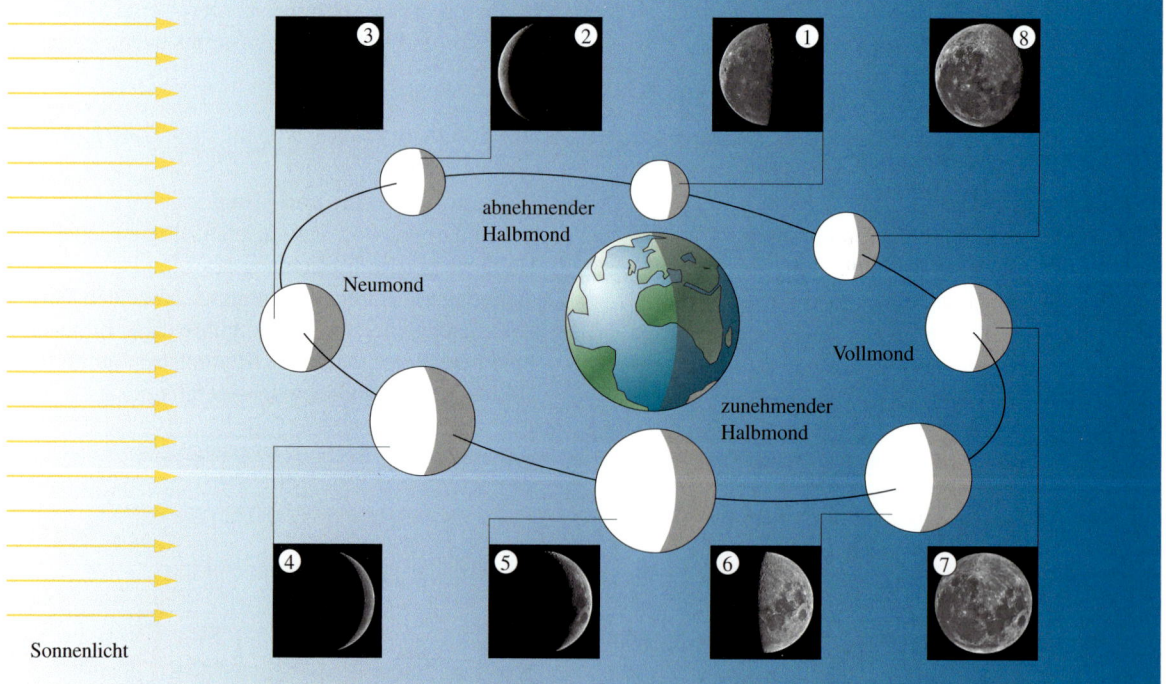

Sonnenlicht

2 Modell der Mondphasen. Die Zeichnung zeigt, wie ein Raumfahrer aus großer Entfernung Erde und Mond sehen würde. Die Fotos zeigen, wie wir den Mond von der Erde aus sehen.

GRUNDLAGEN: Finsternisse

Sowohl die Erde als auch der Mond werden von der Sonne beschienen. Hinter der Erde und hinter dem Mond entstehen Schattenräume, die Hunderttausende von Kilometern weit in den Weltraum hineinragen. Da die Sonne eine ausgedehnte Lichtquelle ist, entstehen Kernschatten- und Halbschattenräume.↑3,4

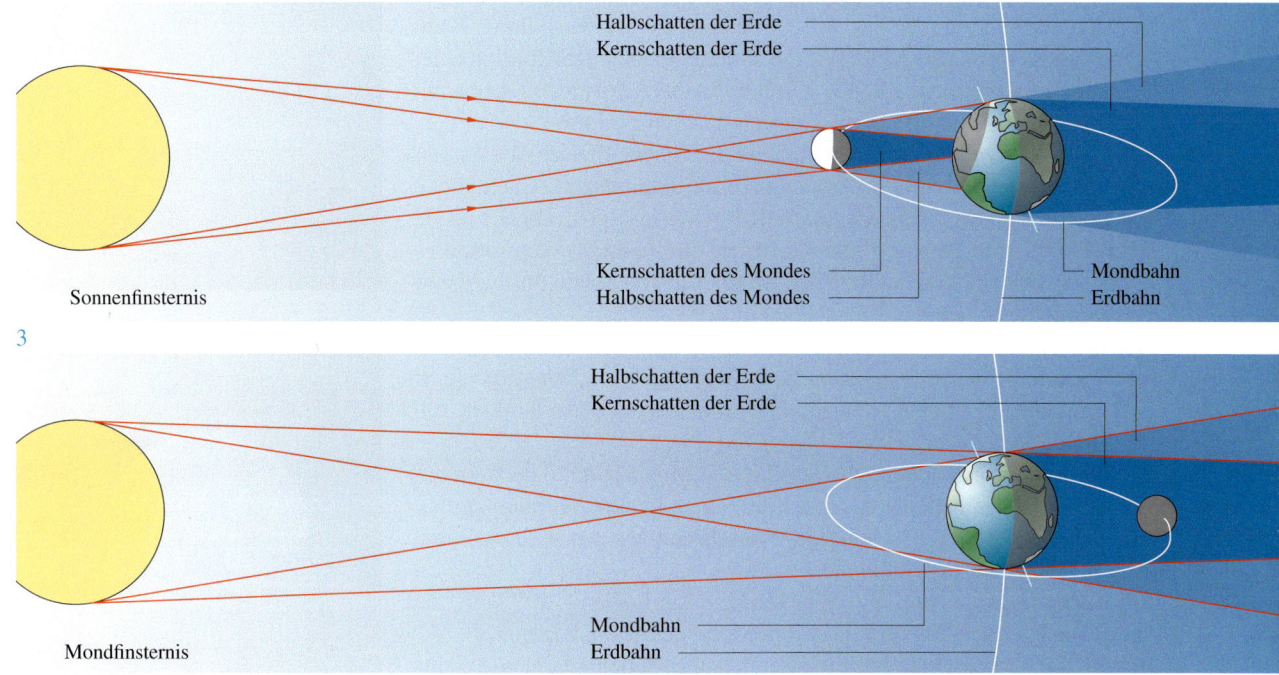

3 Sonnenfinsternis

Halbschatten der Erde
Kernschatten der Erde
Kernschatten des Mondes
Halbschatten des Mondes
Mondbahn
Erdbahn

4 Mondfinsternis

Halbschatten der Erde
Kernschatten der Erde
Mondbahn
Erdbahn

Eine Mondfinsternis können wir uns so erklären: Der Mond umkreist einmal pro Monat die Erde. Meist verläuft seine Bahn oberhalb oder unterhalb des Schattenraums der Erde. Bei einer Mondfinsternis gerät der Mond in den Kernschatten der Erde.↑5
Sonne, Erde und Mond liegen dann auf einer Geraden. Im Mittel gibt es zweimal pro Jahr eine Mondfinsternis. Sie ist überall dort zu sehen, wo sich der Mond gerade über dem Horizont befindet.

5 Mondfinsternis

Bei einer Sonnenfinsternis schiebt sich der Mond zwischen Erde und Sonne. Ein kleiner Teil der Erde liegt im Kernschatten des Mondes. Von dort aus kannst du die Sonne nicht mehr sehen. Der Mond verdeckt für dich die Sonne. Statt der Sonne siehst du die dunkle, unbeleuchtete Seite des Mondes. Aber die Sonne ist von glühenden Gasen umgeben. Die ragen über den Mond hinaus und sind noch sichtbar.↑6
Geht der Kernschatten des Mondes über den Beobachter hinweg, spricht man von einer *totalen Sonnenfinsternis,* sonst von einer *partiellen Sonnenfinsternis.*
Eine totale Sonnenfinsternis ist an einem bestimmten Standort nur sehr selten zu beobachten, weil der Kernschatten auf der Erdoberfläche ein Gebiet von höchstens 200 km Durchmesser bedeckt. Die Dauer der Totalität kann maximal 7 Minuten und 42 Sekunden betragen. ↻ 073-1

6 Totale Sonnenfinsternis

Aus der Geschichte Die Erde – ein leuchtender Stern!

Bis ins Mittelalter hinein glaubten die meisten Menschen, die Erde sei der Mittelpunkt der Welt. Mit ihren Unwettern, Überschwemmungen und all den anderen Plagen war sie der düstere und feuchte Ort, an dem die Menschen in Not, Elend und Sünde leben mussten. Der Himmel dagegen, in dem die Sterne ihre ewigen Kreisbahnen zogen, umhüllte die Erde wie eine Schale aus Kristallglas. Doch im 16. Jahrhundert entwickelte der Astronom KOPERNIKUS eine ganz andere Vorstellung. Nach ihr bewegt sich auch die Erde. Wie die anderen Planeten fliegt sie in einer riesigen Kreisbahn um die Sonne. Ein Jahr, so sagte KOPERNIKUS, braucht das Raumschiff Erde für seine Reise durch den Weltraum.

KOPERNIKUS' Theorie fand zunächst viele Gegner. Aber einige Wissenschaftler versuchten sie mit Argumenten zu unterstützen. Unter ihnen war der italienische Naturwissenschaftler GALILEO GALILEI. Er sagte: „Schaut doch zum Himmel! Dann seht ihr, dass die Erde kein düsteres Loch, sondern ein strahlender Stern ist, ebenso schön wie unser Abend- und Morgenstern Venus!"

Wie kam er darauf? Er wies die Menschen auf eine Beobachtung hin, die du vielleicht auch schon gemacht hast. Wenn der Mond als schmale Sichel am klaren Nachthimmel steht, kann man oft auch den dunklen Teil des Mondes erkennen.↑1

Wo kommt das schwache Licht her, das den Mond erhellt? Es kann nur von der Erde kommen, die das Licht der Sonne in den Weltraum zurückstreut. Tatsächlich ist die „Vollerde", vom Mond aus gesehen, zwölfmal so hell wie für uns der Vollmond.

All das hat GALILEI durch Nachdenken herausgefunden – 400 Jahre, bevor die ersten Menschen die Erde vom Mond aus sehen konnten.↑2

Er sagte: „So ist das, was wir mit unseren Augen sehen, so gut wie nichts im Vergleich zu den Wundern, die wir mit unserem Verstand am Himmel entdecken."

1

2

Aufgaben

1 Marc sagt: „Der Sichelmond kommt dadurch zustande, dass der Schatten der Erde den Mond teilweise bedeckt." Mit welchen Argumenten kannst du zeigen, dass Marc nicht recht hat?

2 Sowohl bei Neumond als auch bei einer totalen Mondfinsternis ist der Mond dunkel.
Erläutere den Unterschied.

3 Finsternisse sind immer nur bei bestimmten Mondphasen zu beobachten.

a Warum ist eine Mondfinsternis immer nur bei Vollmond zu sehen?

b Welchen Zusammenhang gibt es zwischen Sonnenfinsternis und Mondphase?

4 Am 11. August 1999 konnten Astronauten einen dunklen Fleck über die Erde wandern sehen.
Wie kam dieser Fleck zustande?↑3

5 Eine Mondfinsternis sieht man von der halben Erde aus, eine Sonnenfinsternis nur von einem schmalen Streifen. Erkläre.
Nutze die Bilder↑3,4 S.73.

3

Mondphasen Der Mond ist ständig zur Hälfte beleuchtet. Von der Erde aus sehen wir unterschiedlich viel von der beleuchteten Mondhälfte (Mondphasen).
Auch die Erde ist stets zur Hälfte beleuchtet. Da sich die Erde in 24 Stunden einmal um die eigene Achse dreht, kommt es zum ständigen Wechsel von Tag und Nacht.

Finsternisse Wenn sich der Mond zwischen Erde und Sonne schiebt, entsteht auf der Erde ein Schattenbild des Mondes. Dort sieht man, wie der Mond die Sonne verdeckt (Sonnenfinsternis).
Liegt die Erde zwischen Sonne und Mond, fällt der Schatten der Erde auf den Mond (Mondfinsternis).

Alles klar?

1 Erkläre die Entstehung der Mondphasen.

2 Wann kommt es zur Entstehung einer Sonnenfinsternis? Welche Bedingungen müssen erfüllt sein, damit eine Mondfinsternis entsteht?

3 Warum treten Mondfinsternisse nur bei Voll- und Sonnenfinsternisse nur bei Neumond ein?

4 In welcher Phase befindet sich der Mond, wenn er trotz wolkenlosen Himmels eine ganze Nacht nicht zu sehen ist?

5 Das Bild zeigt die Erde von einem Wettersatelliten aus 36 000 km Höhe. Die Aufnahmen wurden zu verschiedenen Zeiten gemacht und nebeneinandergestellt. Der Statellit dreht sich mit der Erde mit. Er befand sich immer über der angekreuzten Stelle.
a Wann stand die Sonne hinter dem Satelliten?
b Erkläre das unterschiedliche Aussehen der Erde.

13.55 Uhr   10.55 Uhr   7.55 Uhr   4.55 Uhr

4

6 Bei einer Mondfinsternis kann man den Schatten der Erde sehen. Schon vor 2000 Jahren hat der griechische Philosoph ARISTOTELES bemerkt, dass dieser Schatten immer gekrümmt ist. Was konnte er daraus über die Form der Erde ablesen?

Löcher erzeugen Bilder

Solche Lichtflecke (Sonnentaler) zeichnet das Sonnenlicht oft auf den schattigen Waldboden.

Bewegt der Wind die Äste des Baumes, dann schwingen diese Sonnentaler hin und her. Hier und da blinkt ein neuer Sonnentaler auf oder verlöscht; aber immer behalten sie ihre Form. Kreisrund sind die Sonnentaler, wenn das Sonnenlicht senkrecht auf den Boden trifft. Unter hohen Buchen erreichen sie die Größe eines Kopfes, unter Buschwerk sind sie klein wie Münzen.

1

Wie kommen diese Sonnentaler zustande? Ganz sicher sind es nicht die Lücken zwischen den Blättern, die sich hier abzeichnen, denn diese Lücken nehmen alle möglichen Formen an. Beim kleinsten Windhauch verändern sie ihre Form.

Runde Lücken gibt es im Blätterdach des Waldes nicht. Trotzdem sind die Sonnentaler immer rund oder oval. Rund ist nur die Sonne selbst. Zeichnet die Sonne ihre eigene Form auf den Waldboden? ↻ 076-1

2 Im 17. Jahrhundert benutzten Maler eine „dunkle Kammer" (lat. *camera obscura*), um Bilder einer Landschaft zu skizzieren. Durch ein kleines Loch in der Wand fiel das Licht. Auf der gegenüberliegenden Wand entstand ein Bild der Landschaft.

1 Lichtflecke – Bilder – Lichtwege

Schneide in ein Stück Pappe ein Loch (Durchmesser ca. 2 cm). Ein Blatt weißes Papier dient als Schirm. Zünde in einem abgedunkelten Zimmer eine Kerze an (Vorsicht Brandgefahr!). ↑3

a Wie entsteht der Lichtfleck auf dem Schirm? Fertige eine Zeichnung an.

b Verwende nun eine Lochblende mit einem etwa 2 mm großen Loch.
Beschreibe, was du auf dem Schirm siehst.

c Verfolge den Lichtweg von der Kerzenspitze bis zum Schirm. Halte dazu vor und hinter der Lochblende einen Finger an verschiedene Stellen in den Lichtweg. Verfolge auf gleiche Art den Lichtweg vom unteren Teil der Kerzenflamme zum Schirm.

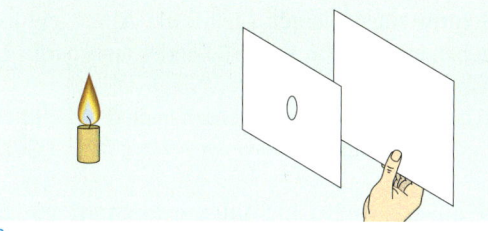

3

2 Bild einer „1"

Auf einem Brett sind mehrere Lampen mit verschiedenen Farben zu einer „1" angeordnet. ↑4

a Drehe zunächst nur eine Lampe in ihre Fassung. Beobachte den Lichtfleck auf dem Schirm. Beschreibe, wie der Lichtfleck entsteht.

b Nacheinander sollen die weiteren Lampen in ihre Fassung gedreht werden. Versuche vorherzusagen, wo der Lichtfleck der jeweiligen Lampe auf dem Schirm abgebildet wird.
Überprüfe deine Vorhersage im Experiment.

c Verändere den Abstand Schirm–Lochblende. Beschreibe die Veränderungen des Bildes auf dem Schirm.

d Erkläre die Veränderung des Bildes mit einer Zeichnung.

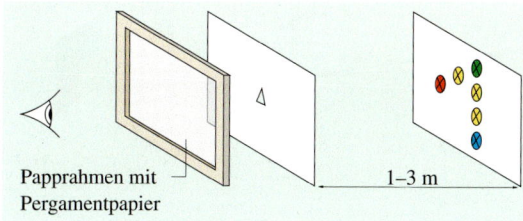

Papprahmen mit Pergamentpapier   1–3 m

4

3 Lochkamera mit verschiebbarer Mattscheibe

Du brauchst: 1 Kaffeedose, 2 Bogen Karton (23 cm · 40 cm), 1 Stück Pergamentpapier, Schere, Klebstoff, Lineal, schwarzes Klebeband.

a Rolle einen Bogen Karton eng um die Dose. Klebe ihn zu einer Röhre zusammen. Lege mehrere Gummibänder als Abstandshalter darum.

b Rolle den zweiten Bogen um die Röhre und klebe auch ihn zu einer Röhre.

c Für die innere Röhre stellst du aus Pergamentpapier eine Mattscheibe her. Klebe sie möglichst glatt auf die innere Röhre. Lass dabei die Dose noch in der inneren Röhre stecken, um die Form zu sichern.

d Für die äußere Röhre fertigst du aus Karton einen Deckel an oder verwendest den Deckel einer Kaffeedose. Schneide in die Mitte des Deckels ein Loch mit 30 mm Durchmesser. Falls noch Licht hineinkommt, dichtest du mit Klebeband ab.

e Die Lochblende wird auf dem Deckel verschiebbar angebracht. Ziehe die Kaffeedose heraus und entferne die Gummibänder.

f Die innere Röhre mit der Mattscheibe ist jetzt verschiebbar. Wie ändert sich dabei das Bild?

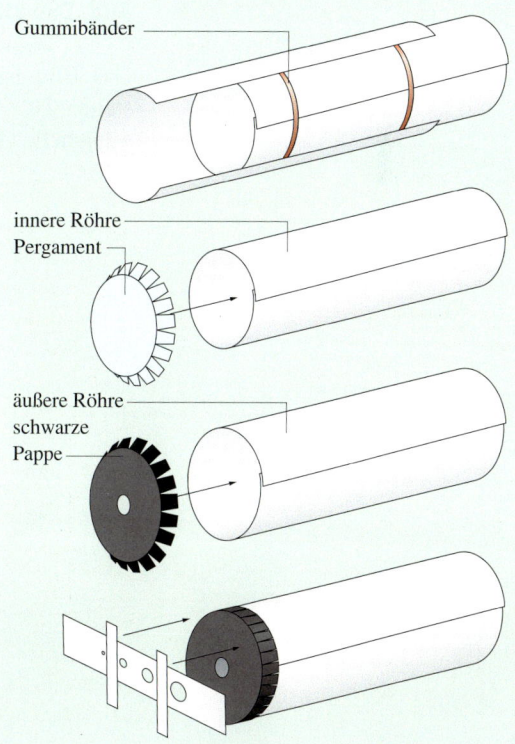

Gummibänder

innere Röhre
Pergament

äußere Röhre
schwarze
Pappe

5

Schon gewusst?

Auch mit einem Küchensieb und einer Glühlampe kannst du „Sonnentaler" erzeugen.
Halte dazu ein Küchensieb vor eine klare Glühlampe.
Das Licht soll durch die Löcher im Sieb auf eine glatte, helle Fläche fallen. ↑1
Betrachte die Flecke genau und beschreibe ihre Form.

1

GRUNDLAGEN: Löcher zeichnen Bilder

Vor 2000 Jahren beobachtete der griechische Philosoph Aristoteles, dass Sonnentaler bei einer Sonnenfinsternis – wenn die Sonne die Form einer Sichel hat – auch sichelförmig sind.

Auch noch 1500 Jahre später blieben die Sonnentaler für die Naturforscher rätselhaft. Bis ein Mönch namens Roger Bacon (1214–1292) das Problem experimentell untersuchte. Anstelle der Sonne nahm er eine Kerze in einem dunklen Raum. Das Blätterdach ersetzte er durch ein Stück Pappe mit einem kleinen Loch und anstelle des Waldbodens verwendete er einen weißen Schirm.

In unseren Experimenten haben wir neben der Kerze auch eine farbige „1" verwendet. ↑3

Mit ihr lässt sich gut beobachten, an welcher Stelle das rote Licht auf den Schirm auftrifft, an welcher Stelle das blaue und wo das grüne.

Die Abbildung lässt sich leicht erklären. Wir stellen uns vor, dass z. B. eine Flamme aus vielen leuchtenden Punkten besteht. Auch ein Gegenstand besteht aus vielen Punkten, die das Licht streuen.

Von jedem Punkt geht ein Teil des Lichts durch das Blendenloch hindurch und erzeugt auf dem Schirm einen kleinen Lichtfleck. Alle Lichtflecke überlappen sich und ergeben ein auf dem Kopf stehendes, unscharfes Bild der Flamme.

Je kleiner man das Loch macht, umso kleiner werden auch die Lichtflecke. Das Bild wird schärfer, aber auch dunkler.   ↻ 078-1

Zu jedem Punkt einer ausgedehnten Lichtquelle entsteht ein Bild-fleck. Die Lichtflecke überlappen sich und ergeben zusammen das Bild. Das Bild steht auf dem Kopf und ist seitenverkehrt.

Das Bild ist unscharf, weil keine Bildpunkte, sondern Bildflecke entstehen. ↑4
Auch helle Gegenstände, die das Licht streuen, erzeugen Bilder. ↑5

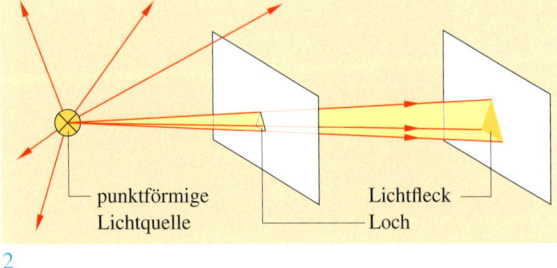

punktförmige Lichtquelle   Lichtfleck   Loch

2

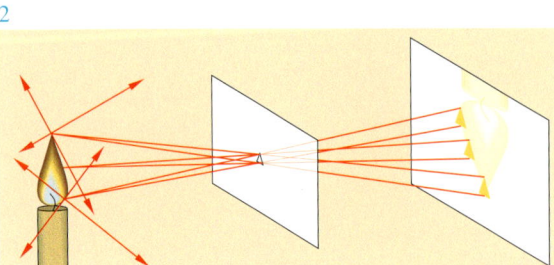

3

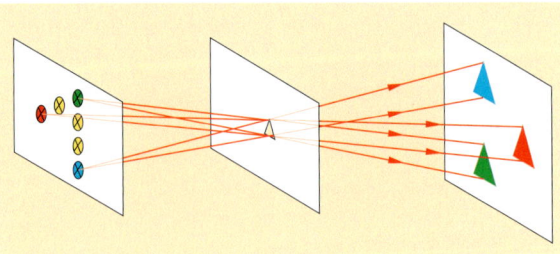

4

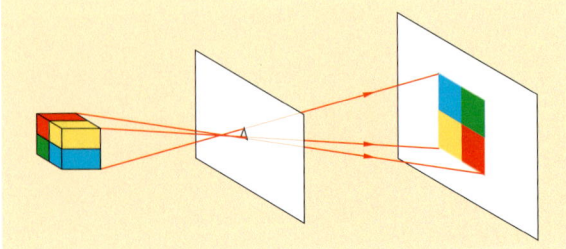

5

Methode

Je-desto-Beziehungen und Experimente

Das Licht einer Kerze fällt durch ein Loch auf einen Schirm. Dort zeichnet sich das umgedrehte Bild der Kerzenflamme ab. Ein einfaches Experiment, das uns viele Fragen beantworten hilft. Du kannst etwas verändern und achtgeben, ob sich etwas anderes gleichzeitig ändert.

Was verändert sich, wenn du:
– die Kerze von der Lochblende wegziehst
– den Schirm näher an die Lochblende rückst
– das Loch vergrößerst?

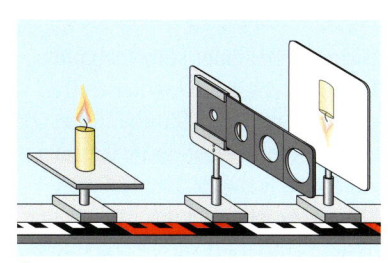

6

1 *Aufgabe:* Bilde Je-desto-Sätze mit den Größen, die bei diesem Experiment wichtig sind.

2 Skizziere das Experiment und gib den Größen Namen und abkürzende Buchstaben.

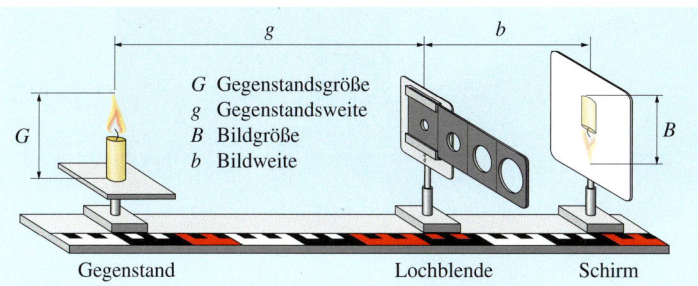

G Gegenstandsgröße
g Gegenstandsweite
B Bildgröße
b Bildweite

Gegenstand   Lochblende   Schirm

7

3 Verändere eine Größe, beobachte und formuliere das Ergebnis in einem Je-desto-Satz.

Beispiel 1: Verschiebe die Kerze nach hinten, beobachte die Größe der Flamme. Dabei hast du die Gegenstandsweite vergrößert und die Bildgröße kontrolliert. Je größer die Gegenstandsweite g, desto kleiner ist die Bildgröße B. Je kleiner die Gegenstandsweite g, desto größer ist die Bildgröße B.

Beispiel 2: Verschiebe den Schirm. Beobachte die Bildgröße. Dabei hast du die Bildweite verändert und die Bildgröße kontrolliert. Je größer die Bildweite, umso größer ist die Bildgröße. Je kleiner die Bildweite, umso kleiner ist die Bildgröße.

Beispiel 3: Ersetze die Lochblende durch eine Blende mit einem kleineren Loch. Beobachte die Veränderungen im Bild. Du wirst feststellen, dass sich zwei Veränderungen zeigen: Die Helligkeit des Bildes und die Schärfe des Bildes ändern sich. Je kleiner das Loch, umso schärfer und dunkler wird das Bild. Je größer das Loch, umso unschärfer und heller wird das Bild.

Beachte: Du solltest immer nur eine Größe auf einmal ändern. Sonst kannst du nicht erkennen, wodurch die beobachtete Veränderung hervorgerufen wurde.

Mit Linsen Bilder erzeugen

Wenn du bei einer selbstgebauten Lochkamera den Blendenstreifen entfernst und eine Sammellinse vor der Öffnung befestigst, wird sie zur Linsenkamera. Die Linsenkamera zeichnet viel schärfere und hellere Bilder als die Lochkamera.

1

2

Die ersten Fotoapparate sahen noch aus wie Lochkameras mit einer Linse. Statt des Transparentschirms enthielten sie eine Glasplatte mit einer lichtempfindlichen Schicht, die sich überall dort schwärzte, wo Licht hinfiel. ↑2,4

Auch die modernsten Digitalkameras, selbst die in Handys, kommen nicht ohne Linse aus. Overheadprojektoren und Beamer, die große Bilder auf einer Leinwand erzeugen, brauchen ebenfalls Linsen. ↑3

All diese optischen Geräte funktionieren nach dem gleichen Prinzip. Wie kann man sich die Wirkung von Linsen bei der Entstehung von Bildern erklären? Wie kann man unterschiedlich große Bilder erzeugen?

3

4

1 Die Lochkamera wird zur Linsenkamera

Um aus deiner Lochkamera eine Linsenkamera zu machen, entfernst
du den Blendenstreifen. Die Linse klebst du auf einem 4 cm · 4 cm
großen Karton mit einer passenden Öffnung fest. Die „Linsenblende"
befestigst du mit Klebesteifen auf dem Kameradeckel.

a Richte die Linsenkamera auf eine Kerze und verschiebe die innere
Röhre mit der Mattscheibe. Was siehst du?

b Nähere deine Kamera der Kerze. Wie musst du die innere Röhre
verschieben, um wieder ein scharfes Bild zu bekommen?
Wie verändert sich das Bild?

c Gehe nun ans Fenster und betrachte den Horizont durch deine
Kamera. Wie musst du die Röhre nun verschieben?

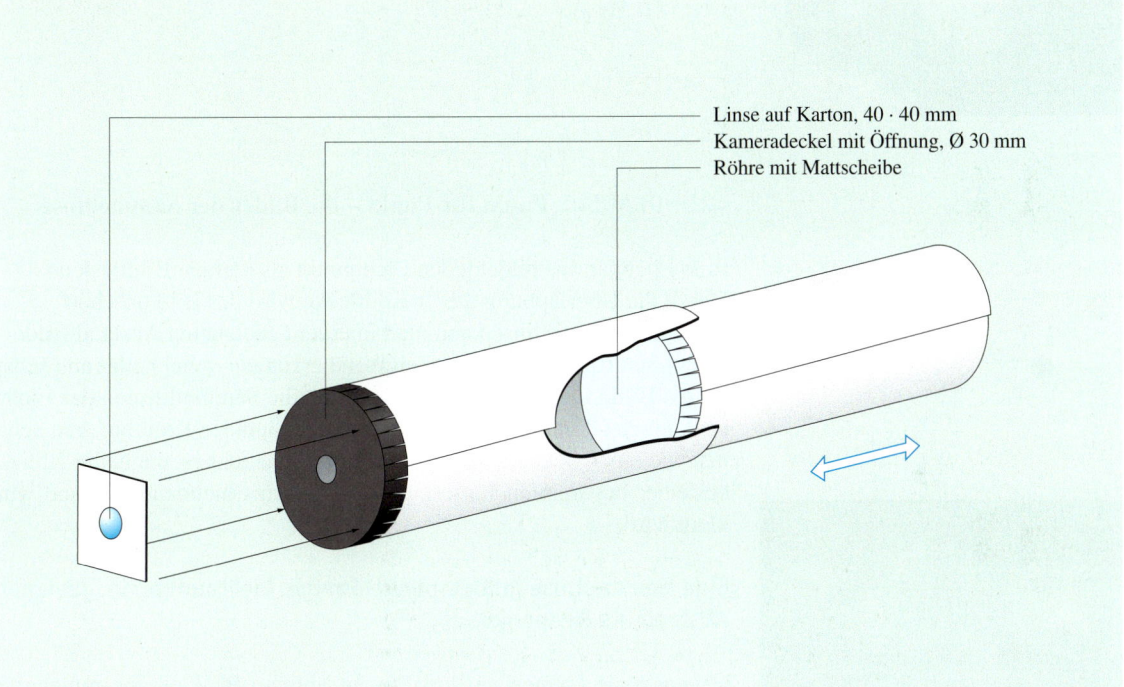

Linse auf Karton, 40 · 40 mm
Kameradeckel mit Öffnung, Ø 30 mm
Röhre mit Mattscheibe

5

2 Ort des Bildes an einer Sammellinse

Wo entsteht bei einer Sammellinse das Bild?

a Stelle eine Kerze 1 m vor der Linse auf. ↑5
Suche mit einem Schirm die Stelle, an der hinter der Sammellinse das
scharfe Bild der Kerzenflamme entsteht.
Miss nun den Abstand Bild–Linse.

b Vergrößere den Abstand der Kerze von der Linse. Wie ändert sich
dadurch der Abstand Bild–Linse?
Beschreibe deine Beobachtung mit einem Je-desto-Satz.

c Entferne die Kerze allmählich immer weiter von der Linse.
Ermittle den kleinstmöglichen Abstand Bild–Linse.

d Welcher Zusammenhang besteht zwischen dem Abstand Bild–Linse
und der Bildgröße? Beschreibe in einem Je-desto-Satz.

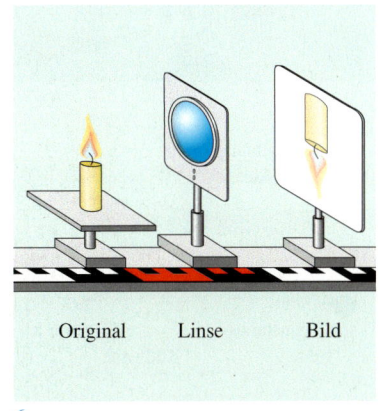

Original   Linse   Bild

6

GRUNDLAGEN: Brenngläser sind Sammellinsen

Mit einem Brennglas und Sonnenlicht kannst du Papier „ankokeln". Dazu musst du das Papier in den Brennpunkt halten. Dort ist die Hitze am größten, weil das Sonnenlicht auf einen winzigen Fleck konzentriert wird.

Der Abstand Linse–Brennpunkt heißt Brennweite.   ↻ 082-1
Je stärker die Linse gekrümmt ist, umso kürzer ist ihre Brennweite.

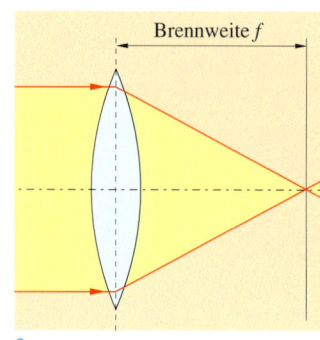

1

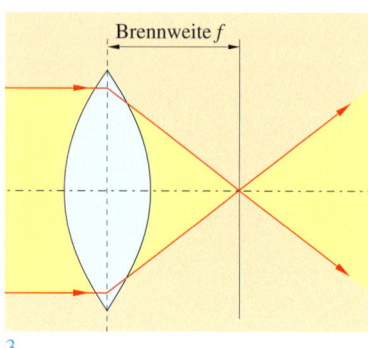

Brennweite *f*

2

Brennweite *f*

3

GRUNDLAGEN: Punkt für Punkt – die Bilder der Sammellinse

Eine Lochkamera bildet jeden Lichtpunkt als kleinen Bildfleck ab. ↑4
Durch die Überlappung dieser Bildflecke wird das Bild unscharf.
Mit einer Sammellinse kann man in einem geeigneten Abstand Bilder auf einem Schirm oder einer weißen Wand erzeugen – viel heller und schärfer als die Bilder der Lochkamera. Hält man die Sammellinse in das Licht einer kleinen Glühlampe, so erzeugt sie einen dunklen Kreis auf dem Schirm, fast wie einen Schatten. In der Mitte des Schattens ist ein heller Kreis, der bei einer bestimmten Entfernung des Schirms blendend hell und winzig klein wird. ↑5

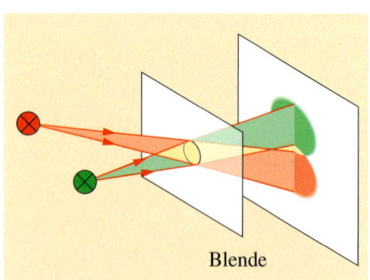

Blende

4

5

Eine Sammellinse bildet punktförmige Lichtpunkte in geeignetem Abstand als Bildpunkte ab.

Gegenstände können wir uns aus unzähligen Punkten zusammengesetzt vorstellen. Von jedem dieser Gegenstandspunkte geht Licht aus. Auch wenn zwei Lichtpunkte dicht nebeneinanderliegen, überlappen sich ihre Bildpunkte nicht. Auf dem Schirm kann man die Lichtpunkte als nebeneinanderliegende Punkte erkennen. ↑6
Das Licht der Lampe wird nur dann in einem Punkt gebündelt, wenn der Schirm den geeigneten Abstand hat. Der Richtungsstrahl verläuft geradlinig von der Lampe durch die Linsenmitte zum Bildpunkt. Er zeigt, wo der Bildpunkt erscheint.
Genau wie die Lochblende vertauscht auch die Linse oben und unten. Es entsteht ein umgekehrtes und seitenverkehrtes Bild.   ↻ 082-2

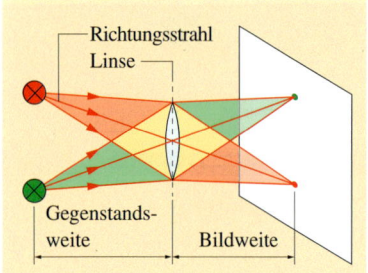

Richtungsstrahl
Linse

Gegenstands-
weite   Bildweite

6

Mit der Sammellinse entstehen scharfe Bilder, da zu jedem Gegenstandspunkt ein Bildpunkt erzeugt wird. Sehr weit entfernte Gegenstände werden in der Brennebene abgebildet.

GRUNDLAGEN: Große Bilder – kleine Bilder

Schon mit einer einzigen Linse kannst du große und kleine Bilder erzeugen – je nach Abstand.
Je weiter der Gegenstand von der Linse entfernt ist, umso näher rückt das Bild an die Linse. Dabei wird es immer kleiner.
Aber kürzer als die Brennweite wird der Abstand Linse–Bild nie.

Um auf einer einige Meter entfernten Wand ein großes Kerzenbild zu erzeugen, musst du die Kerze nah an die Linse halten. Aber nicht zu nah! Wenn der Abstand Kerze–Linse kürzer ist als die Brennweite, entsteht kein Bild mehr.

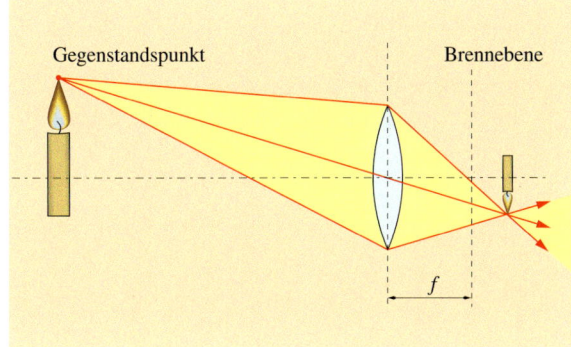

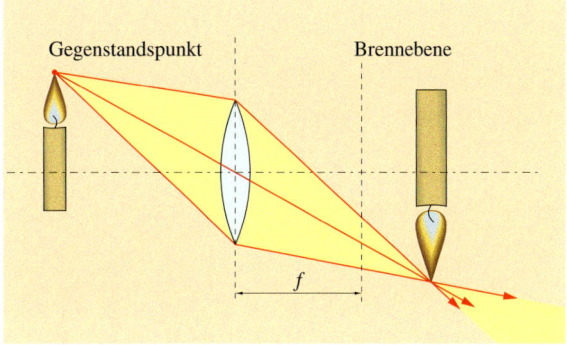

7 Das Bild ist kleiner als der Gegenstand.   8 Das Bild ist größer als der Gegenstand.

Bei der Lochkamera gilt: Je weiter der Schirm von dem Loch entfernt ist, umso größer ist das Bild. Um ein großes Bild zu erzeugen, muss man nur den Schirm von der Lochblende entfernen.
Bei der Abbildung mit Linsen kann man den Schirm nicht einfach verschieben. Das Bild ist nur in einem bestimmten Abstand, der Bildweite, hinter der Linse scharf.
Auch hier kann man große Bilder erzeugen, ohne die Gegenstandsweite zu verändern. Man muss eine Sammellinse mit größerer Brennweite verwenden. Solche Linsen bündeln das Licht nicht so stark wie Linsen mit großer Krümmung.
Die Bildweite und die Bildgröße nehmen zu. ↑9, 10   ↻ 083-1

Für die Linsenabbildung gilt: Große Bildweite – großes Bild, kleine Bildweite – kleines Bild.

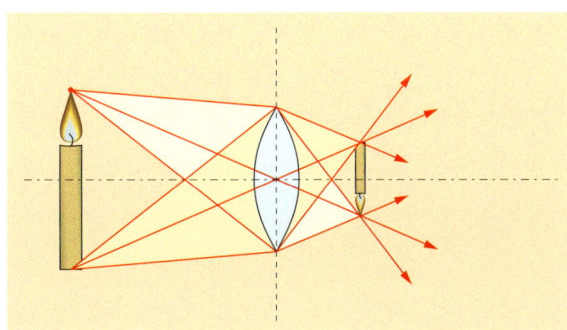

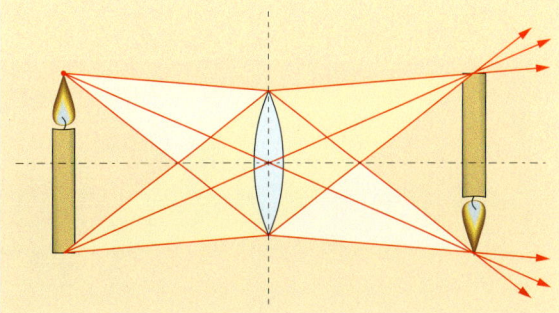

9   10

Probier 's mal!

1 Das Brennglas
Mit einem Brennglas (einer Lupe) kannst du ein Stück Papier anzünden.
a Wie musst du das Brennglas ins Sonnenlicht halten, damit das Papier möglichst schnell zu glimmen beginnt? (Vorsicht Brandgefahr!)
b Miss bei verschiedenen Brenngläsern den Abstand, in dem das Kokeln am besten funktioniert.

2 Bilder mit Glaskugel, Wein- oder Brenngläsern
Erzeuge Bilder mit einer Linse. Als Linse kannst du eine Lupe oder ein Brillenglas mit +5 Dioptrien benutzen. Statt einer Lupe kannst du auch eine große Glaskugel oder ein mit Wasser gefülltes kugelförmiges Weinglas nehmen.

a Stelle dich mit der Linse in einigen Metern Entfernung vor ein helles Fenster. Halte direkt hinter die Linse ein Blatt weißes Papier als Schirm. ↑1
b Entferne den Schirm langsam immer weiter von der Linse, bis du ein scharfes Bild des Fensters und der Landschaft erhältst. Beschreibe die Eigenschaften dieses Bildes.

3 Abbildung mit Sammellinsen
Erzeuge mit einer Sammellinse das Bild einer Kerze auf einer weißen Wand. Versuche, folgende Bilder herzustellen:
– ein möglichst kleines Bild
– ein möglichst großes Bild
– ein Bild, das genauso groß ist wie die Kerze

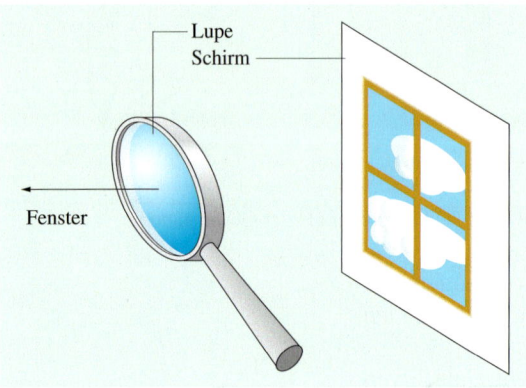

1

2

Aufgaben

1 Wieso gelingt es bei der Lochkamera nicht, gleichzeitig scharfe und helle Bilder zu erzeugen?
2 Wieso kann man mit einer Sammellinse scharfe und helle Bilder erzeugen?
3 Jeder Stern am Himmel stellt eine punktförmige Lichtquelle dar. Warum bildet eine Sammellinse nicht alle Sterne in einem einzigen Punkt ab? ↑3

4 Ordne die folgenden Linsen nach ihrer Brennweite. Begründe deine Entscheidung. ↑4
5 Karsten sagt: „Mit einer Sammellinse kann man Bilder in allen möglichen Abständen erzeugen." Tim erwidert: „Nein, die Brennweite ist die kleinstmögliche Bildweite, die bei einer Sammellinse vorkommen kann." Wer von beiden hat recht? Probiere es aus.

3

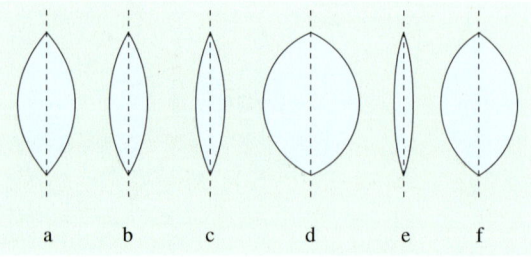

4

Auf einen Blick

Lochblenden erzeugen Bilder Fällt Licht von punktförmigen Lichtquellen durch eine Blendenöffnung, entstehen Lichtbündel. Auf einem Schirm erzeugen die Lichtbündel Blendenflecke, die die Form der Blendenöffnung haben.

Jeder Punkt einer Lichtquelle oder eines beleuchteten Gegenstands sendet Licht aus. Die Lichtbündel, die vom Gegenstand durch eine Lochblende fallen, erzeugen ein Bild des Gegenstands. Man kann sich das Bild aus unzählig vielen Lichtflecken zusammengesetzt denken. ↑5

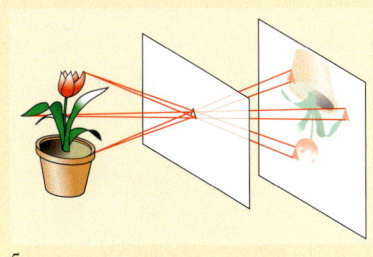

5

Bildentstehung bei Sammellinsen Helle Bilder einer Lochkamera sind unscharf, weil das Bild aus Lichtflecken zusammengesetzt ist. Linsen bündeln das Licht so, dass von jedem Gegenstandspunkt ein Bildpunkt entsteht. Das Bild wird scharf. ↑6

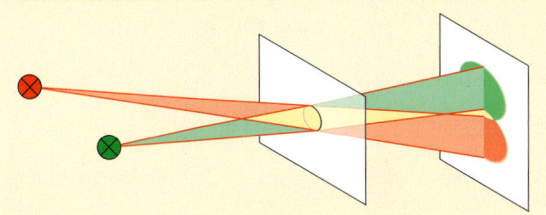 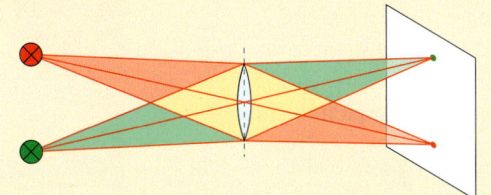

6

Alles klar?

1 Bei einer Sonnenfinsternis waren, kurz bevor die Sonne ganz verschwand, schmale Lichtflecke auf dem Waldboden zu sehen. ↑7
Wie kamen sie zustande?

2 Wie kannst du herausfinden, ob eine Linse eine Sammellinse ist? Wie kannst du auf einfache Weise ihre Brennweite abschätzen?

3 Auf einem Fotonegativ ist ein Haus 1 cm hoch abgebildet. Welche Eigenschaft müsste ein Objektiv haben, das bei gleicher Gegenstandsweite ein doppelt so hohes Bild des Hauses liefert?

4 In welchem Abstand von der Sammellinse muss sich ein Gegenstand befinden, damit ein vergrößertes Bild entsteht?

5 Man soll mittags im Sommer bei Sonnenschein nicht die Pflanzen im Garten gießen. Nicht nur weil dies Wasserverschwendung ist, sondern weil es auch einen „optischen" Grund gibt. Was geschieht, wenn man das Wasser auf die Blätter gibt? ↑8

6 Schau dir einen Tageslichtprojektor genau an.
a Wo ist der Gegenstand und wo ist das Bild?
b Beim Tageslichtprojektor erscheint das Bild auf der Leinwand unscharf. Was kann man tun, um es scharf zu stellen?

7

8

Auge und Sehen

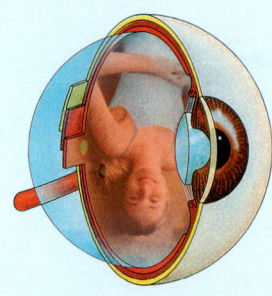

Wenn Björn Annika ansieht, entsteht auf der Netzhaut seines Auges ein Bild – ähnlich wie in einer Linsenkamera.
Wie sorgt das Auge dafür, dass dieses Bild scharf wird? Und welche Rolle spielt die Pupille dabei?

1

2

Unsere Augen erzeugen Netzhautbilder. Aber was wir in diesen Bildern erkennen, wird erst im Gehirn entschieden. Auch Björns Gehirn entscheidet, ob er Annika erkennt, welchen Gesichtsausdruck er wahrnimmt und ob ihr freundliches Lächeln registriert wird.

Beim Sehen spielt die Aufmerksamkeit eine wichtige Rolle: Suchen wir einen Schlüssel, richtet sich unser Gehirn genau auf den Schlüssel aus. Die unzähligen anderen Einzelheiten der Netzhautbilder treten bei der Suche nicht in den Vordergrund.

Die Bilder ↑ 2 bis 5 zeigen, wie wichtig das Gehirn beim Sehen ist. Jedes dieser Bilder erzeugt ein Netzhautbild. Aber dieses Bild kann auf zwei Arten gedeutet werden: als Mädchen oder als Saxofonist, als Hase oder Ente, als Vase oder zwei Gesichter. Und auch damit, dass der Daumen größer ist als der Kopf, wird dein Gehirn leicht fertig.

3

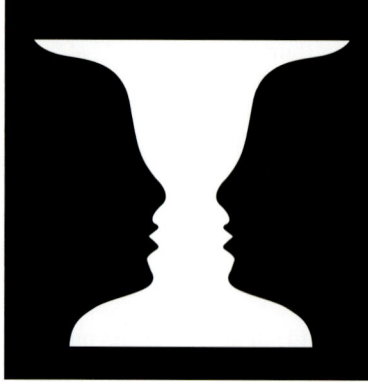

4

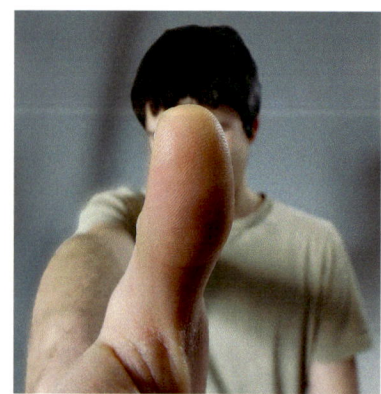

5

LERNSTATION 1

Der Aufbau des menschlichen Auges
Material: „Modellauge" (aus der Biologiesammlung)

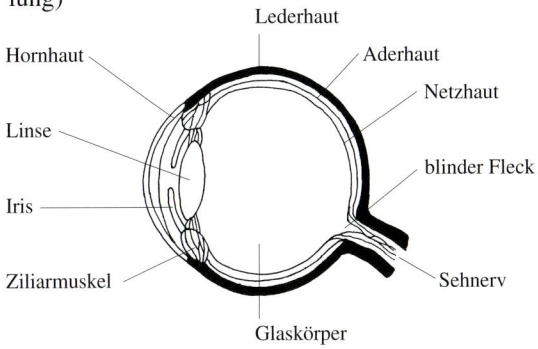

- Lederhaut
- Hornhaut
- Aderhaut
- Netzhaut
- Linse
- blinder Fleck
- Iris
- Ziliarmuskel
- Sehnerv
- Glaskörper

Durchführung: Betrachtet den Querschnitt durch ein menschliches Auge. Baut das Modellauge auseinander und identifiziert die Teile aus der Zeichnung. Vergesst am Ende nicht das richtige Wiederzusammenbauen.

LERNSTATION 2

Bilder der Augenlinse
Materialien: Kerze, Sammellinse und Transparentschirm auf „optischen Reitern"

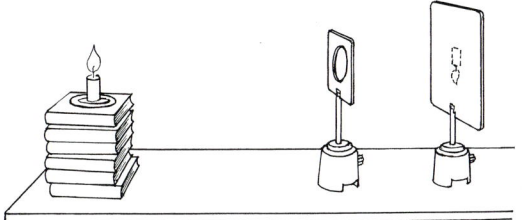

Durchführung: Stellt Linse („Augenlinse") und Schirm („Netzhaut") so auf, dass ein scharfes Bild der Kerze auf dem Schirm entsteht.
Auswertung: Vergleicht das Bild mit dem Original: Wie ist das Bild orientiert? Ist es vergrößert? … Kreuzt die richtigen Begriffe auf dem Ergebnisblatt an.

LERNSTATION 3

Der physikalische Sehvorgang
Lest den folgenden Text sorgfältig durch und ergänzt dann die Abbildungen dazu auf eurem Ergebnisblatt.

Die Augenlinse, die Hornhaut und der Glaskörper bilden helle Gegenstände auf der Netzhaut ab, sie wirken gemeinsam als Sammellinse.
Dabei bleibt die Bildweite immer gleich, weil der Abstand zwischen Linse und Netzhaut nicht verändert werden kann.
Da das Auge Gegenstände in verschiedenen Gegenstandsweiten scharf abbilden soll, muss die Brennweite des Auges variabel sein.
Dies schafft das Auge, indem der Ziliarmuskel die Krümmung (die „Dicke") der Augenlinse verändert. Diese Anpassung an die Gegenstandsweite wird als Akkommodation bezeichnet.

LERNSTATION 4

Nahpunkt und deutliche Sehweite
a Messt die geringste Entfernung zwischen Auge und Blatt, in der ihr diesen Text gerade noch scharf erkennen könnt („Nahpunkt").

b Bleibt in dieser Entfernung und fixiert das Wort „Nahpunkt" in der Überschrift. Schließt nun abwechselnd das rechte und das linke Auge. Was bemerkt ihr?
c Bei welchem Abstand Auge–Blatt lest ihr den Text ohne Anstrengung (deutliche Sehweite)?

Experimente

Das Rätsel des verlorenen Punkts

Schließt das linke Auge und fixiert bei abnehmendem Abstand vom Blatt mit dem rechten Auge den linken Punkt.

Beschreibt eure Wahrnehmung.
Wie könnt ihr eure Beobachtung erklären?
Tipp: Der Name eines Augenteils führt auf die richtige Fährte.

Hell und dunkel – wie stellt sich das Auge darauf ein?

Für diese Aufgabe braucht ihr ein „Gegenüber". Haltet die Augen für etwa eine Minute geschlossen (deckt die Augen dabei mit euren Händen ab).

Schaut euch dann gegenseitig in die Augen. Was beobachtet ihr?

Was hilft gegen Kurzsichtigkeit?

Grundlagen: Bei Kurzsichtigkeit entsteht das Bild weit entfernter Gegenstände schon vor der Netzhaut.

Materialien: Kerze, Sammel- und Zerstreuungslinsen auf „optischen Reitern", Transparentschirm auf „optischem Reiter"

Durchführung: Stellt ein scharfes Bild der weit entfernten Kerze auf dem Schirm her. Verschiebt den Schirm dann etwas nach hinten.
Probiert aus, mit welcher Linse als „Brille" das Weitsehen wieder scharf erfolgt.

Was hilft gegen Weitsichtigkeit?

Grundlagen: Bei Weitsichtigkeit entsteht das Bild eines nahen Gegenstands erst hinter der Netzhaut.

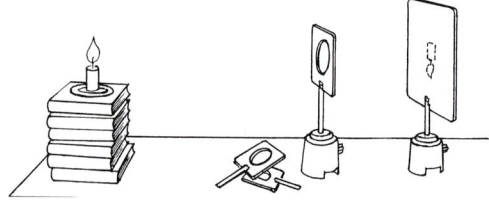

Materialien: Kerze, Sammel- und Zerstreuungslinsen auf „optischen Reitern", Transparentschirm auf „optischem Reiter"

Durchführung: Stellt ein scharfes Bild der nahen Kerze auf dem Schirm her. Verschiebt den Schirm dann etwas nach vorne.
Probiert aus, mit welcher Linse als „Brille" das Nahsehen wieder scharf erfolgt.

GRUNDLAGEN: **Wie unser Auge das Bild scharf stellt**

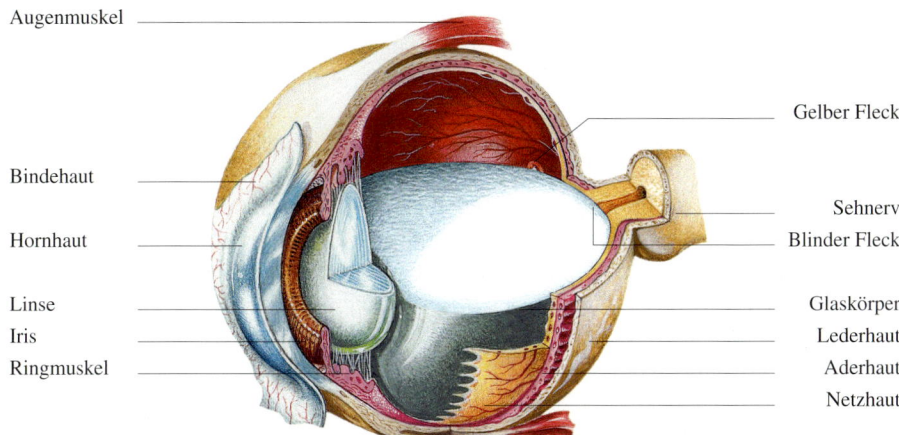

Augenmuskel

Bindehaut

Hornhaut

Linse
Iris
Ringmuskel

Gelber Fleck

Sehnerv
Blinder Fleck

Glaskörper
Lederhaut
Aderhaut
Netzhaut

1

Im menschlichen Auge trifft das Licht zuerst auf die lichtdurchlässige Hornhaut. Sie hat eine ähnliche Wirkung wie eine Sammellinse. ↑1
Anschließend fällt das Licht durch die Pupille – ein Loch, das von der Iris umgeben ist. Iris und Pupille stellen zusammen eine Blende dar. Ihr Durchmesser beträgt bei geringem Lichteinfall bis zu 7 mm, bei starkem Lichteinfall 1 mm bis 2 mm.
Hinter der Pupille trifft das Licht auf die Augenlinse. Hornhaut und Augenlinse erzeugen auf der Netzhaut ein verkleinertes Bild.

Der Abstand Linse–Netzhaut ist im Auge immer gleich groß. Um unterschiedlich weit entfernte Gegenstände scharf abzubilden, verändert man die Brennweite der Augenlinse.

Mithilfe des Ziliarmuskels kann die elastische Augenlinse ihre Brennweite ändern. Durch diesen Vorgang, Akkommodation genannt, erfolgt eine Scharfstellung für unterschiedliche Entfernungen.
Beim Blick in die Ferne ist die Augenlinse nur schwach gewölbt, die Brennweite entspricht dem Augendurchmesser. ↑2
Wenn man einen nahen Gegenstand betrachtet, wölbt sich die Augenlinse stärker. Die Brennweite ist kleiner. Es entsteht wieder ein scharfes Bild auf der Netzhaut. ↑3   ↻ 089-1

Ein Netzhautbild ist nicht so gut wie ein Foto. Wichtig für das Sehen ist die Rolle des Gehirns. Es verarbeitet die Signale, die es von den Sinneszellen über den Sehnerv erhält.

Schon gewusst?

Das Netzhautbild „steht Kopf". Im Gehirn wird aus diesem Bild eine optische Wahrnehmung, die zu den übrigen Wahrnehmungen passt: Unten ist eben dort, wo die Füße sind.
Wer eine Prismenbrille trägt, die die Bilder aufrecht auf der Netzhaut abbildet, sieht die Welt erst kopfstehend, aber nach einiger Zeit wieder richtig. Nach Absetzen der Brille steht nur kurze Zeit alles Kopf.

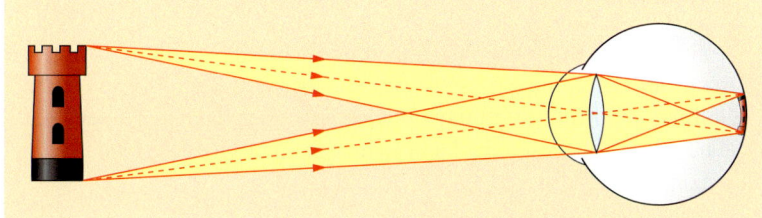

2

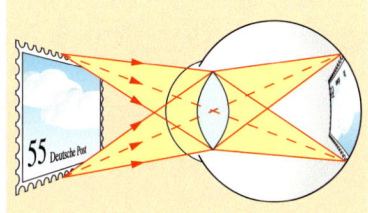

3

Aus der Medizin So korrigiert die Brille Sehfehler

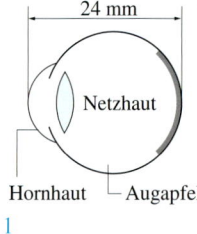

1

Normalerweise beträgt der Abstand zwischen Hornhaut und Netzhaut 24 mm. Bei Kurzsichtigen ist der Augapfel um einige Millimeter zu lang. Dadurch entstehen Bilder von weitentfernten Gegenständen vor der Netzhaut. Das Netzhautbild ist unscharf.

Die entspannte Augenlinse ist noch zu stark gewölbt, um ein scharfes Bild auf der Netzhaut zu erzeugen. ↑1,2

Bei Weitsichtigen ist der Augapfel zu kurz. Die Bilder naher Gegenstände entstehen erst hinter der Netzhaut. Die Wölbung der angespannten Augenlinse ist zu gering, um das Bild scharf zu stellen. ↑4

Durch Brillen mit geeigneten Linsen kann man die Kurz- bzw. Weitsichtigkeit korrigieren: Zur Korrektur der Kurzsichtigkeit benutzt man Zerstreuungslinsen. Sie weiten die einfallenden Lichtbündel etwas auf. Dadurch vergrößert sich die Bildweite und das Bild entsteht auf der zu weit entfernten Netzhaut. ↑3,5

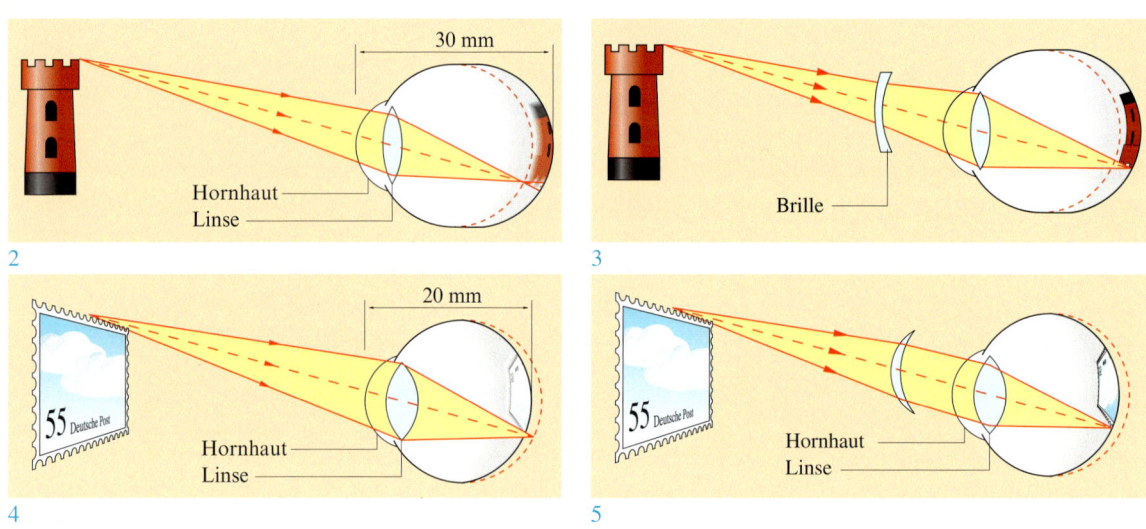

2   3

4   5

1 Mit normalsichtigen Augen liest man in einem Abstand von 25 cm bis 30 cm. Manche Kinder beugen aber ihren Kopf beim Lesen viel tiefer über ein Buch. Worauf könnte dieses Verhalten hindeuten?

2 Viele ältere Menschen sind altersweitsichtig, denn die Augenlinsen von älteren Menschen sind nicht mehr elastisch.
Wie wird dadurch das Sehen beeinträchtigt?

3 Kontaktlinsen liegen auf der Hornhaut auf. Wenn eine Kontaktlinse Kurzsichtigkeit korrigieren soll, muss ihre Außenseite dann stärker oder weniger stark gekrümmt sein als die Hornhaut?

4 Was versteht man unter Weitsichtigkeit? Erkläre, wie eine Brille die Weitsichtigkeit korrigiert. ↑4,5

5 Wie ist deine Augenlinse gewölbt, wenn du weit entfernte Gegenstände siehst? Wie ist sie beim Betrachten naher Gegenstände gewölbt?

6 Aus einer Beschreibung: „Das Auge ist sehr vielseitig. Es kann einen Golfball in 300 m Entfernung erkennen und gleich danach einen Text in nächster Nähe lesen. Es kann sich auch an rasch wechselnde Helligkeit anpassen."
Welche Teile des Auges leisten das?

1 Räumliches Sehen

Stelle einen Stift senkrecht auf den Tisch. Versuche ihn dann mit der Fingerspitze zu treffen, während du ein Auge geschlossen hältst. Überprüfe zwischendurch mit beiden Augen, warum es nicht gelingt. Suche nach einer Erklärung.

2 Zwei Netzhautbilder

Rolle ein Blatt Papier zu einer Röhre und halte es vor ein Auge. Mit dem anderen Auge blickst du auf die Hand, die sich direkt neben der Röhre befindet. ↑6

a Was siehst du, wenn du versuchst, mit beiden Augen zugleich auf einen fernen Gegenstand zu schauen?

b Was sieht das linke, was das rechte Auge allein?

6

3 Seltsame Fingerspitzen

Stell dich ans Fenster. Halte beide Arme gestreckt vor dich hin – dabei die Hände so, dass sich die Zeigefinger an der Spitze berühren. ↑7 Blicke nicht auf die Finger, sondern über sie hinweg zum Himmel. Ziehe die Fingerspitzen etwas auseinander. Was siehst du?

7

Aus der Natur Zwei Netzhautbilder – ein Seheindruck

Warum sehen wir eigentlich nicht alles doppelt? Wir haben doch zwei Augen und zwei Netzhautbilder. In ↑Experiment 2 auf dieser Seite scheint es, als blicke man durch ein Loch in seiner Hand. Die Bilder, die jedes Auge einzeln sieht, werden im Gehirn zu einem gemeinsamen Eindruck verarbeitet. Nur in besonderen Fällen, wenn das Gehirn „in die Irre geführt wird", führt das Zusammenfügen der beiden Netzhautbilder zu einer optischen Täuschung.

Vor allem Gegenstände, die sich in der Nähe befinden, liegen bei den beiden Netzhautbildern vor verschiedenen Stellen des Hintergrunds. ↑9, 10 Unser Gehirn nutzt den Unterschied zwischen den Netzhautbildern für die Erzeugung eines räumlichen Eindrucks.

Beim Chamäleon sitzen die Augen seitlich am Kopf. Sie können unabhängig voneinander bewegt werden und zeigen dem Chamäleon völlig unterschiedliche Teile der Umgebung. Die Unterschiede zwischen den Netzhautbildern ergeben keinen räumlichen Eindruck.

Aber wenn das Chamäleon eine Fliege erkennt, richtet es beide Augen darauf – das Chamäleon kann die Entfernung dann genau einschätzen. ↑8

8

linkes Auge

9

rechtes Auge

10

↻ 091-1

Aus der Umwelt Bewegungssehen

1

Jeder Film im Kino oder Fernsehen besteht aus einzelnen stehenden Bildern. Die benachbarten Bilder unterscheiden sich nur wenig voneinander. Trotzdem nehmen wir bei der Vorführung Bewegungen wahr … ↑1

Aus einem Lexikon von 1900: „Unsere Augen reagieren träge. Schauen wir schnelle Bildfolgen an, von denen jedes Einzelbild nur 0,05 Sekunden lang zu sehen ist, haben wir den Eindruck eines Bewegungsablaufs." Anders ausgedrückt: Wir sehen einen Film.

Beim „Schnellseher" von 1882 liefen hinter einem Guckloch 24 Einzelbilder schnell entlang – von hinten beleuchtet. Der „Kurzfilm" dauerte nur eine Sekunde und wiederholte sich dann. ↑2

Bald verbesserten Erfinder aus aller Welt die Aufnahme- und Wiedergabetechnik: Tausende Bilder wurden auf einem Filmstreifen angeordnet. Löcher am Rand ermöglichten einen ruckweisen, schnellen Weitertransport der Bilder. Aber noch war es ein langer Weg bis zum Kinofilm. Zwei Dinge sind aber bis heute gleich geblieben:

– Pro Sekunde werden dem Zuschauer 24 einzelne Fotos gezeigt. Das Gehirn verschmilzt sie zu bewegten Bildern.

– Während die Bilder gewechselt werden, deckt eine Metallblende das Motiv für kurze Zeit ab.

2

1 Was hat der „Schnellseher" mit dem heutigen Kino gemeinsam?

2 Langsamer als mit 18 Bildern pro Sekunde darf man keinen Film laufen lassen. Warum? ↻ 092-1

Probier 's mal!

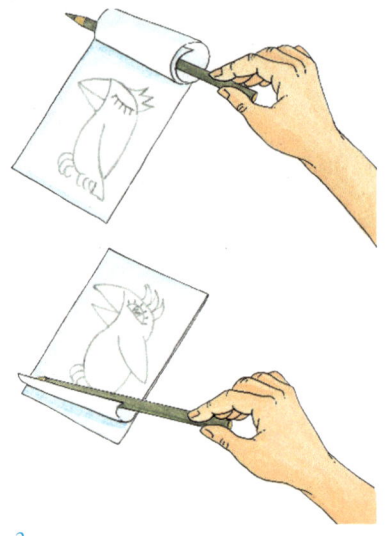

1 Die Trägheit des Auges

a Knicke einen 10 cm · 30 cm großen Papierstreifen in der Mitte. Klappe das obere Blatt zurück und zeichne auf das untere eine einfache Figur. ↑3

b Wenn du das obere Blatt darüberklappst, schimmert die Figur durch. Male sie leicht verändert nach.

c Wickle das obere Blatt mit der zweiten Figur über einem Bleistift. Jetzt ist nur die erste Figur des unteren Blatts zu sehen. Rolle nun mit dem Bleistift die zweite Figur ganz schnell über die erste und zurück …

2 Ein Daumenkino

Nimm ein altes Taschenbuch. Zeichne in die obere Ecke einer Seite ein einfaches Bild – als erstes einer ganzen Bildfolge. Auf die nächste Seite kommt das zweite, leicht veränderte Bild usw. Zum Vorführen ziehst du den Daumen an den Ecken des geschlossenen Buchs entlang.

3

Aus der Geschichte Vorstellungen vom Sehen – ein alter Streit

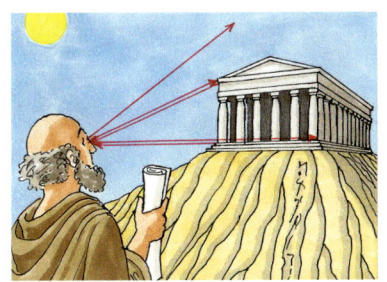

4

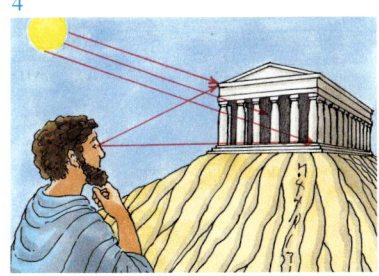

5

6

Seit über 2000 Jahren versuchten die Wissenschaftler, die Geheimnisse des Sehens zu ergründen. Die *Pythagoräer* (ca. 500 v. Chr.) dachten, Sehen sei eine aktive Tätigkeit. Diese Vorstellung kommt in vielen Redewendungen zum Ausdruck: „Er hat einen stechenden Blick", „Sie wirft einen Blick auf die Uhr", „Er schaut sich um" …
Die Pythagoräer stellten sich vor, dass von den Augen „Sehstrahlen" ausgehen, mit denen die Umgebung aktiv abgetastet wird wie mit langen Fühlern. ↑4

Dieser Theorie widersprach PLATON (427–347 v. Chr.): Wenn nämlich das Auge Sehstrahlen ausschickt, müsste man ja auch im Dunkeln sehen können! PLATON nahm daher an, dass es zweierlei Strahlen gibt, deren Zusammenwirken das Sehen erst möglich macht: Sehstrahlen, die vom Auge ausgehen, und Lichtstrahlen, die von Lichtquellen ausgehen. ↑5
Gegen jede Theorie der Sehstrahlen wandten sich die Atomisten. Sie stellten sich den Sehvorgang so vor: Von der Oberfläche der Körper lösen sich dauernd Atome ab, die als Abbild des Körpers durch die Luft fliegen und ins Auge gelangen. ↑6

Erst vor 300 Jahren entwickelte sich allmählich unsere heutige Vorstellung, nach der das Auge ein Lichtempfänger ist. Es fliegen aber keine Bilder durch die Luft, wie die Atomisten dachten, sondern es fällt nur Licht ins Auge. Dadurch entstehen im Auge Bilder auf der Netzhaut. Was wir von diesen Bildern bewusst wahrnehmen und wie wir die Bilder deuten, wird im Gehirn entschieden – je nach Aufmerksamkeit und Erfahrung des Betrachters.

Aufgaben

1 Welche Sinneseindrücke helfen uns, oben und unten zu unterscheiden?

2 Welche Vorstellungen hatten die Pythagoräer, Platon und die Atomisten vom Sehen?

3 Welche Argumente kannst du gegen die Vorstellung von den „Sehstrahlen" anführen?

4 „Nur ein geschultes Auge vermag kranke von gesunden Bäumen zu unterscheiden", sagt ein Förster. „Man sieht nur, was man weiß", heißt ein Sprichwort.

a Erläutere, was damit jeweils gemeint ist.

b Suche weitere Beispiele dafür, was nur ein geschultes Auge entdeckt.

5 Wenn man ein Auge geschlossen hält, ist es schwierig, einen Faden in ein Nadelöhr zu fädeln. Warum?

6 Mit einem Doppelspiegel kann man den räumlichen Eindruck verbessern. Warum? ↑7

7 Früher wunderten sich viele Menschen sehr darüber, dass die Menschen in Australien „kopfüber" an der Erde hängen. Deshalb wurden die Australier auch „Antipoden" (*griech.:* Gegenfüßler) genannt. Wenn man aber nach Australien reist, merkt man nichts Außergewöhnliches bezüglich oben und unten. Erkläre.

7

Aus der Umwelt Optische Täuschungen in Zeichnungen

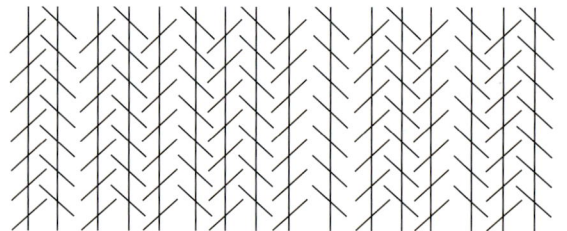

1 Sind die langen Linien wirklich krumm?

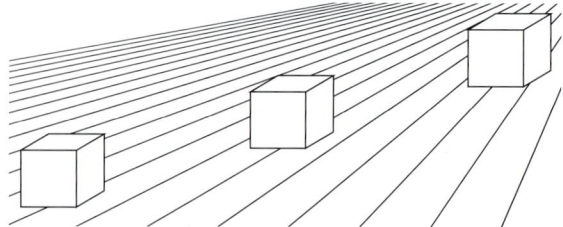

2 Sind die drei Würfel unterschiedlich groß?

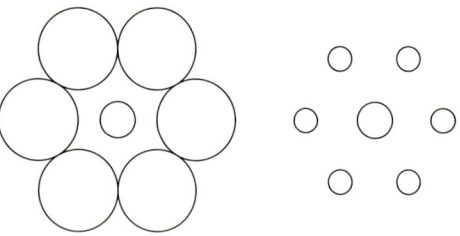

3 Vergleiche die Größe der beiden inneren Kreise!

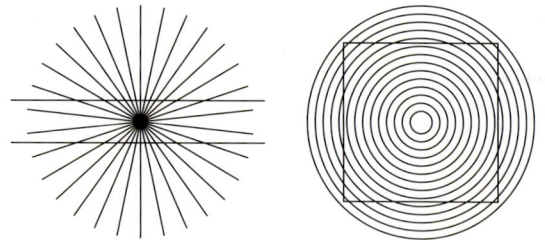

4 Sind das wirklich Parallelen und ein Quadrat?

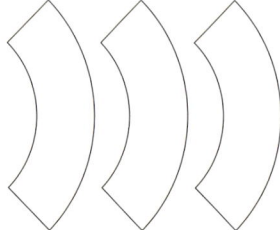

5 Welches der Teile ist am größten?

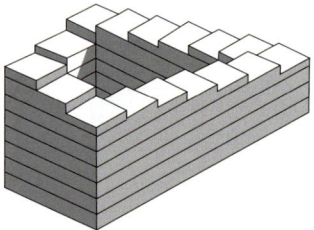

6 Hier geht man ständig treppauf. Oder?   ↻ 094-1

Probier 's mal!

1 Kippbilder
Schau dir die Bilder in Ruhe an. Schaffst du es, in jedem Bild zwei Sachen zu erkennen?
Wenn du unterschiedliche Teile des Bildes verdeckst, fällt es leichter, eine oder die andere Sache zu erkennen. Probiere es aus! ↑7, 8

7   8

2 Kippbilder im Internet
Suche unter den Stichworten „Optische Täuschungen Kippbild" im Internet weitere Bilder über optische Täuschungen. Sind die Bilder ausdruckbar, bringe sie mit in den Unterricht.

3 Buch und Münze
Lege ein Buch auf den Tisch. Halte eine Münze zwischen das Buch und deine Augen. Betrachte sie abwechselnd mit dem rechten und dem linken Auge. Verändere den Abstand Münze–Auge. Was fällt dir auf?

4 Verschobene Netzhautbilder
Jedes Auge erzeugt ein eigenes Bild. Das merkst du, wenn du eines der Netzhautbilder in eine ungewöhnliche Lage bringst. Drücke vorsichtig mit dem Zeigefinger seitlich gegen ein Auge.
Was stellst du fest?

Das Auge – physikalisch betrachtet Damit wir sehen, muss Licht ins Auge fallen. Von den Gegenständen, die das Licht aussenden, erzeugt das Auge Bilder auf der Netzhaut. ↑9

Die einfallenden Lichtbündel werden an der Hornhaut und durch die Augenlinse gebrochen.

Das Auge kann Gegenstände in verschiedenen Abständen scharf stellen, ohne die Bildweite zu verändern. Denn die Augenlinse kann in ihrer Brennweite verändert werden: Bei kleiner Gegenstandsweite wird sie stärker gewölbt, bei großer Gegenstandsweite schwächer. ↑10

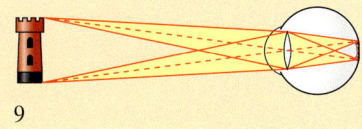

9

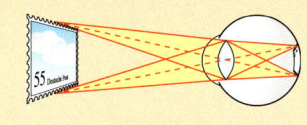

10

Der Sehvorgang Damit wir sehen können, muss Licht ins Auge fallen. Das Licht erzeugt dann auf der Netzhaut ein Bild. Das ist die physikalische Voraussetzung für das Sehen. Die Signale von der Netzhaut werden vom Gehirn ausgewertet. Erst dadurch nehmen wir unsere Umgebung wahr. Dabei spielen unsere Erfahrung und unser Wissen eine wichtige Rolle. Mithilfe des Gedächtnisses ordnen wir dem Seheindruck Bedeutungen zu. Dadurch wird bestimmt, was wir in dem Netzhautbild erkennen.

Alles **klar?**

1 Wie stellt sich unser Auge auf unterschiedlich weit entfernte Gegenstände ein?

2 Ermittle durch eine Konstruktion die Größe des Netzhautbildes von einer 3 cm großen Raupe. Der Augapfel hat einen Durchmesser von 24 mm. Kleinere Gegenstände betrachten wir aus 25 cm Entfernung. Verwende für die Konstruktion Mittelpunktstrahlen.
Zeichne im Maßstab 1:1.

3 Welche Linsen aus Bild ↑11 eignen sich als Brillengläser für Kurz- bzw. Weitsichtige?

4 Großvater sagt im Spaß: „Ohne Brille sind mir beim Lesen die Arme zu kurz." Wie meint er das?

5 Welcher Unterschied besteht bei einem Fotoapparat und einem Auge in Bezug auf die Scharfeinstellung des Bildes?

6 Erkläre mit einer Zeichnung, warum das Netzhautbild einer Briefmarke genauso groß sein kann wie das eines Turms. (*Tipp:* Benutze Mittelpunktstrahlen.)

7 Ein Freund kommt auf dich zu. Wie verändert sich sein Bild auf der Netzhaut deiner Augen?

8 Fotografiert man in einem schwach beleuchteten Raum mit Blitzlicht, so haben die Personen auf den Bildern oft rote Augen. Wieso gibt es die roten Augen nicht auf Fotos, die bei Sonnenlicht gemacht wurden? ↑12

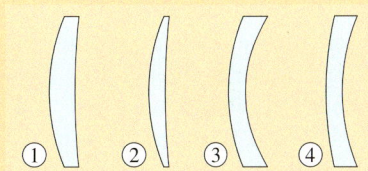

11

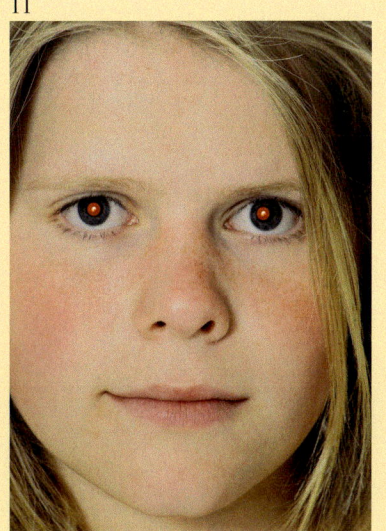

12

Spiegelbilder

Nadine und Philipp haben sich eine spektakuläre Aktion ausgedacht: Philipps Kopf auf Nadines Körper – Zauberei oder Physik?

1

Schon gewusst?

Der italienische Universalgelehrte LEONARDO DA VINCI (1452–1519) schrieb seine Manuskripte in einer „Geheimschrift" – der Spiegelschrift. ↑2
Probier es selbst aus:
Halte einen Taschenspiegel vor die Hand, mit der du schreibst und beobachte deine Hand nur im Spiegel. Schreibe deinen Namen so, dass du ihn im Spiegel lesen kannst.

Die Zuschauer sehen das Spiegelbild von Philipps hell angestrahltem Kopf. Nadines Körper ist durch die Glasplatte zu sehen. Die Vorführung muss sehr sorgfältig geplant und durchgeführt werden, denn es gibt nur eine Position, in der Philipps Kopf auf Nadines Hals erscheint.
Bewegt Philipp sich nach rechts, so wandert auch sein gespiegelter Kopf nach rechts. Hält er seinen Kopf etwas tiefer, senkt sich auch der gespiegelte Kopf. Philipp und Nadine müssen sich genau gegenüberstehen, ihre Hälse müssen die gleiche Höhe und den richtigen Abstand von der Glasplatte haben. Nur dann gelingt der Trick.
Schon früher wurden die verblüffenden Eigenschaften der Spiegelbilder für Tricks im Theater genutzt. Heute würden wir über diese „Special Effects" nur schmunzeln. ↑3
Trotzdem täuschen uns Spiegelbilder auch heute noch im täglichen Leben. Welche Eigenschaften haben Spiegelbilder?   ↻ 096-1

2   3

Experimente

1 Entfernung der Spiegelbilder
Ein Spiegel steht senkrecht auf dem Tisch. Ein Teller schaut hinter dem Spiegel hervor. ↑4
Stelle einen gleichen Teller so vor den Spiegel, dass sein Spiegelbild in den Teller hinter dem Spiegel übergeht. Miss den Abstand der beiden Teller vom Spiegel. Was stellst du fest?

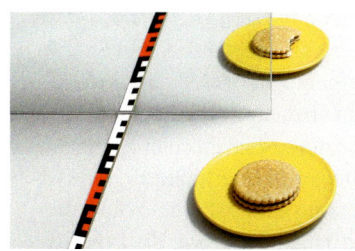

4

2 Der Lichtweg bei der Reflexion am ebenen Spiegel
Du benötigst eine Taschenlampe mit einem Spalt. Klebe dazu die Öffnung mit Klebeband ab. ↑5

a Lege die Taschenlampe auf ein Blatt Papier und halte einen Taschenspiegel in den Lichtweg. Zeichne die Stellung des Spiegels und einige Punkte auf den Lichtwegen ein. Zeichne anschließend den Lichtweg sorgfältig nach.

b Verändere den Winkel zwischen Lichtbündel und Spiegel und zeichne erneut.

c Beschreibe an deinen Zeichnungen den Lichtweg bei der Reflexion am ebenen Spiegel.

5

3 Das Reflexionsgesetz
Dein Partner leuchtet mit der Taschenlampe durch die Pappröhre auf den Spiegel. Verschiebe und drehe deine Pappröhre so, dass das Lichtbündel in dein Auge fällt. ↑6
Verändere die Stellung der Taschenlampenröhre und suche wieder das umgelenkte Lichtbündel.
Formuliert Regeln bezüglich der Richtungen.

6

Probier 's mal!

1 Die Größe des Spiegelbildes
Stelle dich vor einen Spiegel. Male den Umriss deines Kopfes auf den Spiegel. Vergleiche die Größe des gezeichneten Kopfs mit der deines eigenen Kopfs. ↑7

2 Die Richtung des Spiegelbildes
Stelle einen Taschenspiegel senkrecht auf ein Blatt Papier. Zeichne Pfeile auf das Papier. In welchen Fällen haben Pfeil und Spiegelbild die gleiche Richtung? In welchen Fällen haben sie entgegengesetzte Richtungen?

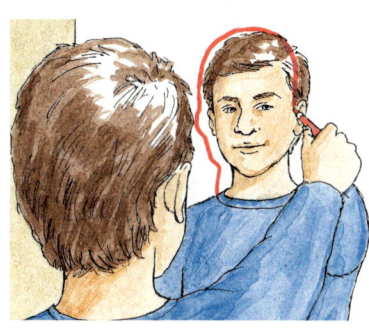

7

3 Spiegelbilder
Stelle dich hinter eine Person, die vor einem Spiegel steht. Wie siehst du sie im Original? Wie siehst du die gleiche Person im Spiegel?

4 Spiegelflirt
Wo muss Klaus stehen, damit er Marie in die Augen blicken kann? Probiert es selbst aus. Kann Marie dann auch in Klaus Augen blicken? Was passiert, wenn sie sich nach links bewegt? ↑8

8

Schon gewusst?

Bilder, die das Auge sieht, selbst wenn sie nicht auf einem Schirm aufgefangen werden können, werden *virtuelle* (scheinbare) Bilder genannt. Spiegelbilder ebener Spiegel sind virtuelle Bilder. Bilder, die man auf einem Schirm auffangen kann wie die Linsenbilder, heißen *reelle* Bilder.

GRUNDLAGEN: Eigenschaften von Spiegelbildern

Im Spiegel sehen wir Gegenstände an Orten, wo sie gar nicht sein können. Sie liegen hinter der Spiegelfläche – und dort befindet sich meist eine Wand. Von dort kann kein Licht in unsere Augen gelangen. Spiegelbilder sind Scheinbilder.

Das Spiegelbild hat den gleichen Abstand von der Spiegelebene und ist ebenso groß wie der Gegenstand. Die Verbindungslinie zwischen Gegenstand und Spiegelbild steht senkrecht auf der Spiegelebene.↑1

Für einen senkrecht aufgestellten Spiegel gilt: Die rechte Seite des Gegenstands liegt auch im Spiegelbild rechts, die obere Seite auch im Spiegelbild oben. Aber die für den Betrachter vordere Seite des Gegenstands liegt im Spiegelbild hinten. ↑2

Der Spiegel kehrt immer die Richtung senkrecht zur Spiegelebene um.

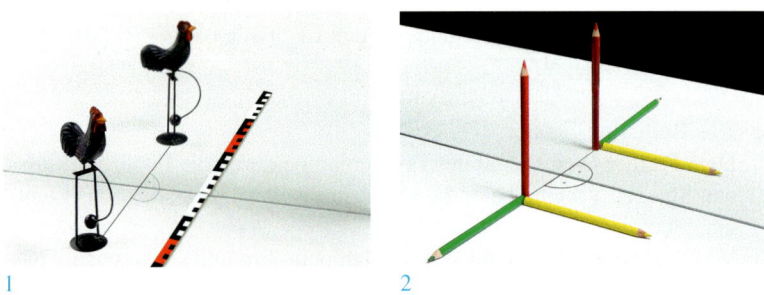

1   2

GRUNDLAGEN: Das Reflexionsgesetz

Wie verläuft das Licht, wenn die beiden sich im Spiegel sehen? Den Lichtweg kann man verfolgen, indem ein Dritter seine Hand zwischen Augen und Spiegel hält. Die beteiligten Personen können dann sagen, ob der Lichtweg versperrt ist. ↑3
Den Lichtweg kann man auch konstruieren.   ↻ 098-1

3

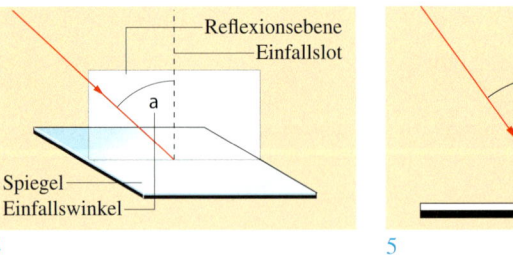

4   5

Für reflektierende Flächen gilt das *Reflexionsgesetz:*

Der Reflexionswinkel α' ist immer so groß wie der Einfallswinkel α. Einfallender Lichtstrahl, Einfallslot und reflektierter Strahl liegen in einer Ebene.

Das Lot steht immer senkrecht auf der Spiegelebene.

6

GRUNDLAGEN: Wie Spiegelbilder entstehen

Wenn Klaus Marie sehen kann, kann Marie auch Klaus sehen. Der gleiche Lichtweg kann also in beiden Richtungen durchlaufen werden.

Bei der Reflexion ist der Lichtweg umkehrbar.

Mit dem Reflexionsgesetz können wir erklären, warum und an welchem Ort Spiegelbilder entstehen. Vom Gegenstand fällt Licht auf den Spiegel und dann in unser Auge. Auf der Netzhaut entsteht das Bild von einer Kerze. Unser Gehirn geht aufgrund der Erfahrung davon aus, dass das Licht geradlinig vom Gegenstand zum Auge gelangt. Es „verlegt" deshalb den Ort des Gegenstands in die Richtung, aus der das Licht ins Auge fällt. Dort sehen wir das Spiegelbild. ↑7   ↻ 099-1
Die Umlenkung des Lichts am Spiegel wird vom Gehirn nicht bemerkt.

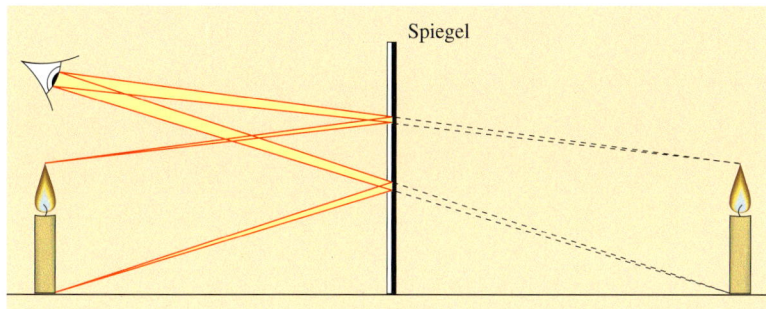

7

Schon gewusst?

Bild ↑7 ist leicht zu zeichnen, wenn du zuerst das Spiegelbild der Kerze an die richtige Stelle zeichnest. Erst dann solltest du den Verlauf der Lichtbündel konstruieren.

Aufgaben

1 Worauf müssen Nadine und Philipp achten, damit der Trick funktioniert? (↑S. 96)
2 Betrachte die Abbildung. ↑8
a Wieso sieht der beleuchtete Spiegel schwarz aus?
b Durch den Spiegel wird das Licht reflektiert. Wo müsste man stehen, um geblendet zu werden?
c Alle Gegenstände werfen Licht zurück – nicht nur der Spiegel. Nenne den Unterschied.
3 Lege unter eine Lampe einen Spiegel auf den Boden. Halte deine Hand dicht über den Spiegel. Was siehst du? Erkläre.

4 Erkläre, warum wir Spiegelbilder hinter der Spiegelebene sehen. Nutze die Abbildung. ↑9
5 Was fällt dir am Rettungswagen auf? Welchen Zweck verfolgt man damit? ↑10
6 Monika und Michael sind gleich groß. Zwischen beiden befindet sich eine Pfütze von 60 cm Durchmesser. Michael steht direkt am Rand der Pfütze. Wie weit muss Monika mindestens an die Pfütze herangehen, um Michaels Spiegelbild in die Augen schauen zu können? Löse die Aufgabe mithilfe einer Zeichnung.

8

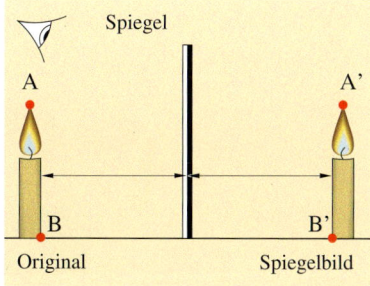

9

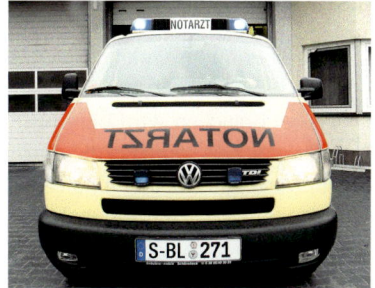

10

Selbst erforscht

Projektarbeit: Planen – Durchführen – Präsentieren

Bei einem Projekt arbeitet ihr nicht „im Gleichschritt" mit der ganzen Klasse an einem Thema, sondern in Gruppen an verschiedenen Themen.

Bei der Auswahl des Projekts und beim Festlegen der Teilthemen könnt ihr selber mitwirken.

Euer Thema sollte möglichst auch praktische Arbeiten erfordern. Es sollte nicht auf ein Fach beschränkt sein, sondern mehrere Fächer umfassen. Informationen zu den einzelnen Teilbereichen beschafft ihr euch weitgehend selbst.

Die Ergebnisse sammelt ihr nicht nur für euch im Heft oder in einer Mappe. Vielmehr stellt ihr sie der Klasse vor – oder sogar der ganzen Schule, z. B. in Form einer Ausstellung.

2

2. Schritt: Durchführung der Arbeiten

Die übernommenen Aufgaben bearbeitet ihr allein oder zu zweit.

– Zwischenergebnisse oder Fragen solltet ihr aber immer wieder in eurer Gruppe diskutieren.

– Ihr könnt natürlich auch euren Lehrer oder eure Lehrerin zu Hilfe holen.

– Beachtet unbedingt, dass die vereinbarte Zeit eingehalten wird.

3. Schritt: Präsentation der Arbeitsergebnisse

Am Ende stellt ihr den Mitschülern die Arbeitsergebnisse eurer Gruppe vor. Bedenkt dabei, dass eure Mitschüler sich nicht mit dem Thema beschäftigt haben. Ihr solltet also eure Ergebnisse anschaulich präsentieren.

– Fertigt ein Poster oder eine Wandzeitung an.

– Stellt Folien für den Tageslichtprojektor her.

– Führt die von euch gebauten Modelle und wichtige Experimente vor. Erklärt sie dabei.

– Spielt Interviews vor, die ihr geführt habt.

– Baut eine Ausstellung mit euren Ergebnissen auf.

– Gestaltet zu eurem Thema Bildschirmseiten, die miteinander verknüpft sind und eventuell Bestandteil der Homepage eurer Schule werden.

1

1. Schritt: Planung der Arbeiten

Nachdem ihr euch für ein bestimmtes Teilthema entschieden habt und Gruppen gebildet wurden, wird die Arbeit geplant. Haltet eure Planung schriftlich in einem Arbeitsplan fest.

– Notiert das Ziel eures Projekts.

– Welche Aufgaben sind zu bearbeiten?

– Wo erhalten wir Informationen zu unserem Thema? (Tipps: Büchereien und Schulbüchereien, Schulbücher – auch Bücher anderer Fächer –, Stadt- oder Gemeindeverwaltungen, Internet, verschiedene Firmen, Organisationen und Ministerien …)

– Welche Experimente können wir durchführen, welche Modelle können wir bauen?

– Wer übernimmt welchen Auftrag oder welche Aufgabe?

– Wobei brauchen wir Lehrerhilfe?

– Wie viel Zeit steht für die einzelnen Arbeitsschritte zur Verfügung? Stellt einen Zeitplan auf.

– Wie stellen wir die Ergebnisse unserer Arbeit vor?

3

Spiegel – basteln, staunen, forschen

In Spiegeln könnt ihr die wundersamsten Dinge sehen – vor allem, wenn ihr mehrere Spiegel benutzt. In diesem Projekt könnt ihr die Spiegelwelt erkunden. Eure Aufgabe besteht darin, ein verblüffendes, lustiges oder nützliches Spiegelgerät zu bauen und euren Mitschülern zu präsentieren.

Als ebene Spiegel eignen sich Spiegelkacheln aus Baumärkten. Spiegelnde Zylinder könnt ihr aus Spiegelfolie herstellen. Weitere Anregungen findet ihr auch im Internet (Stichworte z. B.: Kaleidoskop, Tripelspiegel, Anamorphosen, Spiegelzaubereien …).

Winkelspiegel erhältst du, indem du zwei Spiegelkacheln mit festem Klebeband zusammenklebst. Ein Winkelspiegel verzaubert eine Kerze in eine ganze Geburtstagstorte. Wovon hängt die Anzahl der gesehenen Kerzen ab?↑5

Kaleidoskope erzeugen eine fantastische Welt aus Farben und Formen. Im Kaleidoskop werden die Dinge 1000-fach gespiegelt. Das Wort „Kaleidoskop" kommt aus dem griechischen und heißt Schönbildseher. Mithilfe von Bild↑6 könnt ihr ein Kaleidoskop bauen.↑6, 8

Tripelspiegel klebt ihr ganz einfach aus drei Spiegelkacheln mit kräftigem Klebeband zusammen. Blickt in die Ecke und zwinkert euch mit einem Auge zu, dann erlebt ihr etwas Seltsames. Aus einem Stift wird ein Würfel – um zu verstehen, warum, müsst ihr ganz schön grübeln und euch mit Spiegelbildern auskennen. Interessante Effekte erzeugt auch ein Tetraeder aus drei gleichseitigen Dreiecken.

Periskope braucht man, um um die Ecke zu sehen, z. B. als Detektiv oder im U-Boot. Probiert auch, was geschieht, wenn die beiden Spiegel nicht parallel, sondern rechtwinklig zueinander stehen.↑4

Anamorphosen offenbaren dem Betrachter ihren wahren Inhalt nicht sofort. Seit der Entdeckung der Perspektive haben diese Verzerrungen die Menschen fasziniert. Verzerrte, kaum erkennbare Bilder, die nur mithilfe eines Zylinderspiegels ihre ursprüngliche Form wiederbekommen, könnt ihr aus Zeichnungen oder Fotos mit einem speziellen Computerprogramm erzeugen. Auch mit einem speziellen Raster könnt ihr diese Bilder selbst zeichnen.↑7

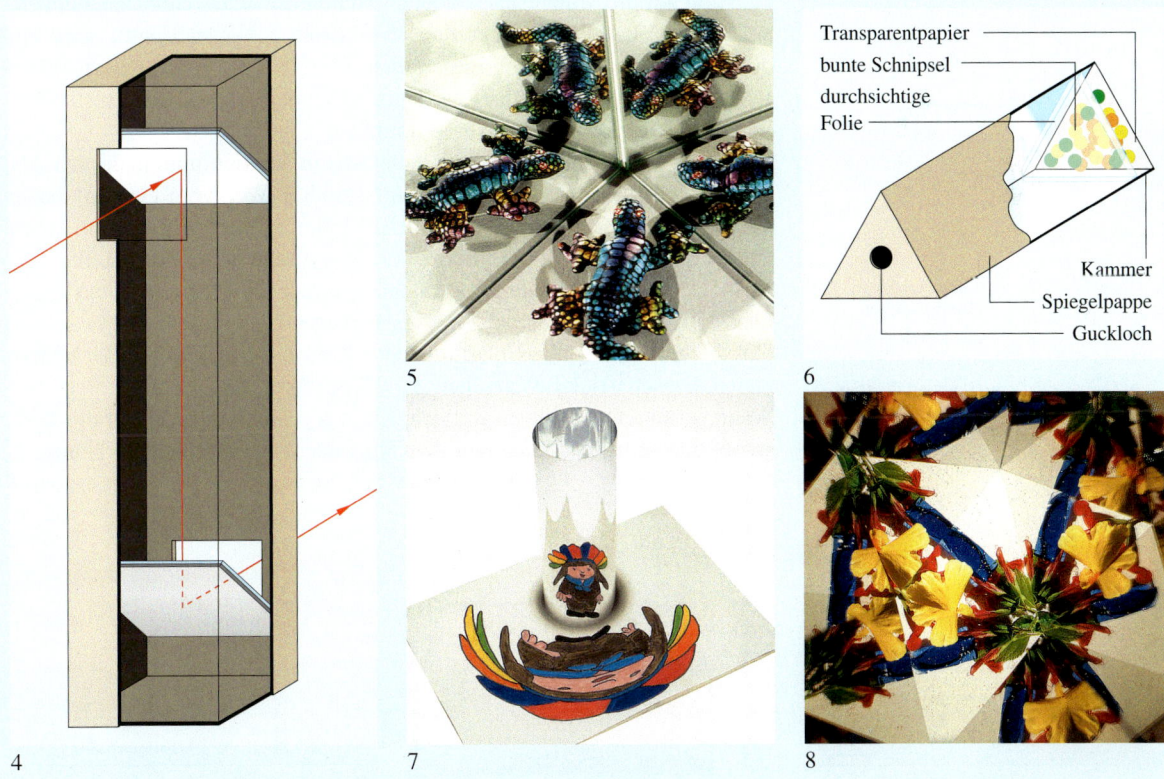

Transparentpapier
bunte Schnipsel
durchsichtige Folie
Kammer
Spiegelpappe
Gucklock

4   5   6   7   8

Lichtbrechung

Die Wassernomaden in Myanmar erlegen Fische vom Boot aus mit einem Speer.
Durch spezielles Training und Weitergabe ihrer Erfahrungen haben sie ihre Jagdmethoden so perfektioniert, dass wir Mitteleuropäer nur staunen können.

1

Wie schwierig das Zielen dabei ist, macht ein Experiment deutlich: Du sollst die Münze mit einem „Speer" treffen. Zuerst richtest du das Glasrohr auf die Münze aus. Dabei darfst du nur von der Seite aus blicken, auf der das Stativ steht. Hast du das Glasrohr gut ausgerichtet, wird ein dünner Stab durch das Rohr geschoben. ↑2, 3   ↻ 102-1
Beim ersten Versuch gelingt es kaum jemandem, die Münze zu treffen. Welchen Trick kennen die Wassernomaden?
Um einen Gegenstand zu treffen, zielen wir in die Richtung, in der wir den Gegenstand sehen, weil das Licht auf geradem Weg vom Gegenstand in unsere Augen läuft. Aber genau diese Methode funktioniert nicht, wenn der Gegenstand im Wasser liegt. Wird das Glasrohr so eingestellt, dass man die Münze durch das Rohr sieht, geht der „Speer" über die Münze. Die Münze ist nicht da, wo sie unserem Auge erscheint. ↑4
Um sie zu treffen, muss man mit dem Rohr ein Stück unter die Münze zielen. Diesen Trick beherrschen die Wassernomaden.
Wenn wir untersuchen, was mit dem Licht geschieht, wenn es auf die Wasseroberfläche trifft, können wir den Trick der Wassernomaden erklären.

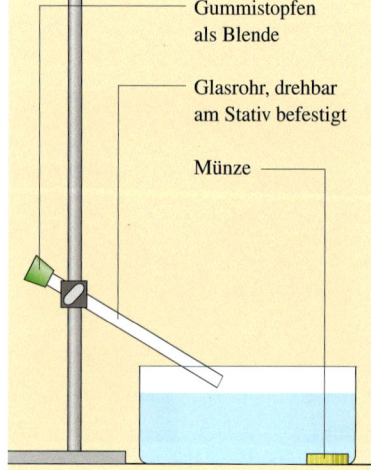

Gummistopfen als Blende

Glasrohr, drehbar am Stativ befestigt

Münze

2

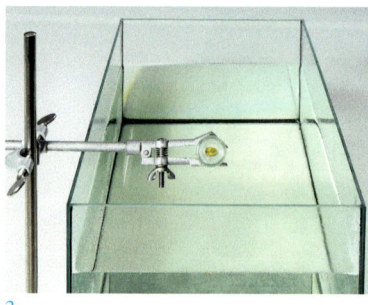

3

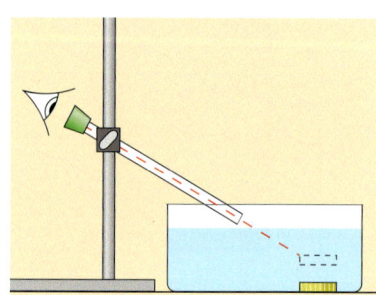

4

1 Die unsichtbare Münze
Lege eine Münze in eine Tasse. Blicke so über den Rand, dass du sie
nicht siehst. Behalte die Position bei, während du Wasser hineingießt.
Was beobachtest du? ↑5

2 Münzen in unterschiedlichen Flüssigkeiten
Fülle eine zweite, gleiche Tasse mit Spiritus genauso voll wie die erste
mit dem Wasser. Lege in beide Tassen ein Geldstück an die gleiche
Stelle. Sieh in beiden Tassen gleichzeitig auf das Geldstück und gehe
dabei allmählich mit dem Kopf tiefer. Die Geldstücke verschwinden
hinter dem Rand.
a Bei welcher Flüssigkeit geschieht das zuerst?
b Durch welche Flüssigkeit erscheint das Geldstück stärker gehoben?

5

3 Lineal im Wasser
Fülle eine kleine Schale mit Wasser. Stelle ein Lineal senkrecht hinein.
Schaue darauf – zuerst schräg, dann fast parallel zur Wasseroberfläche.
Was fällt dir an der Skala des Lineals auf? ↑6

4 Glasplatten
Peile über die Kante einer Glasscheibe eine senkrechte Linie an – z. B.
einen Fensterrahmen. Drehe nun die Glasscheibe um ihre senkrechte
Achse. Was stellst du fest?

6

5 Verlauf von Licht an Grenzflächen
Wenn Licht durch die Oberfläche von Wasser oder Glas hindurchgeht,
ändert sich seine Richtung. Man spricht von Brechung. ↑7
a Was fällt dir auf, wenn das Licht immer schräger auf die Glasober-
fläche trifft?
b Was geschieht bei senkrechtem Lichteinfall?

6 Gespiegelte Finger
Fülle ein Glas mit Wasser und halte deine Finger dicht über die
Wasseroberfläche.
a Blicke schräg von unten her auf die Wasseroberfläche. Siehst du
deine Finger?
b Tauche nun die Finger in das Wasser. Welche Teile der Finger siehst
du, welche nicht? ↑8

7

7 Silber im Reagenzglas?
Halte ein leeres Reagenzglas in ein Glas mit Wasser. Betrachte das
Reagenzglas schräg durch das Wasser hindurch. Beschreibe.

8 Totalreflexion im Wasser
Lasst mit der dargestellten Anordnung Licht von Wasser in Luft
übergehen. ↑7
Richtet das Lichtbündel immer flacher auf die Wasseroberfläche.
Dadurch wird der Einfallswinkel vergrößert. Was geschieht?
Beschreibt eure Beobachtung.

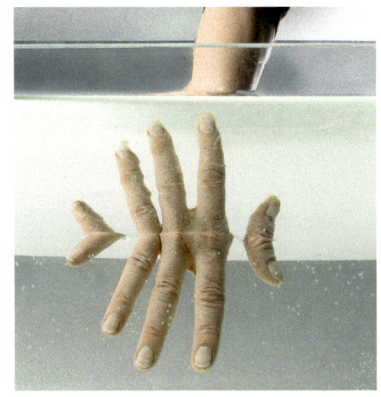

8

GRUNDLAGEN: Scheinbilder durch Brechung

Eine Münze, die unter Wasser liegt, scheint vom Ufer aus betrachtet angehoben. Um die scheinbare Anhebung der Münze zu verstehen, verfolgen wir den Lichtweg von der Münze nach oben. Dazu leuchten wir mit einer Lampe von unten her, dicht an der Münze vorbei, in das Wasserbecken. An der Wasseroberfläche hat der Lichtweg einen „Knick". Diesen Effekt bezeichnet man als Brechung des Lichts. ↑1

Wenn Licht eine Grenzfläche zwischen zwei lichtdurchlässigen Körpern durchdringt, verändert es seine Ausbreitungsrichtung. Es wird teilweise gebrochen und ein Teil wird, wie immer an glatten Flächen, reflektiert.

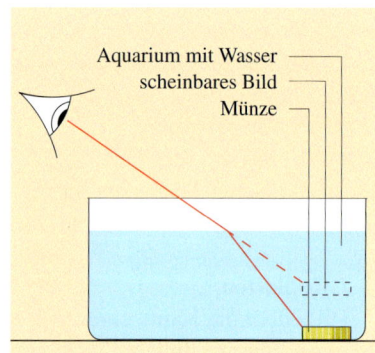

Aquarium mit Wasser
scheinbares Bild
Münze

1 Lichtbrechung beim Übergang des Lichts von Wasser in Luft

2 Durch die Brechung entsteht ein Scheinbild der Münze.

Schon gewusst?

Auch Taucher sehen Dinge außerhalb des Wassers scheinbar angehoben.

3

Die Brechung verursacht die scheinbare Anhebung von Gegenständen, die sich im Wasser befinden (optische Hebung). Unser Gehirn geht nämlich davon aus, dass das Licht sich geradlinig ausbreitet.
Wir sehen die Dinge immer in der Richtung, aus der das Licht in unsere Augen gelangt. ↑2
Weil das Auge die Brechung des einfallenden Lichts nicht wahrnehmen kann, kommt es zu Scheinbildern (virtuellen Bildern). Beispiele zeigen die Bilder 4 und 5. ↻ 104-1

4 Scheinbar geknicktes Schilfrohr

5 Scheinbar verkürzte Beine

Durch die scheinbare Hebung der Füße sehen die Beine in Bild ↑5 kürzer aus, als sie wirklich sind.

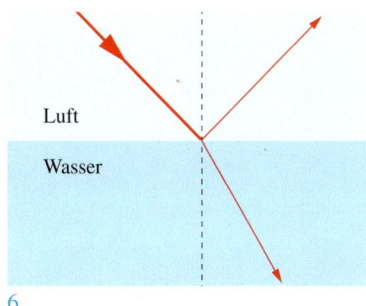

Luft

Wasser

6

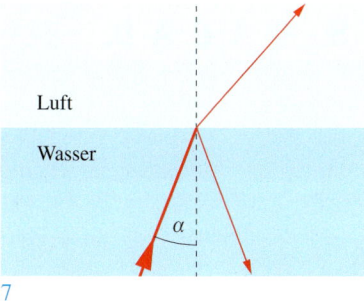

Luft

Wasser

α

7

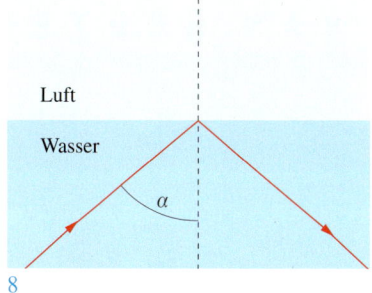

Luft

Wasser

α

8

GRUNDLAGEN: Totalreflexion

Fällt Licht von Luft aus auf Wasser oder Glas, dann wird es zum Teil reflektiert, zum Teil ins Wasser (oder Glas) hinein gebrochen. ↑6

Der Knick an der Grenzfläche ist bei der Lichtbrechung immer so, dass das Licht im „optisch dichteren Stoff" (Wasser, Glas) näher am Lot ist als im „optisch dünneren" (Luft).

Trifft das Licht aber sehr flach von „innen" (also vom optisch dichteren Stoff aus) gegen die Grenzfläche, gelangt kein Licht mehr nach außen. Das gesamte Licht wird reflektiert. Dieser Fall heißt Totalreflexion. ↑7,8

Totalreflexion tritt ein, wenn Licht vom optisch dichteren Stoff aus gegen die Grenzfläche stößt und der Winkel zwischen Lichtweg und Lot größer ist als der Grenzwinkel α_G. ↑9

Durch Totalreflexion kann eine Wasser- oder Glasfläche wie ein perfekter Spiegel wirken. In Ferngläsern benutzt man Glaskörper (Prismen), um das Licht durch Totalreflexion umzuleiten.

Luft

β

Wasser

α

$60°$

$48{,}5°$

Grenzwinkel der Totalreflexion

9

Übergang von …	Grenzwinkel α_G
Wasser in Luft	48,5°
Plexiglas in Luft	42,0°
Flintglas in Luft	38,3°

Aus der Natur Die Abendsonne ist nicht rund

Beim Sonnenuntergang erscheint uns die Sonne platt gedrückt. Wie kommt das? Die Sonne kann ihre Form nicht verändern. Tatsächlich sieht man ein Scheinbild der Sonne, das durch Brechung des Sonnenlichts in der Lufthülle der Erde entsteht. Das Weltall, aus dem das Sonnenlicht zu uns kommt, ist luftleer. Die Erde ist von einer Lufthülle umgeben, die zur Erdoberfläche hin immer dichter wird. Wenn das Licht in die Lufthülle eindringt, wird es gebrochen – nicht nur einmal, sondern nach und nach immer mehr. Deshalb läuft das Sonnenlicht auf einem gekrümmten Weg durch die Lufthülle. Unsere Augen bekommen diese Krümmung nicht mit. Sie sehen die Sonne in der Richtung, aus der das Sonnenlicht ankommt.

Die Sonne wird also scheinbar etwas angehoben. Das Licht des unteren Sonnenrands wird stärker gebrochen als das des oberen. Der untere Rand wird somit stärker angehoben als der obere. ↑10,11   ↻ 105-1

10

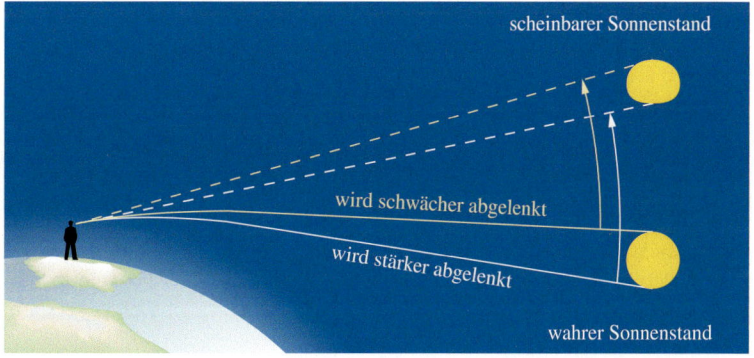

scheinbarer Sonnenstand

wird schwächer abgelenkt

wird stärker abgelenkt

wahrer Sonnenstand

11

VAN HOUTEN'S CACAO. Fata Morgana.

Luftspiegelungen

Die Fee Morgane – Fata Morgana – war die Halbschwester von KÖNIG ARTUS. Mit ihren Zauberkünsten verwirrte sie die Menschen, ließ Dinge am Himmel schweben, die zur Erde gehörten, gaukelte Seen in der Wüste vor … ↻ 106-1

Luftspiegelungen können auftreten, wenn kühlere Luft über einer warmen, durch den Boden erwärmten Luftschicht liegt. Dort, wo kalte und warme Luft aneinandergrenzen, kann Totalreflexion auftreten, wenn das Licht sehr flach auftrifft. Die Grenzschicht wird dann zu einem perfekten Spiegel.

Aber nur in der Ferne. Blickt man auf den Boden in der Nähe, dann verläuft das Licht zu steil – Totalreflexion kann nicht mehr auftreten.

An warmen Sommerabenden scheinen ferne Inseln schwerelos zu werden – sie schweben über dem Meer.

An heißen Sommertagen sind auf Teerstraßen „Pfützen" zu sehen, in denen sich Autos spiegeln. Kommt man aber näher, so verschwinden diese Pfützen wie von Zauberhand.

In einem indianischen Mythos wird erzählt, dass die Sonne jeden Abend von einem riesigen goldenen Wal verschlungen und am anderen Morgen wieder ausgespuckt wird.

Vielleicht ist dieser Mythos aus Beobachtungen wie diesen entstanden: Sobald sich die Sonne am Abend eines warmen klaren Sommertages dem Meereshorizont nähert, scheint eine zweite Sonne aus dem Meer aufzutauchen und mit der „echten" Sonne zu verschmelzen.

Bei kalter Polarluft hat sich dieses Containerschiff in ein Luftschloss verwandelt.

Auf einen Blick

1

Spiegelbilder und ihre Eigenschaften Spiegelbilder sind Scheinbilder (virtuelle Bilder). Sie liegen hinter der Spiegelebene, also an einem Ort, von dem kein Licht in unser Auge gelangen kann. Das Spiegelbild hat den gleichen Abstand von der Spiegelebene und ist ebenso groß wie der Gegenstand.
Die Verbindungslinie zwischen Gegenstand und Spiegelbild steht senkrecht auf der Spiegelebene.
Beim Spiegelbild wird die Richtung senkrecht zur Spiegelebene umgekehrt. Daher sind vorn und hinten vertauscht. ↑1

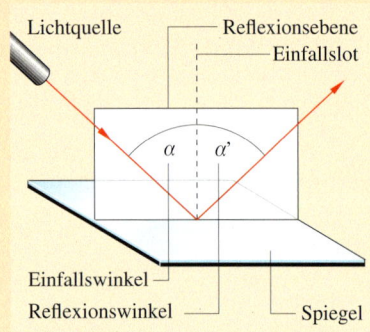

2

Das Reflexionsgesetz Einfallswinkel und Reflexionswinkel sind gleich groß. Einfallender Strahl, Einfallslot und reflektierter Strahl liegen in einer Ebene. ↑2

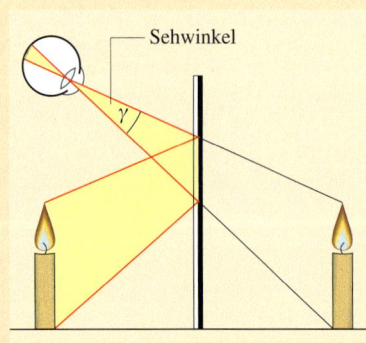

3

Warum wir Spiegelbilder sehen Licht vom Gegenstand wird am Spiegel umgelenkt und in unser Auge geworfen. Auf der Netzhaut entsteht ein Bild des Gegenstands. Wir sehen das virtuelle Bild in der Richtung, aus der das Licht ins Auge fällt. Beim ebenen Spiegel bleibt der Sehwinkel unverändert. Die Größe des Netzhautbildes entspricht dem Lichtweg Gegenstand–Spiegel–Auge. ↑3

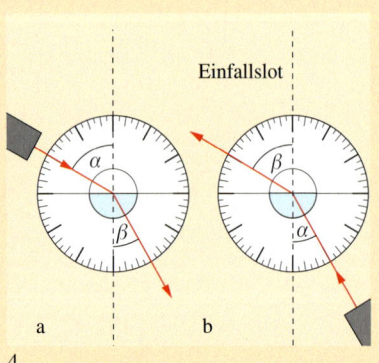

4

Lichtbrechung an Grenzflächen Fällt Licht schräg auf die Grenzfläche zwischen zwei durchsichtigen Stoffen (z. B. Luft und Wasser), so wird es zum Teil reflektiert. Das durchscheinende Licht hat einen Knick – es wird gebrochen. Ob der Knick zum Lot hin oder vom Lot weg erfolgt, hängt von den beiden Stoffen ab. Im optisch dichteren Stoff verläuft das Licht dichter am Lot. Je flacher das Licht gegen die Grenzfläche trifft, umso stärker wird es geknickt.

Trugbilder durch Brechung Fällt Licht nach der Brechung in unser Auge, merken wir von der Ablenkung nichts. Unser Gehirn geht aufgrund der Erfahrung davon aus, dass sich das Licht geradlinig ausgebreitet hat. Wir sehen Scheinbilder (virtuelle Bilder). Die Gegenstände erscheinen uns geknickt, verkürzt oder angehoben. ↑5

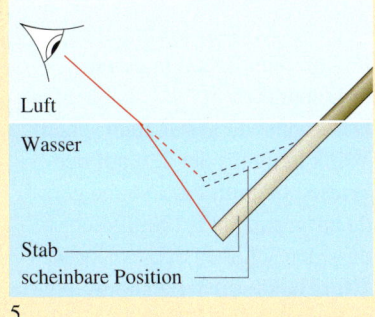

Luft

Wasser

Stab

scheinbare Position

5

Reflexion an Grenzflächen Wenn das Licht sehr flach von innen (d.h. vom optisch dichteren Stoff) her gegen die Grenzfläche trifft, gelangt nichts mehr nach außen.
Das gesamte Licht wird reflektiert (Totalreflexion).

6

Alles klar?

1 Tina sieht Martins Spiegelbild. Übertrage die Skizze ins Heft. Markiere Martins Standort. ↑7

2 Erkläre, warum wir Spiegelbilder hinter der Spiegelebene sehen.

3 Erkläre mithilfe einer Skizze die Begriffe „Brechung", „optisch dichter" und „optisch dünner".

4 Was ist bei Reflexion und Totalreflexion gleich, was unterschiedlich?

5 Skizziere und beschreibe ein Experiment, mit dem du feststellen kannst, welcher von zwei durchsichtigen Stoffen optisch dichter ist.

6 Licht, das von Luft in Wasser übergeht, wird zum Einfallslot hin gebrochen. Eine schräg ins Wasser gehaltene Stricknadel scheint geknickt zu sein. Sie wird unter Wasser scheinbar vom Einfallslot weg gebrochen. Wie kommt das? Löse die Aufgabe auch zeichnerisch.

7 Es ist gefährlich, in ein Wasserbecken zu springen, von dem man den Grund zwar sieht, die Tiefe aber nicht kennt. Begründe.

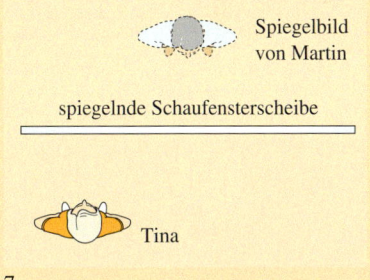

Spiegelbild von Martin

spiegelnde Schaufensterscheibe

Tina

7

Farben

Regenbogenfarben in einem Spinnennetz?
Das kannst du selbst auch sehen. Wenn morgens der Tau auf den Wiesen liegt und die Sonne gerade aufgegangen ist. Stell dich so, dass der Schatten deines Kopfs zwei Handbreit neben dem Spinnennetz liegt und bewege dich etwas hin und her. Plötzlich wirst du das Spinnennetz in bunten Farben schillern sehen.

1

Wo kommen all die Farben her? Die Wassertropfen sind farblos. Sie reflektieren das Sonnenlicht.
Stecken die Farben schon im Sonnenlicht?
Enthält das Licht der Straßenlampe weniger Farben? In ihrem Licht sehen auch bunte Kleidungsstücke gelb aus. ↑2
Wie kann der Fernsehbildschirm Millionen von Farben erzeugen – mehr als unsere Augen überhaupt wahrnehmen können?
Und warum ist der Mohn rot und das Gras grün, obwohl doch beide vom gleichen Sonnenlicht beleuchtet werden? ↻ 110-1

2 Im Licht der Lampe sehen Farben anders aus.

3 Blumen verzaubern durch ihre Farbenpracht.

4 Im Sonnenlicht erstrahlen diese Häuser in ihren Farben.

1 Regenbogenfarben, selbst erzeugt

Stellt den Overheadprojektor so ein, dass ein scharfes Bild der Schlitz-
blende entsteht. Bringt das Prisma in den Strahlengang. ↑5

a Was beobachtet ihr? Beschreibt.

b Das farbige Lichtband, das ihr auf dem Schirm seht, nennt man
Spektrum. Notiert die Spektralfarben in ihrer Reihenfolge.

c Haltet ein Blatt weißes Papier hinter das Prisma und bewegt es auf den
Schirm zu. Beschreibt eure Beobachtung. Könnt ihr die Behauptung:
„Das Prisma färbt das Licht ein" widerlegen?

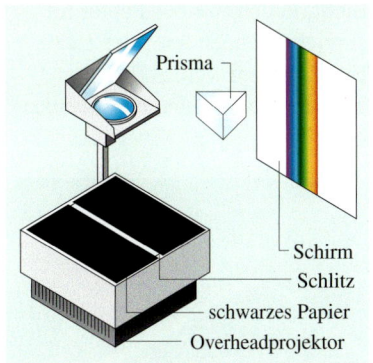

2 Farbiges Licht wird gemischt

Drei farbige Spotlampen (40 W, mattiert) werden in Form eines
Dreiecks angeordnet. ↑6

a Halte eine Lochblende mit ausgestrecktem Arm so, dass das Licht der
Lampen durch das Loch auf einen Schirm fällt. Erkläre die Anordnung
der farbigen Blendenflecke.

b Nähere die Lochblende so weit dem Schirm, dass sich die farbigen
Blendenflecke teilweise überlappen. Welche Farbe ergibt sich aus der
Mischung jeweils zweier Farben? Welche Farbe hat die Stelle, auf
die das Licht aller Lampen fällt?

5

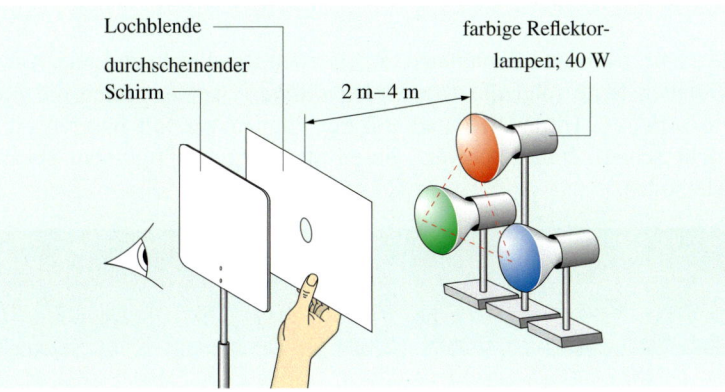

6

3 Wir untersuchen Farbfilter

Untersuche mit einem Prisma, welche Wirkung ein Farbfilter auf
weißes Licht hat. Erzeuge dazu ein Spektrum des weißen Lichts.

a Halte verschiedene Filter in den Lichtweg. Welche Veränderungen
erkennst du im Spektrum?

b Untersuche, ob es eine Rolle spielt, ob du den Farbfilter vor oder
hinter das Prisma hältst.

c Lege je zwei Farbfilter so auf den Tageslichtprojektor, dass sie sich
zum Teil überlappen. Welche Farbe nimmt der Überlappungsbereich
an?

4 Farben auf dem Computerbildschirm

Erzeuge auf dem Bildschirm eines Computers Flächen in unterschiedlichen Farben. Untersuche mit einer Lupe, welche Farben die Leucht-
punkte haben, aus denen die farbigen Flächen zusammengesetzt sind.

Licht, in dem weißes Papier rot aussieht, nennen wir rotes Licht, Licht, in dem weißes Papier weiß aussieht, nennen wir weißes Licht.

1

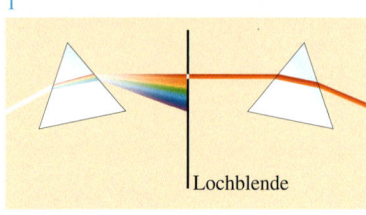

Lochblende

2

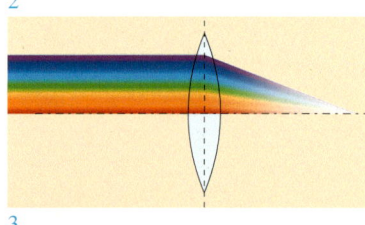

3

GRUNDLAGEN: Weißes Licht wird zerlegt

Wenn weißes Licht auf ein Prisma fällt, wird es zweimal gebrochen. Dadurch wird das Lichtbündel aus seiner ursprünglichen Richtung abgelenkt. Außerdem wird es „gespreizt". Mit zunehmender Entfernung wird das Bündel immer breiter. In einiger Entfernung entsteht ein buntes Lichtband auf dem Schirm, das *Spektrum*. ↑1,4

Die farbigen Lichter des Spektrums heißen Spektralfarben.

ISAAC NEWTON untersuchte die Entstehung der Spektralfarben. Aus seinen Experimenten schloss er:

– So wie es unterschiedliche Töne gibt, so gibt es unterschiedliche „Lichtsorten": rotes Licht, grünes, blaues …

– Hinter einem Prisma entsteht das Spektrum, weil die farbigen Lichtsorten verschieden stark gebrochen werden. Violettes Licht wird am meisten abgelenkt, rotes Licht am wenigsten.

– Die Lichtsorten des Spektrums lassen sich durch ein zweites Prisma nicht weiter zerlegen. ↑2

– Mit einer gebogenen Spiegelfolie oder Sammellinse kann man die farbigen Lichtsorten des Spektrums wieder zusammenführen. ↑3

– Weißes Licht ist zusammengesetztes Licht. Nur wenn sich alle farbigen Lichtsorten des Spektrums mischen, entsteht weißes Licht.

Das Spektrum ist am roten und am violetten Rand nicht zu Ende. Auf der violetten Seite folgt die *Ultraviolettstrahlung*, auf der roten die *Infrarotstrahlung*. Ultraviolett und Infrarot können wir mit unseren Augen nicht sehen. Zum Nachweis dieser Strahlung benötigt man spezielle Methoden.

4

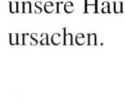

5

Unsichtbare Strahlung Wir können weder Infrarotstrahlung noch Ultraviolettstrahlung sehen. Infrarotstrahlung wärmt unsere Haut. Die Rotlichtlampe enthält neben dem roten viel infrarotes Licht. ↑5

Jeder warme Gegenstand sendet Infrarotstrahlung aus. Mit Spezialkameras kann sie aufgenommen und durch Farben dargestellt werden. ↑6

Ultraviolettes Licht ist gefährlich. Es bräunt unsere Haut, kann aber auch Sonnenbrand verursachen.

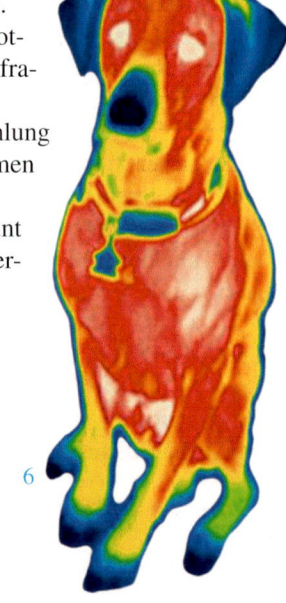

6

Aus der Technik Millionen Farben beim Computer

Computer- und Fernsehbildschirme können Millionen verschiedener Farben darstellen. Aber der Blick durch eine Lupe zeigt: Alle Farben, die der Bildschirm darstellen kann, sind aus nur drei verschiedenfarbigen Leuchtpunkten zusammengesetzt: Rot, Grün und Blau. ↑7,8

An den roten Stellen des Bildschirms leuchten nur die roten Punkte, an den grünen nur die grünen Punkte … Aber wenn die roten und die grünen Punkte gleich hell leuchten, leuchtet der Bildschirm gelb.

Weil unsere Augen ohne Lupe die winzigen Punkte nicht einzeln erkennen können, mischt sich ihr Farbeindruck zu der Farbe Gelb.

Auf weißen Flächen leuchten alle Farbpunkte hell, auf grauen Flächen leuchten auch alle Punkte gleich hell, aber schwächer.

Beim Bildschirm entstehen die verschiedenen Farben dadurch, dass die Farbpunkte in ihrer Helligkeit verändert werden. Auch die dunklen Stellen zwischen den Farbpunkten tragen zum Farbeindruck bei. ↻ 113-1

Mischungen farbiger Lichter gibt es nicht nur beim Fernseher: Auch wenn eine weiße Wand von rotem und grünem Licht beleuchtet wird, leuchtet sie gelb.

Man benutzt die Farben Rot, Grün und Blau als additive Grundfarben des Lichts. Aus diesen drei farbigen Lichtern lassen sich viele andere Farben durch additive Farbmischung erzeugen.

Mischungsregeln für farbige Lichter:

Rot + Grün	→ Gelb
Rot + Blau	→ Magenta
Blau + Grün	→ Cyan
Rot + Grün + Blau	→ Weiß

7

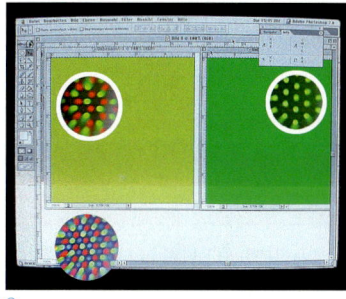

8

Probier 's mal!

1 Der Farbkreisel

Der Farbkreisel enthält drei Farbflächen in den „Grundfarben" Rot, Grün und Blau (bei weißer Beleuchtung). Wenn man ihn schnell dreht, werden die lichtempfindlichen Sinneszellen in der Netzhaut in so rascher Abfolge von dem verschiedenfarbigen Streulicht gereizt, dass die Reize zu einem neuen Farbeindruck „verschmelzen".

Um einen Farbkreisel herzustellen, brauchst du feste Blätter Papier (z. B. Tonpapier) in den Farben Rot, Grün und Blau. Schneide aus jedem Blatt eine Kreisscheibe mit 5 cm Durchmesser aus. Diese Scheiben schneidest du dann bis zur Mitte ein. Schiebe die drei Scheiben ineinander und stecke sie dann auf ein Streichholz.

a Versuche möglichst unterschiedliche Farben beim Drehen zu erzeugen. Drehe dazu den Kreisel unterschiedlich schnell an.
Du kannst auch die Scheiben verschieben, sodass sich die Farbanteile ändern.

b Wie verändern sich die Farben, wenn man eine weiße oder eine schwarze Kreisscheibe ergänzt? Fertige dazu die zusätzlichen Kreisscheiben genauso wie die farbigen an. Füge einmal die weiße, einmal die schwarze Scheibe zusätzlich zwischen den farbigen Scheiben ein.

c Kannst du auch den Farbeindruck „rosa" („braun") erzeugen?

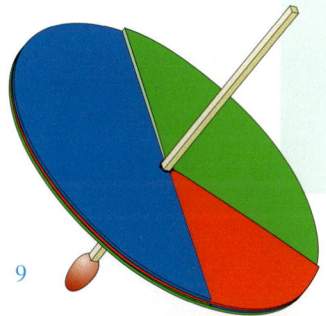

9

GRUNDLAGEN: Die Farbigkeit von Stoffen

Beleuchtete Körper sehen wir, weil sie Licht in unser Auge streuen. Das erklärt aber noch nicht ihre Farbigkeit: Ein Stück Farbkreide erscheint im (weißen) Sonnenlicht z. B. rot. Wenn es das einfallende Licht nur streuen würde, müsste es weiß aussehen. Offenbar „verändert" die Kreide das Licht, sodass sie farbig erscheint. Wie geschieht das?

Die Farbkreide streut von dem weißen Licht nur den roten Anteil, der „Rest" wird absorbiert. ↑1

Das rote Streulicht lässt die Kreide rot erscheinen. Derselbe Farbeindruck ergibt sich auch, wenn die Farbkreide rot beleuchtet wird. ↑2

Dagegen erscheint die Farbkreide schwarz, wenn sie gelb beleuchtet wird: Das auftreffende gelbe Licht hat keinen roten Anteil und wird vollständig absorbiert. ↑3

Körper, die mit weißem Licht beleuchtet werden, absorbieren in der Regel einen Teil des Spektrums. Dieser Teil „fehlt" im Licht, das vom Körper gestreut wird. Deshalb ist das gestreute Licht nicht mehr weiß, sondern farbig. In dieser Farbe sehen wir den Körper.

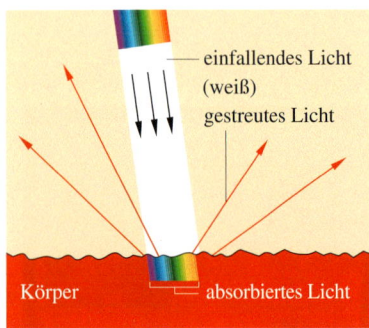

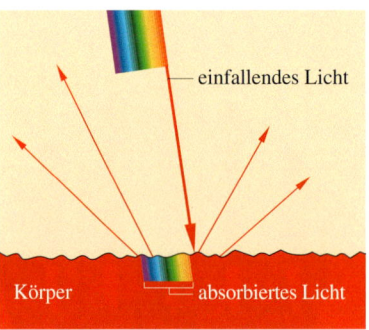

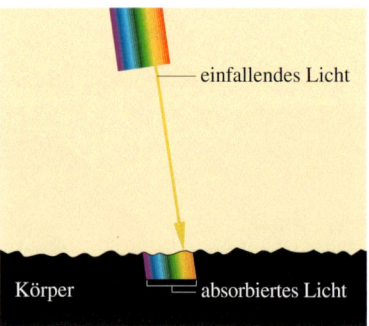

1 Ein Körper, der alle Spektralfarben außer Rot absorbiert, erscheint in weißem Licht rot …

2 … in rotem Licht rot …

3 … und in gelbem Licht schwarz.

Probier 's mal!

1 Farbige Seifenblasen
Mit speziellem Spielzeug oder einer Seifenlösung kannst du ganz einfach Seifenblasen erzeugen. Stelle Seifenblasen her und betrachte sie im Sonnenlicht.
Welche Farben kannst du erkennen?

2 Farbige Gasperlen
Stelle ein Glas mit Mineralwasser ins Sonnenlicht und betrachte die kleinen Gasperlen, die sich auf der Innenseite des Glases absetzen. Bewege deine Augen etwas hin und her.
Welche Farben kannst du beobachten?

3 Farbige CD
a Halte eine CD ins Sonnenlicht. Sie schillert dort in bunten Farben ähnlich wie eine Seifenblase.
b Benutze in einem dunklen Zimmer die CD als Spiegel, um das Licht einer hellen Taschenlampe an eine weiße Wand zu reflektieren. Erzeuge so möglichst kräftige Regenbogenfarben an der Wand.

4 Farbige Folien
Farbige Folien lassen nur einen Teil des Lichts durch. Blicke durch verschiedene farbige Folien auf das Spektrum, das im Bild ↑4 S. 112 abgebildet ist. Welche Farben kannst du erkennen? Welche verschwinden oder werden viel dunkler?   ↻ 114-1

Farbzerlegung des Lichts Mit einem Prisma lässt sich das Licht in die Farben auffächern, aus denen es zusammengesetzt ist. ↑4

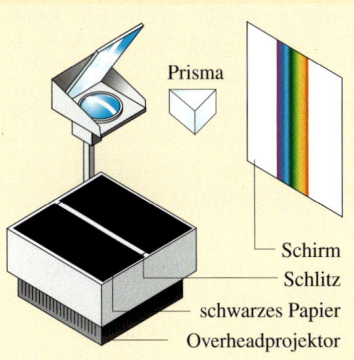

4

Farbaddition Beim Mischen farbiger Lichter entstehen Mischlichter in anderen Farben. Die Mischung gleich heller Lichter aus Rot, Grün und Blau ergibt weißes Licht. Mit dem Licht der Grundfarben Rot, Grün und Blau lassen sich viele andere Farbtöne erzeugen. Das nutzt man z. B. bei den Bildschirmfarben. ↑5

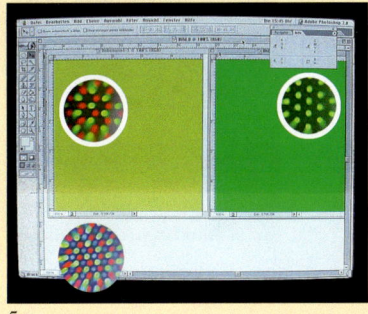

5

Die Farbigkeit der Dinge Die Farbigkeit von Gegenständen kommt dadurch zustande, dass ein Teil der Farben des auftreffenden Lichts absorbiert wird. Das nicht absorbierte farbige Licht mischt sich zu dem Farbton, in dem uns der Gegenstand erscheint. ↑6

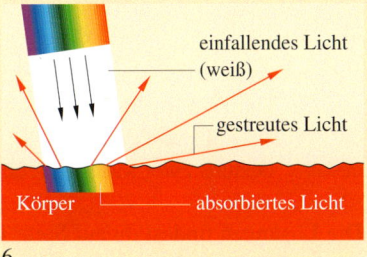

6

Alles klar?

1 In gelbem Licht verliert ein bunter Blumenstrauß seine Farben. Erkläre. ↑7

2 Wenn Licht von der Sonne auf ein Prisma fällt, sieht man auf einem Schirm dicht hinter dem Prisma eine weiße Fläche mit farbigen Rändern. Entfernt man den Schirm weiter vom Prisma, so entsteht ein Regenbogenspektrum. Erkläre.

3 Wie heißt die unsichtbare Strahlung, die sich im Spektrum an Rot bzw. Violett anschließt?

7

Check up

1 ____ Welche Geräte sind Lichtquellen: Kino-leinwand, Planet, Monitor, Glühwürmchen, Straßenschild?

2 ____ Judith: „Auch in der tiefsten Nacht ist der ganze Himmel voll Licht". Hat Judith recht? Begründe.

3 ____ Auf dem Mond ist der Himmel schwarz und die Schatten sind viel dunkler als bei uns. Woran liegt das? ↑1

1

4 ____ Warum entstehen in der Lochkamera und im Auge umgekehrte Bilder der Gegenstände? Nutze zur Erklärung eine Skizze.

5 ____ Du siehst auf der Mattscheibe der Loch-kamera das kleine Bild eines hellen Fensters. Du möchtest erreichen, dass das Bild doppelt so groß wird. Was kannst du tun? Finde min-destens zwei Möglichkeiten.

> Die Lösungen findest du auf Seite 156.

6 ____ Durch Linsen kann man die Qualität von Abbildungen verbessern.

a ____ Inwiefern kann eine Linse die Qualität der Lochkamera verbessern?

b ____ Worauf muss man beim Fotografieren mit einer Linsenkamera achten, bei der Loch-kamera aber nicht?

c ____ Welchen Einfluss hat die Blende auf das Bild?

7 ____ Zeige anhand einer Skizze, warum wir Gegenstände hinter dem Spiegel sehen, obwohl sie vor dem Spiegel stehen.

8 ____ Was könnte sich im Inneren des Kastens verbergen? Begründe. ↑2,3

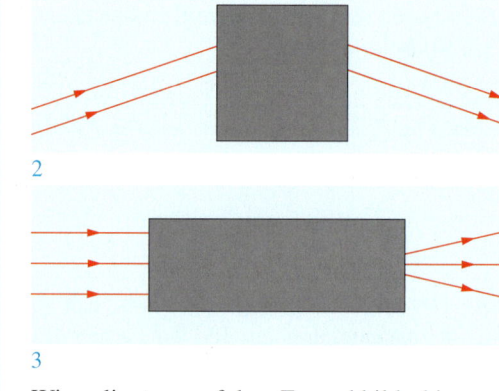

2

3

9 ____ Wie gelingt es, auf dem Fernsehbildschirm Millionen verschiedener Farben zu erzeugen? Warum ist Mohn im Sonnenlicht rot?

↻ 116-1

Schätze deine Kenntnisse und Fähigkeiten ein.

Ordne dazu deiner Lösung im Heft ein Smiley zu:
☺ Ich konnte die Aufgabe richtig lösen.
😐 Ich konnte die Aufgabe nicht komplett lösen.
☹ Ich konnte die Aufgabe nicht lösen.

Aufgabe	Fähigkeit	Hilfe findest du auf Seite ...
1	Lichtquellen und beleuchtete Körper erkennen	58, 63
2, 3	Die Lichtausbreitung beschreiben und Schattenentstehung erklären	62, 64, 68
4, 5, 6	Die Bildentstehung an der Lochkamera und mit Linsen beschreiben und erklären	78, 82
7, 8	Lichtwege bei Reflexion und Brechung zeichnen	98, 105
9	Die Farbentstehung erklären	113, 114

Stoffe um uns

Zucker „versüßt" unser Leben.
Er ist mehr als nur eine wohlschmeckende Zugabe.
Ob als Würfelzucker, Kandiszucker oder Bienenhonig,
stets nimmst du ein wertvolles Nahrungsmittel zu dir.
Zucker kann aber leicht mit Kochsalz verwechselt
werden. Kann man, ohne zu kosten, feststellen,
ob es sich um Zucker oder Salz handelt?

Vielfalt der Stoffe

Ob du Fahrrad oder Inlineskates fährst, Drachen steigen lässt, einen Computer benutzt oder Bücher liest, alle von dir genutzten Gegenstände bestehen aus Stoffen. Was sind Stoffe?

1

Täglich verwenden wir die unterschiedlichsten Gegenstände, ob beim Sport, beim Hobby, in der Schule oder bei der Arbeit. Der Physiker bezeichnet alle Gegenstände, die dich umgeben, als Körper. Sie alle haben eine bestimmte Form oder Gestalt, ein Volumen und eine Masse. Auch du selbst bist ein Körper.

In der Chemie interessiert man sich aber nicht so sehr für die Gegenstände, sondern mehr für die Materialien, aus denen diese bestehen. So kann ein Hausschlüssel aus Stahl bestehen, eine Fensterscheibe aus Glas und ein Zeichenblock aus Papier. Die meisten Gegenstände bestehen aus mehreren Materialien: ein Skateboard aus Holz, Eisen und Kunststoff, der Bleistift aus Holz und Grafit. In der Chemie werden die Materialien, aus denen die Gegenstände bestehen, als Stoffe bezeichnet. ↑2, 3

Aus dem Biologieunterricht kennst du schon die Nährstoffe wie Eiweiße und Fette sowie Mineral- und Ballaststoffe. ↑4

Stoffe, mit denen im Chemieunterricht experimentiert wird, heißen Chemikalien. Worauf ist beim Umgang mit diesen Stoffen zu achten?

2 Verschiedene Gegenstände aus dem gleichen Stoff

3 Gleichartige Gegenstände aus verschiedenen Stoffen

4 Nahrungsmittel setzen sich aus vielen Stoffen zusammen.

GRUNDLAGEN: Umgang mit Chemikalien

Alle Chemikalien, die wir im Chemieunterricht verwenden, stellen bei richtigem Umgang keine Gefahr dar. Sie werden in besonderen Chemikalienflaschen aufbewahrt. Diese müssen eindeutig beschriftet sein. ↑5
Es ist strengstens verboten, Chemikalien in Behältnisse für Lebensmittel abzufüllen oder aufzubewahren.
Chemikalien, von denen eine besondere Gefährdung für die Gesundheit oder die Umwelt ausgehen kann, nennt man **Gefahrstoffe**. Der Umgang mit Gefahrstoffen wird durch die Gefahrstoffverordnung geregelt. Behälter mit Gefahrstoffen müssen gekennzeichnet sein.

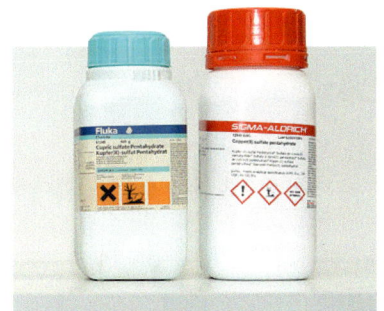

Beachte folgende Hinweise:
1. Fasse eine Chemikalienflasche mit dem Etikett zur Hand an.
2. Lies vor dem Öffnen einer Chemikalienflasche stets erst die Gefahrenhinweise.
3. Öffne eine Chemikalienflasche nur zur Entnahme und verschließe sie sofort wieder.
4. Verwende Chemikalien nur in kleinsten Mengen. Entnommene Chemikalien dürfen nicht mehr in das Vorratsgefäß zurückgegeben werden.
5. Koste keine Chemikalien und berühre sie nicht mit den Fingern.
6. Gib feste und flüssige Chemikalienreste in entsprechend beschriftete Sammelbehälter. ↑7

Die so gesammelten Chemikalien werden wiederaufbereitet oder an Entsorgungsunternehmen abgegeben.

Kupfer(II)-sulfat-Pentahydrat
$CuSO_4 \cdot 5\,H_2O$

Gefahrenhinweise
H302 Gesundheitsschädlich bei Verschlucken.
H319 Verursacht schwere Augenreizung.
H315 Verursacht Augenreizung.
H410 Sehr giftig für Wasserorganismen mit langfristiger Wirkung.

Achtung

5 Angaben auf dem Etikett einer Chemikalienflasche

GHS 01
explosionsgefährlich

GHS 02
leicht entzündlich

GHS 03
brandfördernd

GHS 05
ätzend

GHS 06
giftig

GHS 07
gesundheits-
schädlich

GHS 08
gesundheits-
gefährdend

GHS 09
umweltgefährdend

6 Gefahrenpiktogramme und Gefahrencodes nach GHS
↻ 119-1

Saure und alkalische Abfälle

Giftige anorganische Abfälle

Halogenfreie organische Abfälle

Halogenhaltige organische Abfälle

7 Sammelbehälter für Abfälle

Aufgaben

1 Schreibe fünf Stoffe auf, mit denen du morgens im Bad in Berührung kommst.
2 Ordne nach Gegenstand und Stoff: Säge, Glas, Trinkbecher, Schere, Silber, Brille, Eisen.

3 Gib Beispiele für gleichartige Gegenstände an, die aus unterschiedlichen Stoffen hergestellt sein können. Nenne auch den Verwendungszweck des Gegenstands.

GRUNDLAGEN: Experimentieren im Chemieunterricht

1

Ihr habt euch bestimmt schon oft die Frage gestellt, ob die Gegenstände, die ihr kaufen möchtet, auch aus zweckmäßigen Stoffen gefertigt sind. Für die Beantwortung sind umfangreiche Kenntnisse über Stoffe und Stoffveränderungen erforderlich. Dazu muss man die uns umgebende Natur genau beobachten, die Stoffe beschreiben und vergleichen sowie Stoffveränderungen feststellen und erklären. Wichtigstes Hilfsmittel dabei sind sorgfältig geplante und durchgeführte Experimente.

Folgende Schritte sind stets zu beachten:
– Lies die Anleitung und die Aufgabenstellung des Experiments genau durch und erfasse den Inhalt.
– Stelle die benötigten Geräte und Chemikalien bereit und beachte dabei mögliche Gefahrenhinweise.
– Stelle die Experimentieranordnung zusammen.
– Führe das Experiment durch und notiere alle Beobachtungen.
– Werte die Beobachtungen aus und leite Schlussfolgerungen ab.
– Entsorge die Chemikalienreste.
– Baue die Experimentieranordnung ab und säubere die benutzten Geräte.
– Räume die Geräte weg.

Methode *Umgang mit dem Brenner*

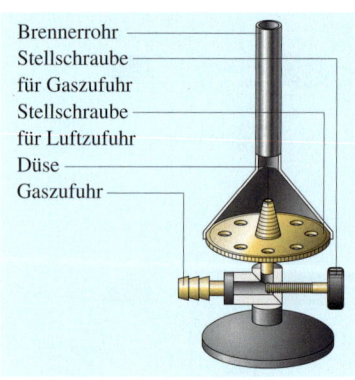

Brennerrohr
Stellschraube für Gaszufuhr
Stellschraube für Luftzufuhr
Düse
Gaszufuhr

2

Zum Erhitzen von Stoffen werden beim Experimentieren Brenner verwendet. Um mit dem Brenner richtig arbeiten zu können, musst du wissen, wie er aufgebaut ist und wie er funktioniert. ↑2, 3   ↻ 120-1

Beachte bei der Bedienung des Brenners immer die folgenden Schritte:

1 *Entzünden des Brenners*
1. Setze die Schutzbrille auf.
2. Schließe die Luft- und Gaszufuhr.
3. Öffne den Gashahn am Tisch und dann am Brenner.
4. Entzünde das ausströmende Gas sofort an der Brennermündung.
5. Reguliere die Flammengröße.
6. Öffne die Luftzufuhr nach Bedarf.

2 *Regulieren der Flamme*
1. Reduziere die Luftzufuhr des Brenners.
2. Drossle die Gaszufuhr.

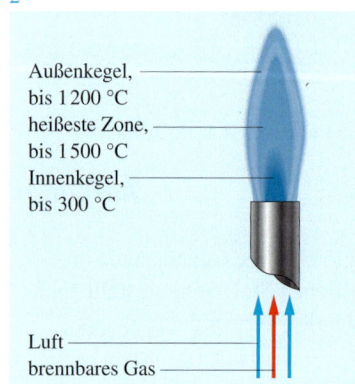

Außenkegel, bis 1 200 °C
heißeste Zone, bis 1 500 °C
Innenkegel, bis 300 °C

Luft
brennbares Gas

3

3 *Löschen des Brenners*
1. Schließe die Luft- und Gaszufuhr am Brenner.
2. Schließe den Gashahn am Tisch.
3. Stelle den Brenner erst nach dem Abkühlen weg.

Berühre den Brenner niemals an den heißen Metallteilen. Verbrennungsgefahr!

1 Die Brennerflamme

Vorsicht! Schutzbrille tragen!

Schließe den Brenner an. Entzünde das Gas nach Vorschrift.

Stelle durch Regulierung der Luftzufuhr eine leuchtende, eine nicht leuchtende und eine rauschende Flamme ein. ↑4

Lösche den Brenner nach Vorschrift.

Beschreibe deine Beobachtungen.

Zeichne und beschrifte die Brennerflammen.

4

Aus der Natur Stoffe in der Natur

In der Natur gibt es viele unterschiedliche Stoffe. Einige von ihnen wie Wasser, Kalk oder Quarz kommen häufig vor. Andere Stoffe wie Gold, Titan oder Diamant sind selten. ↑6,7

Manche Stoffe aus der Natur werden von den Menschen direkt genutzt. Sand, Gesteine und Holz dienen als Baumaterial. Mit Gips werden Abdrücke und Modelle, z. B. beim Zahnarzt, gefertigt. ↑8

Aus Ton lassen sich verschiedene Gefäße formen, die dann durch Brennen in speziellen Öfen hart werden. ↑5

Viele andere Stoffe, die ebenfalls in der Natur vorkommen, nennt man Rohstoffe. Sie werden verarbeitet, um aus ihnen für den Menschen wichtige und notwendige Stoffe zu gewinnen. Aus Erdöl und Erdgas entstehen z. B. Kunststoffe, Farben, Medikamente, Klebstoffe, Benzin und aus Erzen Metalle. ↑9

Stoffe stehen in der Natur aber nicht in unbegrenzter Menge zur Verfügung. Die Vorräte an vielen Rohstoffen auf der Erde nehmen immer mehr ab. Deshalb muss mit ihnen sparsam umgegangen werden.

Das Sammeln von Altpapier, Metallschrott, Textilien, Kunststoffabfällen, Glas und anderen Wertstoffen entlastet die Umwelt und trägt zum geringeren Verbrauch von Rohstoffen bei. ↻ 121-1

5

6 Rohdiamant

7 Sand

8 Gips

9 Kupferkessel

Erkennen und Unterscheiden von Stoffen

Um einen Stoff richtig zu nutzen, muss man seine Eigenschaften kennen.
Jeder Stoff besitzt bestimmte Eigenschaften. Wie lassen sich die Eigenschaften von Stoffen feststellen?

1

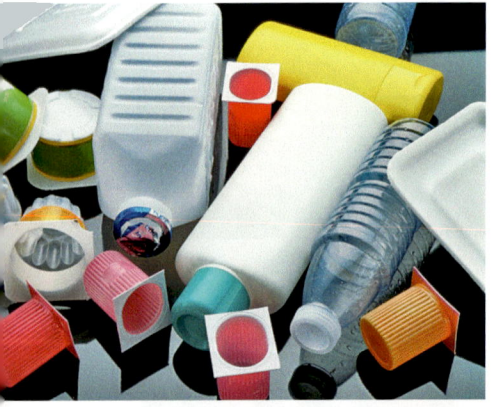

2

Viele Geräte, mit denen im Chemieunterricht gearbeitet wird, sind aus dem Stoff Glas, aus Holz, aus Eisen oder aus Kunststoff gefertigt. Stoffe können in unterschiedliche Formen gebracht werden. Glas wird bei hohen Temperaturen weich und lässt sich zu Flaschen, Gläsern oder Fensterscheiben formen. Eisen, Kupfer oder Aluminium können zu Drähten, Blechen, Stangen und Rohren verarbeitet werden. ↑3–5
Daraus stellt man Haushaltsgefäße, Maschinenteile, Brücken oder andere Gegenstände her. Beim Spritzgießen wird geschmolzener Kunststoff in eine gekühlte Stahlform gepresst. Nach dem Abkühlen wird die Form geöffnet und der gefertigte Gegenstand ausgeworfen. Auf diese Weise entstehen Schalen, Schüsseln, Joghurtbecher, Getränkeflaschen und andere Gegenstände in hoher Stückzahl. ↑2
Überlegt, ob das mit allen Stoffen möglich ist.   ↻ 122-1

3

4

5

1 Farbe, Glanz, Form und Geruch

Bestimme zuerst Farbe und Geruch von allen bereitgestellten Stoffen, wie z. B. Eisen, Holzkohle, Kreide, Speiseessig, Kupfer, Kochsalz, Wasser, Zucker …

Betrachte dann die festen Stoffe auf einer dunklen Unterlage mit einer Lupe. Behandle die Oberflächen von Eisen und Kupfer mit Schleifpapier. Beobachte die Veränderungen und beschreibe.

Vergleiche die Stoffe. Stelle die Ergebnisse in einer Tabelle zusammen. Beschreibe das Aussehen der Stoffe. Zeichne, was du siehst.

Entsorgung: Stoffe getrennt einsammeln, werden wieder verwendet.

2 Stoffe und Magnet

Halte einen Magneten an verschiedene Stoffe, z. B. Holz, Papier, Glas, Eisen, Kupfer, Messing, Aluminium …

Notiere das Verhalten der Stoffe gegenüber dem Magneten.

Notiere deine Beobachtungen. Fertige ein Protokoll an.

Entsorgung: Stoffe getrennt einsammeln, werden wieder verwendet.

3 Wärmeleitfähigkeit

Vorsicht Verbrennungsgefahr!

Stelle einen Kaffeelöffel aus Kunststoff und einen aus Metall in ein Becherglas, das mit heißem Wasser gefüllt ist. Fasse sie nach einigen Minuten vorsichtig oben an. Beschreibe deine Temperaturempfindungen. Was stellst du fest? ↑7

Entsorgung: Kochlöffel einsammeln, werden wieder verwendet, Wasser in Sammelbehälter für Abwasser.

4 Brennbarkeit

Vorsicht! Abzug! Schutzbrille tragen!

Entzünde den Brenner. Halte mit einer Tiegelzange nacheinander kleine Proben von festen Stoffen, wie z. B. Holzkohle, Papier, Leder, Glas, Münzen, Kreide, Eisendraht … unter dem Abzug in die Brennerflamme. Verwende keine Kunststoffe! ↑8

Beobachte, welche Stoffe brennen. Stelle deine Ergebnisse in einer Tabelle dar.

Entsorgung: Nicht brennbare Stoffe einsammeln, werden wieder verwendet, alle anderen Reste werden in den Sammelbehälter für Hausmüll gegeben.

5 Löslichkeit

Fülle fünf Reagenzgläser zu einem Viertel mit Wasser. Gib in je ein Reagenzglas mit dem Spatel bzw. mit einer Tropfpipette eine kleine Portion Kochsalz, Gips, Puderzucker, Holzkohle, Speiseöl.

Verschließe die Reagenzgläser mit Stopfen und schüttle. Beobachte. Notiere deine Beobachtungen.

Ordne die Stoffe. Verwende dabei die Begriffe „gut löslich", „schwer löslich" und „nahezu unlöslich".

Entsorgung: Flüssigkeiten in den Sammelbehälter für Abwasser, feste Stoffe in den Sammelbehälter für Hausmüll geben.

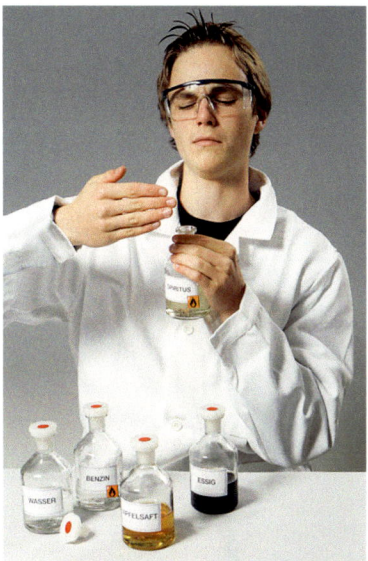

6 Durchführung einer Geruchsprobe

7

8

GRUNDLAGEN: Mit Sinnesorganen wahrnehmbare Eigenschaften

Mit den Augen sind Eigenschaften wie die Farbe, der Glanz und die Kristallform erkennbar. So ist z. B. die Farbe von Schwefel gelb und die von Kupfer rot. Holzkohle sieht schwarz und Eisen silbrig aus. [1,2]
Neben ihrer Farbe haben manche Stoffe noch einen typischen Glanz, der häufig erst nach dem Polieren der Oberfläche erkennbar wird.
Einige Stoffe sind kristallin. Häufig lässt sich die Form der Kristalle nur mit der Lupe erkennen. [3]

1 Schwefel

2 Kupfer

3 Kochsalzkristalle

Zahlreiche Stoffe wie Speiseessig, Knoblauch, Benzin und Parfüm besitzen einen typischen Geruch. Eine Geruchsprobe darf nur sehr vorsichtig vorgenommen werden, da einige Stoffe gesundheitsschädigend sind.
Es gibt Stoffe, die fühlen sich wärmer an als andere. Eisen fühlt sich kühler an als Holz. Eisen ist ein guter Wärmeleiter und leitet die Körperwärme der Hand schnell ab. Holz leitet dagegen die Wärme schlecht.
Auch am Klang können Stoffe unterschieden werden.   ↻ 124-1

Farbe, Glanz, Kristallform, Klang, Wärmeleitfähigkeit und Geruch sind Eigenschaften der Stoffe, die mit Sinnesorganen wahrnehmbar sind.

GRUNDLAGEN: Experimentelles Untersuchen von Eigenschaften

Die Sinnesorgane reichen nicht immer aus, um einen Stoff eindeutig zu bestimmen. Oft müssen Eigenschaften durch spezielle Experimente festgestellt werden, meist unter Verwendung verschiedener Hilfsmittel. [4]
Für viele Stoffe ist die Löslichkeit in Wasser oder in anderen Flüssigkeiten typisch. Wird ein Stück Zucker in ein Glas Tee gegeben, so ist der Zucker bald nicht mehr zu sehen. Der Zucker hat sich gelöst. Es ist eine **Lösung** entstanden. In diesem Beispiel ist Zucker der zu lösende Stoff und das Wasser des Tees das Lösemittel. Fett oder Speiseöl sind dagegen in Wasser nahezu unlöslich.
Wichtig ist auch die Prüfung der Stoffe auf Brennbarkeit und ihr Verhalten beim Erhitzen. Brennt ein Stoff, dann sind Angaben über die Farbe der Flamme, die Rußbildung oder den auftretenden Geruch wichtig.
Untersuchen lässt sich auch, ob ein Stoff den elektrischen Strom leitet oder von Magneten angezogen wird. Durch Ritzen der Oberfläche, z. B. mit einer Stahlnadel, können Stoffe auf ihre Härte untersucht werden.

4 Mehl oder Gips?

Protokollieren von Experimenten

Zum Experimentieren gehört auch die Anfertigung eines Protokolls.
Es dient dazu, alle Experimentierschritte zu dokumentieren.

1 *Beschrifte das Protokoll.*
Name: _____ Klasse: _____ Datum: _____

2 *Formuliere die Aufgabenstellung.*
Aufgabe: Prüfe die Härte von Stoffen.

3 *Notiere die Geräte, Materialien und Chemikalien.*
Geräte: Stahlnadel, Fingernagel
Chemikalien/Materialien: Wachs, Eisen, Gips, Kupfer

4 *Fertige eine Skizze der Experimentieranordnung in deinem Heft an.*

5

5 *Gib Sicherheitsmaßnahmen an.*
Das ist nur erforderlich, wenn es sich bei den Chemikalien um Gefahrstoffe handelt oder wenn Verletzungsgefahren bestehen.

6 *Beschreibe die Durchführung des Experiments.*
Durchführung: Die Stoffe werden nacheinander zuerst mit dem Fingernagel und dann mit der Stahlnadel geritzt.

7 *Notiere deine Beobachtungen.*
Beobachtung:

Stoff	Ritzprobe positiv mit	
	dem Fingernagel	der Stahlnadel
Wachs	ja	ja
Eisen	nein	ja
Gips	ja	ja
Kupfer	nein	ja

8 *Lege Entsorgungsmaßnahmen für die verwendeten Chemikalien fest.*
Entsorgung: Stoffe getrennt einsammeln, werden wieder verwendet.

9 *Werte die Beobachtungen aus und formuliere das Ergebnis.*
Auswertung: Wachs und Gips sind weiche Stoffe, die schon mit dem Fingernagel ritzbar sind. Eisen und Kupfer sind härtere Stoffe, die mit der Stahlnadel ritzbar sind.

Probier 's mal!

1 Die elektrische Leitfähigkeit von Stoffen

a Überlege, welche Geräte für das Experiment benötigt werden. Baue die Experimentieranordnung auf.

b Prüfe Kupfer, Styropor, PVC, Stahl, Holz, Kreide, Grafit, Aluminium, Zink nacheinander auf elektrische Leitfähigkeit. ↑6a
Notiere deine Beobachtungen in einer Tabelle.

c Wiederhole das Experiment, indem du folgende Flüssigkeiten prüfst: Tinte, Kochsalzlösung, Tee, Zuckerlösung, Fruchtsaft und destilliertes Wasser. Baue die Experimentieranordnung entsprechend der Abbildung auf. ↑6b
Fertige ein Protokoll an.
Entsorgung: Feste Stoffe getrennt einsammeln, werden wieder verwendet, Flüssigkeiten in Sammelbehälter für Abwasser.

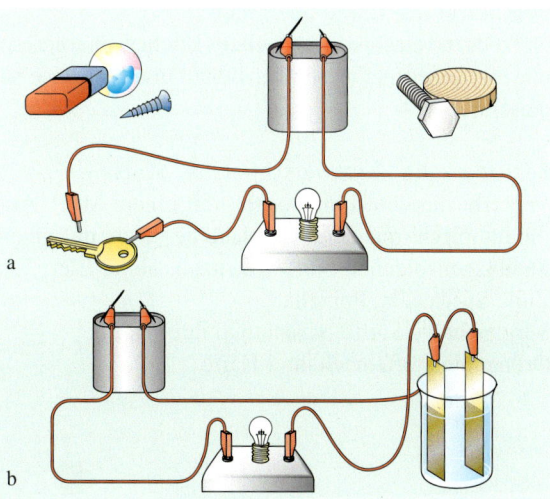

a

b

6

Selbst erforscht

Hart oder weich?

Lena hat ihr Fahrrad geputzt. Für Flecke auf dem Lack, die sich schlecht entfernen ließen, benutzte sie einen Scheuerschwamm. Nach dem Trocknen stellte sie mit Entsetzen Kratzer im Lack fest.
Was hatte Lena nicht beachtet?
Hätte Lena den Schaden vermeiden können?

1

Stellt einen Arbeitsplan auf

Sammelt zuerst zur Lösung des Problems alle euch interessierenden Fragen. Leitet aus den Fragen Aufgaben und Aufträge ab, die auf die einzelnen Arbeitsgruppen verteilt werden.
Folgende Fragen sollen euch als Anregung dienen:
– Was sind harte bzw. weiche Stoffe?
– Wie lässt sich die Härte eine Stoffes experimentell bestimmen?
– Mit welchem Stoff kann man Glas ritzen?
– Was ist beim Reinigen von Brillengläsern bzw. beim Umgang mit Fotolinsen zu beachten?

Bearbeitet die Themenbereiche

Nutzt dazu verschiedene Quellen (Bücher, Internet) sowie die Experimente, Informationen und Hinweise auf dieser Seite.

Bestimme die Härte verschiedener Stoffe

Versucht mit dem Fingernagel, mit einem Stück Aluminiumblech, mit einer Glasscherbe sowie mit einem Stahlnagel folgende Stoffe zu ritzen: Holz, Blei, Ton, Zink, Speckstein, Porzellan.
Vergleicht die Stoffe hinsichtlich ihrer Härte.
Ordnet die Stoffe nach ihrer Härte.

Bearbeite die Oberfläche verschiedener Stoffe

Plant die Durchführung des Experiments. Verwendet Scheuersand und Schleifpapier zur Bearbeitung der Stoffe. Spült nach der Bearbeitung die Flächen gut mit Wasser ab und betrachtet die getrockneten Flächen im Licht und mit der Lupe. Leitet Schlussfolgerungen ab. Zur Einschätzung der Ritzhärte eines Stoffes kann die von FRIEDRICH MOHS aufgestellte Härteskala verwendet werden (s. Tabelle).

MOHS'sche Härteskala

Härte		
1	weich	Talk
2		Gips
3		Kalkspat (Calcit)
4	mittelhart	Flussspat (Fluorit)
5		Apatit
6		Feldspat (Orthoklas)
7	hart	Quarz
8		Topas
9		Korund
10		Diamant

Präsentiert die Ergebnisse

Jede Arbeitsgruppe sollte ihr Ergebnis vorstellen. Fasst danach die Ergebnisse auf einem Arbeitsblatt oder einem Poster zusammen.

Aufgaben

1 Warum dürfen im Chemieunterricht keine Geschmacksproben durchgeführt werden?
2 Stelle fest, welche Haushaltschemikalien bei dir zu Hause Gefahrensymbole haben. ↑2 Fertige eine Liste an.
3 Prüfe vorsichtig in einem Biegeversuch dünne Stäbe aus Aluminium, Gummi und Eisen auf ihre Verformbarkeit. Deute das Ergebnis.
4 Die Griffe von Pfannen bestehen häufig aus anderen Stoffen als die Pfanne selbst. Nenne Stoffe, aus denen Pfannen und Griffe bestehen können. Begründe.
5 Werden Öl und Wasser zusammengegossen, dann sammelt sich das Öl nach einiger Zeit auf dem Wasser. Deute diese Beobachtung.

2

Experimente

1 **Rotkohlsaft**
Schneide ein Rotkohlblatt in kleine Stücke. Gib in einem Becherglas zum Rotkohl so viel Wasser, dass er gerade bedeckt ist. Erhitze bis zum Kochen und lass etwa drei Minuten sieden. Gieße den entstandenen Saft nach dem Abkühlen ab. ↑3
Gib in vier Reagenzgläser jeweils 2 mℓ Essig, 2 mℓ Zitronensaft, 2 mℓ Seifenwasser und 2 mℓ Waschmittellauge. Füge zu jeder Lösung einige Tropfen Rotkohlsaft hinzu. Notiere deine Beobachtungen.
Entsorgung: Lösungen in Sammelbehälter für Abwasser geben.

3

2 **Schwarzer Tee**
Fülle in zwei Reagenzgläser jeweils 5 mℓ schwarzen Tee. Gib in das erste Reagenzglas einige Tropfen Zitronensaft und in das zweite einige Tropfen Seifenwasser. Notiere deine Beobachtungen.
Entsorgung: Lösungen in den Sammelbehälter für Abwasser geben.

3 **Lebensmittel überprüft**
Gib in sechs Reagenzgläser jeweils 1 mℓ Wasser und dann einige Tropfen schwarzen Tee, Zitronensaft, Milch, Honig, Essig, Backpulverlösung und Joghurt.
Füge zu jeder Probe vier Tropfen Universalindikatorlösung. ↑4
Notiere deine Beobachtungen.
Entsorgung: Lösungen in den Sammelbehälter für Abwasser geben.

4 **Lebensmittel und Lackmuslösung**
Gib in ein Reagenzglas etwa 2 mℓ Wasser. Versetze es mit fünf Tropfen Lackmuslösung. Betrachte die Lösung, beschreibe die Farbe.
Prüfe danach die im ↑Experiment 3 genannten Stoffe nacheinander mit Lackmuslösung. Notiere deine Beobachtungen.
Entsorgung: Lösungen in den Sammelbehälter für Abwasser geben.

4

1 Früchte, die angenehm sauer schmecken

2 Auch der Fruchtsaft schmeckt sauer.

GRUNDLAGEN: Saure und alkalische Lösungen

Sauer schmeckende Früchte, wie z. B. Zitronen, Johannisbeeren, Sauerkirschen, Rhabarber und auch die daraus gewonnenen Fruchtsäfte, sind dir sicherlich bekannt. Wegen ihres Geschmacks werden solche Lösungen von alters her als *saure Lösungen* bezeichnet. ↑1,2

Schon im Altertum wurde beobachtet, dass wässrige Lösungen mit saurer Eigenschaft bei manchen Pflanzenfarbstoffen eine Änderung ihrer Farbe bewirken. Solche Farbstoffe sind für den Nachweis saurer Lösungen geeignet. Sie werden **Indikatoren** (lat. *indicator:* Anzeiger) genannt. Jeder Indikator zeigt eine typische Farbänderung an.

Bei der Zugabe einer sauren Lösung zu Lackmuslösung, die aus einer Gebirgsflechte gewonnen wird, ist ein Farbumschlag von Violett nach Rot zu beobachten.

Auch Farbstoffe aus Rotkohl oder schwarzem Tee ändern bei Zugabe von sauren Lösungen die Farbe. Der blaue Farbstoff des Rotkohls wird durch Essig rot. Schwarzer Tee wird z. B. durch Zitronensaft aufgehellt.

Heute werden synthetische Farbstoffgemische, Universalindikatoren, verwendet. Ergeben sich gelbe, orange und rote Farben, werden saure Lösungen angezeigt. ↑3

Unbekannte Lösungen sind immer erst mit einem Indikator zu prüfen, da viele saure Lösungen stark ätzend wirken. Eine Geschmacksprobe kann zu schweren gesundheitlichen Schäden führen.

3 Saure, neutrale und alkalische Lösungen mit Universalindikator

Wässrige Lösungen von Backpulver, Waschmitteln, aber auch Seifenwasser zeigen im Vergleich zu sauren Lösungen eine andere charakteristische Farbänderung der Indikatoren. Diese Lösungen färben Lackmus und Universalindikator blau. Lösungen, die sich so verhalten, werden als *alkalische Lösungen* bezeichnet.

Ebenso wie saure Lösungen wirken alkalische Lösungen ätzend und töten Bakterien ab. Sie werden deshalb in Reinigungsmitteln verwendet. ↑4

Lösungen, die weder sauer noch alkalisch sind, heißen *neutrale Lösungen.*

Saure und alkalische Lösungen sind wässrige Lösungen. Sie bewirken bei Indikatoren eine charakteristische Farbänderung und sind so voneinander zu unterscheiden.

4 Reinigungsmittel, die alkalisch sind

Probier 's mal!

1 Erkenne saure Lösungen

Verwende schwarzen Tee als Indikator.
Prüfe zu Hause nacheinander folgende Lösungen: Mineralwasser,
Leitungswasser, Spülmittel, Vitamin-C-Lösung, Badesalzlösung
und Brausepulverlösung. Notiere deine Beobachtungen.
Fertige ein Protokoll an.

2 Untersuche verschiedene Wasserarten

Gib jeweils 5 mℓ der verschiedenen Wasserarten (Regenwasser,
Flusswasser, Tümpelwasser, Quellwasser, Trinkwasser, destillier-
tes Wasser …) in Reagenzgläser. Gib dann einige Tropfen Universalindi-
katorlösung dazu. Notiere deine Beobachtungen. Ordne die Lösungen.
Fertige dazu eine Tabelle an.
Entsorgung: Flüssigkeiten in Sammelbehälter für Abwasser geben.

5

Experimente

1 Bestimme die Siedetemperatur von Brennspiritus

Vorsicht! Schutzbrille!

Erhitze Wasser im Becherglas auf etwa 95 °C. Lösche die Flamme des
Brenners. Fülle ein Reagenzglas mit Seitenrohr zu einem Drittel mit
Brennspiritus (GHS02). Verschließe das Reagenzglas. Stelle das Reagenzglas in das heiße Wasser.↑6
Lies alle 20 Sekunden die Temperatur ab, bis deutlich weniger Brennspiritus im Reagenzglas ist.
Fertige ein Protokoll an. Beschreibe deine Beobachtungen. Zeichne
ein Zeit-Temperatur-Diagramm (↑S. 130). Bei welcher Temperatur siedet Brennspiritus? Vergleiche es mit dem Tabellenwert für Brennspiritus in der Tabelle für Siedetemperaturen.
Entsorgung: Brennspiritusreste in den Sammelbehälter III geben.

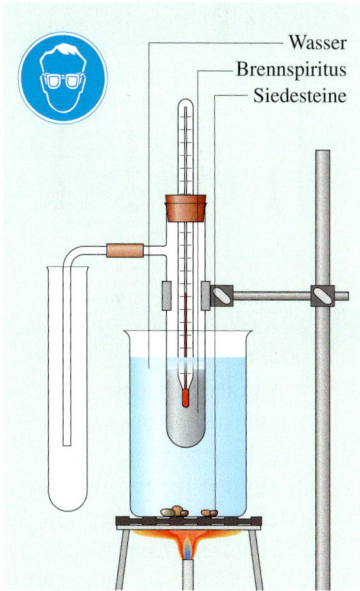

Wasser
Brennspiritus
Siedesteine

6

2 Bestimme die Schmelztemperatur von Kerzenwachs

Vorsicht! Schutzbrille!

Baue die Experimentieranordnung auf.↑7
Erhitze das Wasser im Becherglas, bis das Kerzenwachs im Reagenz-
glas geschmolzen ist. Lies dabei alle 30 Sekunden die Temperatur
ab und schreibe sie auf. Nimm danach das Reagenzglas aus dem
Wasser, lass es abkühlen und notiere dabei wieder alle 30 Sekunden
die Temperatur. Fertige ein Protokoll an. Zeichne ein Temperatur-
Zeit-Diagramm (↑S. 130). Wähle auf der *x*-Achse für eine Zeit von
30 Sekunden einen Abstand von 1 cm.
Vergleiche die ermittelte Schmelztemperatur mit dem Wert in der
Tabelle auf ↑S. 132.
Entsorgung: Kerzenwachs in den Sammelbehälter für Hausmüll
geben.
Hinweis: Im chemischen Labor gibt es neben Thermometern auch
computergestützte Messsonden. Ein angeschlossener Computer erstellt
dann gleich das dazugehörige Diagramm.

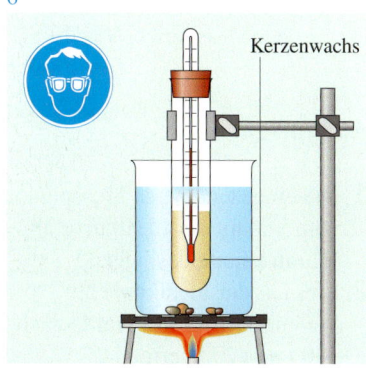

Kerzenwachs

7

Methode

Wie man ein Diagramm anfertigt

In einem Experiment soll der Temperaturverlauf beim Erwärmen von Wasser untersucht werden.
Eine Schülergruppe erhielt folgende Messwerte:

Zeit in Sekunden (s)	0	30	60	90	120	150	180	210	240	270
Temperatur in °C	16	24	37	49	58	68	75	83	91	95

Diese Messwerte kann man auch als Diagramm aufzeichnen. Dazu könnte man die einzelnen Thermometersäulen zeichnen. ↑1
Wir zeichnen aber nur die Endpunkte. ↑2

Arbeitsschritte:

1 Zunächst die senkrechte Achse (Temperaturachse) und die waagerechte Achse (Zeitachse) auf Millimeterpapier zeichnen und beschriften.

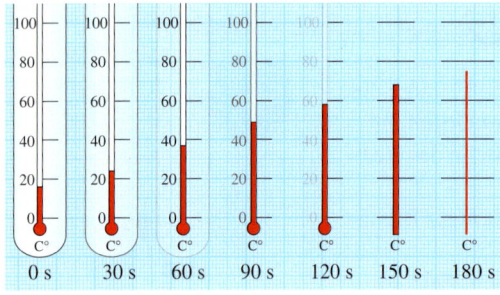

1

2 *Die Messwerte einzeichnen, z. B. das Wertepaar 90 s/49 °C:*
– Auf der Zeitachse „90 s" suchen (blauer Pfeil) und von dort aus senkrecht nach oben eine dünne Linie ziehen.
– Auf der Temperaturachse „49 °C" suchen (roter Pfeil) und von dort aus waagerecht nach rechts eine Linie ziehen.
– Die Stelle, wo sich deine Linien kreuzen, mit einem kleinen Kreuzchen markieren. Hier liegt der Messpunkt (90 s/49 °C).   ↻ 130-1

3 *Die Messkurve des Diagramms wird gezeichnet.* ↑2
– Wenn man die Messpunkte direkt miteinander verbindet, ergibt sich eine Zickzacklinie. (Dünne schwarze Linie im Bild ↑2.)
– Besser ist es, wenn man eine glatte Kurve zeichnet, die nur ungefähr die Messpunkte trifft (rote Kurve). Man bezeichnet sie auch als „Idealkurve".

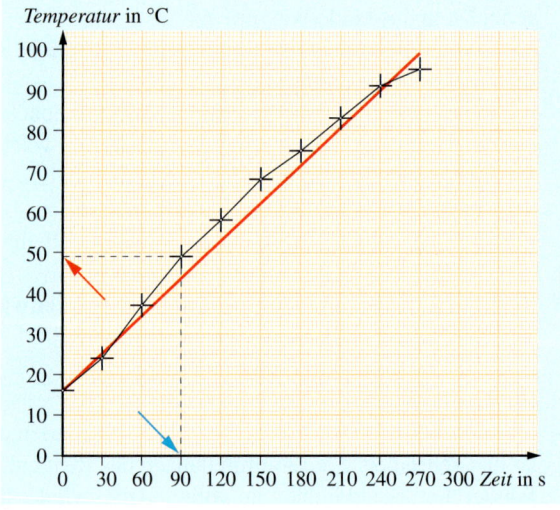

2

Aufgaben

1 Die eingezeichneten Messpunkte weichen vom Verlauf der Idealkurve ab.
Woran könnte das liegen?

2 Lies aus der Idealkurve ab:
Welche Temperatur wurde nach 50 s, 100 s, 110 s, 180 s und 200 s erreicht?

3 Welche Vorteile hat die Darstellung von Messwerten in einem Diagramm?

4 Lies aus der Idealkurve im Bild ↑2 ab, wie lange es gedauert hat, bis das Wasser folgende Temperaturen hatte: 20 °C, 40 °C, 45 °C, 50 °C, 80 °C und 93 °C.

Experimente

1 Dichtemessgerät

Vergleiche mit einem selbst gebauten Aräometer die Dichte von Flüssigkeiten. Schneide dazu einen Papierstreifen so zurecht, dass er der Länge nach auf ein Reagenzglas passt. Klebe ihn danach auf das Reagenzglas. Fülle ein wenig Sand in ein Reagenzglas.
Fülle nun ein Glas drei Viertel voll Wasser und stelle das Reagenzglas mit dem Papierstreifen hinein. ↑3

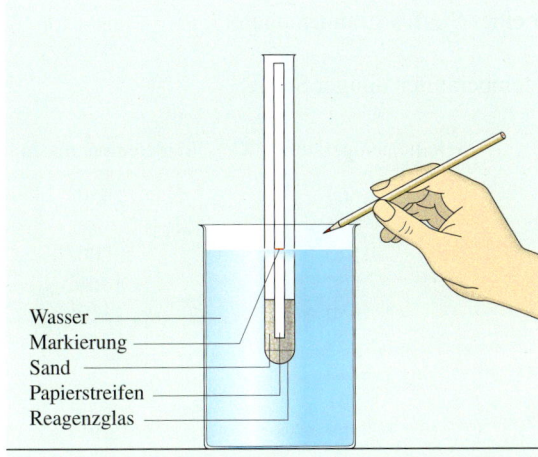

Wasser
Markierung
Sand
Papierstreifen
Reagenzglas

3

Markiere mit einem Bleistift auf dem Papierstreifen, wie tief das Messgerät ins Wasser eintaucht. Stelle dein Dichtemessgerät jetzt in andere Flüssigkeiten, z. B. in Milch, Öl oder Brennspiritus. Markiere jeweils die Eintauchtiefe. Was beobachtest du?

a Beschreibe deine Beobachtung. Deute das Ergebnis.
b Ordne die untersuchten Flüssigkeiten nach ihrer Dichte.

2 Dichtebestimmung 1

Ermittle mit einer Balkenwaage die Masse von 1-cm-Würfeln aus verschiedenen Stoffen. Vergleiche die Ergebnisse mit den Dichtewerten, die du in einer Tabelle im Anhang findest.

3 Dichtebestimmung 2

Die Dichte von unregelmäßigen Körpern (z. B. Wägestück, Radiergummi, Stein) soll bestimmt werden. Es stehen dir eine Waage und Messzylinder zur Verfügung.

a Überlege, wie das Experiment durchgeführt werden kann? Lies dazu erst den Grundlagentext auf dieser Seite.
b Gib an, wie du aus den Messwerten die Dichte berechnen kannst.

GRUNDLAGEN: Die Dichte

Die beiden Körper in Bild ↑4 haben gleiches Volumen, aber unterschiedlich große Massen. Sie bestehen nämlich aus verschiedenen Stoffen.
Aus der Masse und dem Volumen eines Körpers kann man seine Dichte bestimmen. Sie kennzeichnet den Stoff, aus dem ein Körper besteht:

Die Dichte gibt an, welche Masse ein Stoff bei einem bestimmten Volumen hat.
Das Formelzeichen für die Dichte ist ρ (rho), die Einheit $1\,kg/m^3$.

$$\text{Dichte} = \frac{\text{Masse}}{\text{Volumen}}; \rho = \frac{m}{V}$$

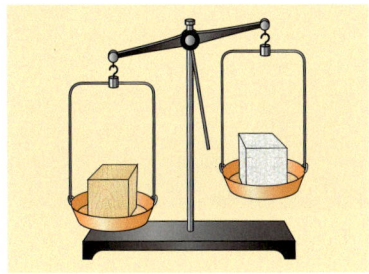

4

Die Einheit der Dichte ist aus den Einheiten von Masse und Volumen gebildet. Oft ergeben sich große Zahlenwerte, wenn man sie verwendet. Daher gibt man die Dichte meistens in g/cm^3 an: $1\,g/cm^3 = 1000\,kg/m^3$.

Wir können die Dichte eines Körpers in drei Schritten ermitteln: ↑5
1. Wir wiegen den Körper, d. h., wir stellen seine Masse m fest.
2. Wir bestimmen sein Volumen V.
3. Wir berechnen den Quotienten aus m und V: $\rho = \frac{m}{V}$ ↻ 131-1

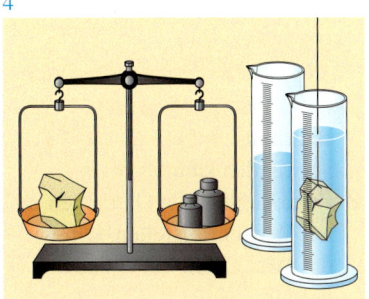

5

GRUNDLAGEN: Schmelz- und Siedetemperaturen

1 Zinngießen

Eigenschaften, die man mit speziellen Messgeräten messen kann und die sich durch Messwerte ausdrücken lassen, sind zum genauen Erkennen und Unterscheiden von Stoffen besonders geeignet.

Die Temperatur, bei der ein fester Stoff durch Zufuhr von Wärme flüssig wird, heißt *Schmelztemperatur*. So schmilzt Eis bekanntlich bei 0 °C. Die Schmelztemperatur von Blei beträgt aber 327 °C.

Beim Schmelzen von Kerzenwachs konntest du beobachten, dass während des Schmelzvorgangs die Temperatur unverändert bleibt. Erst wenn das Wachs vollständig geschmolzen ist, steigt die Temperatur weiter an.

Die Temperatur, bei der ein flüssiger Stoff wieder in den festen Zustand übergeht, wird als Erstarrungstemperatur bezeichnet. Schmelz- und Erstarrungstemperatur eines Stoffes stimmen überein. ↑1

Schmelz- und Siedetemperaturen einiger Stoffe:

Stoff	Schmelztemperatur in °C	Siedetemperatur in °C
Aluminium	660	2450
Brennspiritus	−114	78
Eisen	−1540	3000
Kochsalz	800	1465
Magnesium	650	1110
Quecksilber	−39	357
Sauerstoff	−219	−183
Silber	961	2212
Kerzenwachs (Stearinsäure)	69	291
Wasser	0	100
Zink	419	906

2 Kochen von Wasser

Wird einem flüssigen Stoff Wärme zugeführt, so erhöht sich seine Temperatur so lange, bis sich im Inneren der Flüssigkeit Gasblasen bilden, die nach oben steigen. Die Flüssigkeit siedet. ↑2

Die dazu erforderliche Temperatur heißt *Siedetemperatur*. Während des Siedens ändert sich die Temperatur der Flüssigkeit nicht. Schmelz- und Siedetemperatur sind für die meisten Stoffe charakteristisch (s. Tabelle).

Dichte, Schmelztemperatur und Siedetemperatur sind messbare Eigenschaften, an denen die Stoffe erkannt werden können.

Aufgaben

1 Du erhältst die Aufgabe, Eisen zu schmelzen. Begründe, warum du dafür keinen Kupfertiegel verwenden kannst.

2 Zum Kühlen von Getränken möchtest du Eiswürfel aus Wasser herstellen. Um wie viel Grad muss das Wasser (15 °C) abgekühlt werden, damit es gefriert?

3 Eine Suppe mit Zimmertemperatur (+20 °C) wird in den Gefrierschrank (−18 °C) gestellt. Um wie viel Grad wird die Suppe abgekühlt?

4 Trinkwasser (16 °C) soll für heißes Zitronenwasser bis zum Sieden erhitzt werden. Um wie viel Grad muss die Temperatur des Wassers erhöht werden?

Auf einen Blick

Stoffe Alle Gegenstände bestehen aus Stoffen. Stoffe erkennt man an ihren Eigenschaften. Stoffe, mit denen im Chemieunterricht experimentiert wird, heißen Chemikalien. Chemikalien werden in Chemikalienflaschen aufbewahrt, die eindeutig beschriftet sein müssen. ↑3   ↻ 133-1

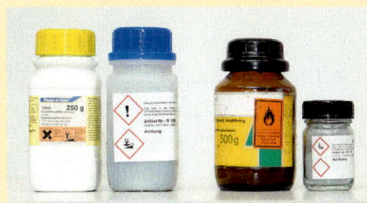

3

Eigenschaften von Stoffen Einige Eigenschaften der Stoffe lassen sich mithilfe unserer Sinnesorgane ermitteln. Dazu gehören die Farbe, der Glanz, die Kristallform, der Klang, die Wärmeleitfähigkeit und der Geruch. Der Geschmack von Stoffen darf im Chemieunterricht aus Sicherheitsgründen nicht geprüft werden.
Bestimmte Eigenschaften der Stoffe lassen sich nur durch Untersuchungen ermitteln. Dazu verwendet man spezielle Hilfsmittel und Messgeräte. Zu diesen Eigenschaften gehören z. B. Härte, Magnetismus, elektrische Leitfähigkeit, Löslichkeit, Brennbarkeit sowie Dichte, Schmelz- und Siedetemperatur.
Die Verwendung von Stoffen ist von ihren Eigenschaften abhängig.

Saure, alkalische und neutrale Lösungen Wässrige Lösungen können sauer, neutral oder alkalisch sein. Sie bewirken bei Indikatoren eine typische Farbänderung und sind so voneinander zu unterscheiden.

Dichte Aus der Masse und dem Volumen eines Körpers kann man seine Dichte bestimmen. Sie kennzeichnet den Stoff, aus dem ein Körper besteht. Jeder Stoff hat eine charakteristische Dichte.

Alles klar?

1 Vorratsgefäße für Chemikalien sind ordnungsgemäß zu beschriften. Grundsätzlich dürfen Chemikalien nicht in Gefäße für Lebensmittel abgefüllt werden. Begründe diese Forderungen.

2 Ermittle Stoffe aus dem Supermarkt, auf deren Verpackung bzw. Etikett Gefahrensymbole abgebildet sind. Was bedeuten die Symbole? Nenne einige Verhaltensregeln für den Umgang mit diesen Stoffen.

3 Du sollst am Brenner eine nicht leuchtende Flamme einstellen. Beschreibe, wie du vorgehst.

4 Stelle für die Stoffe Wasser, Kupfer und Kochsalz jeweils typische Eigenschaften zusammen.

5 30 mℓ Olivenöl wiegen 27,6 g. Berechne die Dichte von Olivenöl.

6 Susanne nimmt aus dem Küchenschrank einen Vorratsbehälter, in dem sich ein weißer Stoff befindet. Sie weiß nicht mehr, ob es sich um Zucker oder Kochsalz handelt. Wie könnte sie, ohne zu kosten, feststellen, welcher Stoff es ist?

7 Ein gelber, fester Stoff, der in Wasser unlöslich ist, schmilzt bei einer Temperatur von 119 °C. Um welchen Stoff handelt es sich? Wie könntest du die Richtigkeit deiner Aussage experimentell überprüfen?

8 Nenne saure Lösungen, die dir im Alltag schon begegnet sind.

9 Rotkohlsaft eignet sich als Indikator. Unter welchen Bedingungen ist die Farbe des Saftes rot und unter welchen blau?

Stoffe bei unterschiedlichen Temperaturen

Wie Blei wird auch Eisen bei hoher Temperatur flüssig und kann in eine Form gegossen werden. Verhalten sich alle Stoffe beim Erhitzen so?

1

2

3

Es ist immer wieder ein besonderes Erlebnis, wenn man Glasbläsern zusehen kann. Dabei werden verschiedenfarbige Glasstäbe bei sehr hohen Temperaturen weich und können durch handwerkliches Geschick geformt werden. ↑2

Am heißen Lötkolben wird Zinn flüssig und kann zum Zusammenfügen von unterschiedlichen Stoffen, wie z. B. Kupfer und Zink oder Kupfer und Silber, genutzt werden. ↑4

Aus flüssigem Zinn oder Silber entstehen durch Gießen Zinnfiguren bzw. silberne Kerzenhalter oder Ringe. ↑3

Lassen sich eigentlich alle Stoffe verflüssigen?

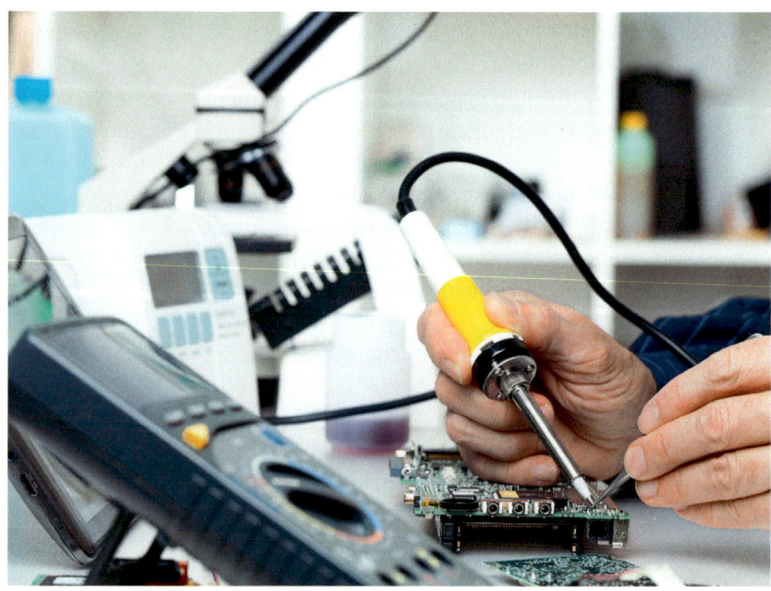

4

1 Stoffe werden erhitzt
Vorsicht! Schutzbrille!

a Halte über einer feuerfesten Unterlage nacheinander ein Magnesiastäbchen und eine Porzellanscherbe mit einer Tiegelzange in die Brennerflamme. ↑5

b Halte danach ein Glasrohr in die Brennerflamme. Erhitze es möglichst stark.

c Gib jeweils eine Probe von Gips, Mehl und Kochsalz in ein Reagenzglas. Erhitze die Probe erst vorsichtig, dann kräftig. ↑6
Beschreibe jeweils deine Beobachtungen. Ordne die Stoffe nach bleibenden und vorübergehenden Veränderungen beim Erhitzen.
Entsorgung: Porzellanscherbe und Magnesiastäbchen getrennt einsammeln, werden wieder verwendet; übrige Stoffe nach dem Abkühlen in den Sammelbehälter für Hausmüll geben.

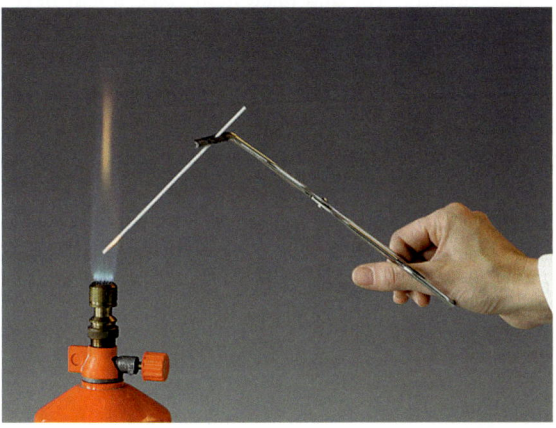
5

6

2 Temperaturverlauf beim Erhitzen von Wasser
Vorsicht! Schutzbrille! Spritzgefahr!
Erhitze etwa 250 mℓ Wasser mit einem Brenner. Notiere die Temperatur jeweils nach einer Minute. Setze deine Beobachtungen auch nach dem Eintreten des Siedens noch etwa drei Minuten fort. ↑7
Fertige ein Protokoll an. Beschreibe deine Beobachtungen. Zeichne ein Zeit-Temperatur-Diagramm.
Entsorgung: Reste des Wassers werden in den Sammelbehälter für Abwasser gegeben.

3 Aggregatzustandsänderungen von Kerzenwachs
Vorsicht! Schutzbrille!
Gib in ein Reagenzglas etwas Kerzenwachs und erhitze es mit kleiner Flamme, bis sich der Aggregatzustand geändert hat.
Gieße es dann zum Abkühlen vorsichtig in eine mit kaltem Wasser gefüllte Abdampfschale.
Beschreibe deine Beobachtungen. Erläutere die Begriffe „Schmelzen" und „Erstarren".
Entsorgung: Kerzenreste in den Sammelbehälter für Hausmüll geben.

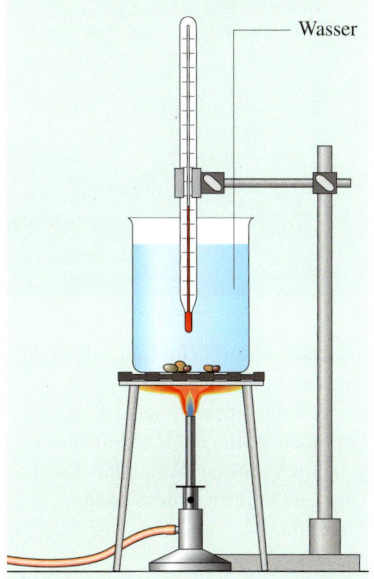
Wasser
7

GRUNDLAGEN: Stoffe werden erhitzt

1

Stoffe verhalten sich beim Erhitzen unterschiedlich. Kochsalzkristalle zerspringen mit einem knisternden Geräusch. Nach dem Erhitzen liegt aber immer noch das weiße Kochsalz vor. Porzellan beginnt bei hohen Temperaturen zu glühen. Wird die Flamme entfernt, hört das Glühen schnell auf.

Glas verhält sich anders. Zunächst glüht es, aber bei sehr hoher Temperatur wird es weich und verformbar. Nach dem Abkühlen liegt wieder festes Glas vor. Wie bei Blei oder Silber hat sich jedoch seine Form verändert.

Wird versehentlich ein Kunststoffgefäß auf eine heiße Herdplatte gestellt, kann der Kunststoff durch die Wärme verformt werden. Er kann sich sogar bei hoher Temperatur zersetzen. Solche Veränderungen sind nicht mehr rückgängig zu machen. ↑1

Wird Wasser auf 100 °C erhitzt, siedet es. Es geht in den gasförmigen Zustand über. Am oberen Teil des Gefäßes kondensiert der Wasserdampf. Das Wasser wird wieder flüssig. Vor und nach dem Experiment liegt der Stoff Wasser vor. Während des Experiments treten nur Zustandsänderungen auf. Die Zustandsformen fest, flüssig und gasförmig werden als Aggregatzustände bezeichnet. ↑2–4

In welchem Aggregatzustand ein Stoff vorliegt, hängt von bestimmten Bedingungen wie der Temperatur und dem Druck ab.   ↻ 136-1

Stoffe können sich beim Erhitzen unterschiedlich verhalten. Oft ändert sich nur der Aggregatzustand. Es kann aber auch zu bleibenden Veränderungen kommen.

2

3

4

5 Geht ein Stoff beim Erhitzen direkt vom festen in den gasförmigen Zustand über, bezeichnet man das als Sublimation. Bei der Resublimation geht ein Stoff beim Abkühlen direkt vom gasförmigen in den festen Zustand über.

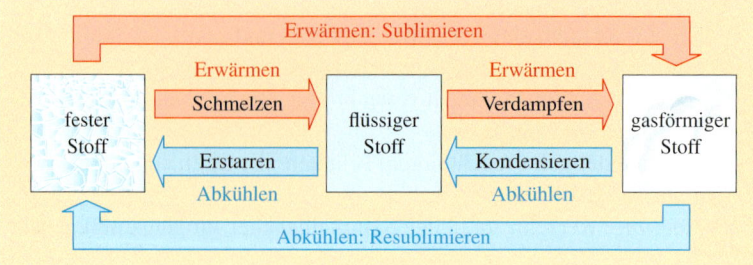

Erwärmen: Sublimieren

| fester Stoff | Erwärmen / Schmelzen → | flüssiger Stoff | Erwärmen / Verdampfen → | gasförmiger Stoff |

← Erstarren / Abkühlen   ← Kondensieren / Abkühlen

Abkühlen: Resublimieren

Experimente

1 Vom Kandiszucker zum Staubzucker

Untersuche Kandis- und Haushaltszucker mit der Lupe.↑6
Zerdrücke dann den Zucker mit einem Teelöffel zu Pulver. Betrachte den zerdrückten Zucker mit der Lupe oder noch besser unter einem Mikroskop. Was stellst du fest?

6

2 Wo bleibt das Volumen?

Schüttest du 100 mℓ Alkohol ⚠ (GHS02) und 100 mℓ Wasser zusammen, so erhältst du nicht 200 mℓ Flüssigkeit.
Probiere es selbst. Versuche es mit einem einfachen Teilchenmodell aus Erbsen und Hirse zu erklären.

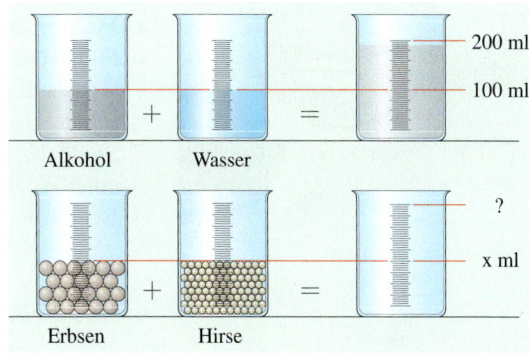

7

GRUNDLAGEN: Das Teilchenmodell hilft beim Verständnis

Bisher haben wir nur beobachtet, was sich mit der Temperatur alles ändert. Stoffe ändern ihre Form, ihren Aggregatzustand, manchmal sogar ihre Farbe. Aber kann man auch verstehen, wie es zu diesen Änderungen kommt? Was passiert mit dem Wasser, wenn es abkühlt, gefriert oder kocht? Um diesen Fragen nachzugehen, müssen wir erst verstehen, woraus die Welt, also Wasser, Steine, Luft oder die Euromünze, im Kleinen besteht.↑8
Stell dir vor, du schneidest ein Stück Kuchen in der Mitte durch, das Stück halbierst du wieder und immer so weiter. Natürlich wird es bald sehr schwer, den kleinen Krümel weiter zu halbieren, deshalb nennt man dieses Experiment auch ein *Gedankenexperiment*. Es reicht, wenn wir in Gedanken weitermachen. Die große Frage, die sich vor sehr langer Zeit schon die griechischen Philosophen stellten, ist: Geht das nun immer so weiter, oder kommt man irgendwann zu einem kleinsten Teilchen, so wie man beim Zerteilen eines Bausteinturms irgendwann auf einzelne Bausteine stößt? Schon der griechische Philosoph DEMOKRIT (um 400 v. Chr.) war der Meinung, dass alle Stoffe aus kleinsten Teilchen bestehen.

Beim Teilchenmodell stellt man sich vor, dass die Teilchen der Stoffe kleinen Kugeln sehr ähnlich sind. Teilchen ein und desselben Stoffes sind einander gleich. Zwischen den Teilchen stellt man sich leeren Raum vor.

Mit diesem Teilchenmodell konnte man viele Fragen so gut beantworten, dass die meisten Wissenschaftler fest daran glaubten, obwohl man diese kleinsten Teilchen aufgrund ihrer Winzigkeit lange nicht eindeutig nachweisen konnte.↑9   ↻ 137-1

8

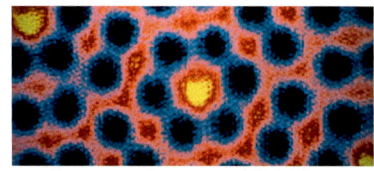

9

Schon gewusst?

In einem einzigen Salzkorn sind etwa 1000-mal so viele kleinste Salzteilchen wie die Anzahl aller Haare, die alle 6,7 Milliarden Menschen auf dem Kopf haben. Und falls du nachrechnen willst: Ein gesunder junger Mensch hat etwa 100 000 Haare auf dem Kopf.

Experimente

1 Malventee in Wasser

1 Ausbreitung eines Farbstoffs

Beschwere einen Beutel Malventee mit Büroklammern. Fülle ein Becherglas mit warmem Wasser und hänge den Teebeutel hinein. Beschreibe deine Beobachtungen. Deute die Ausbreitung des Farbstoffs.

Entsorgung: Teebeutel in den Hausmüll geben. Flüssigkeit ins Abwasser geben.

2 Wasser und Sirup

Fülle etwas Sirup in ein Marmeladenglas. Gieße dann vorsichtig Wasser über den Sirup, sodass eine möglichst scharfe Trennlinie zwischen Sirup und Wasser entsteht.

Stelle das Glas einige Tage an einen ruhigen Platz. Beobachte während einer Woche die Trennlinie zwischen Wasser und Sirup. Notiere deine Beobachtung und deute sie.

GRUNDLAGEN: Teilchenbewegung

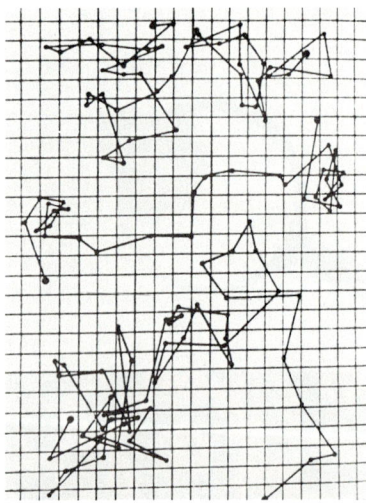

2

Es wird angenommen, dass sich die Teilchen in ständiger, ungeordneter Bewegung befinden. Dabei stoßen sie sehr oft aneinander.

Die dadurch verursachte Bewegung kleinster sichtbarer Partikel in Gasen und Flüssigkeiten heißt nach ihrem Entdecker Brownsche Bewegung.

Im Bild ↑2 ist die Brownsche Bewegung eines kleinen Körpers vergrößert aufgezeichnet. Die einzelnen Punkte geben die Lage des Körpers nach gleichen Zeiten an. Zwei aufeinanderfolgende Punkte sind durch eine gerade Linie miteinander verbunden. Tatsächlich ist die Bewegung aber noch viel komplizierter.

So verteilen sich z. B. die Teilchen des Farbstoffes im Tee in der gesamten Flüssigkeit ohne äußere Beeinflussung. Auch der Duft eines Parfüms breitet sich in einem Raum recht schnell aus. Hier liegt jedoch die Vermutung nahe, dass Luftströmungen die Geruchsstoffe im Raum verteilen. Es breiten sich aber auch Bromdämpfe in einem geschlossenen Standzylinder ohne Luftströmung vom Boden her nach oben aus, obwohl Bromdampf eine größere Dichte als Luft hat. ↑3

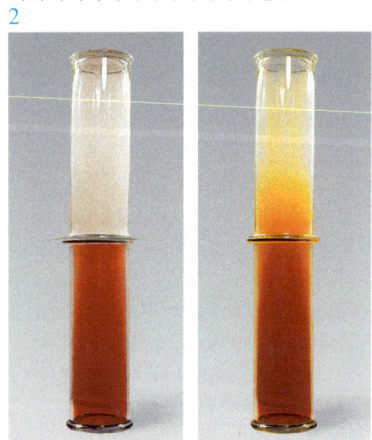

3

Diffusion Die Beispiele zeigen, dass sich verschiedene Stoffe ohne äußere Einwirkung durchmischen können. Dieser Vorgang heißt Diffusion. Die Diffusion lässt sich mithilfe des Teilchenmodells erklären: Die Bromteilchen und die Teilchen der Luft bewegen sich ständig hin und her. Sie stoßen dabei häufig zusammen.

Entgegen der Schwerkraft bewegen sich die Bromteilchen auch nach oben in die Räume zwischen den Teilchen der Luft. Umgekehrt bewegen sich die Teilchen der Luft auch nach unten in die Räume zwischen den Bromteilchen. Allmählich vermischen sich so die Teilchen der Stoffe.   ↻ 138-1

Diffusion ist das selbstständige Durchmischen zweier Stoffe. Diese Durchmischung erfolgt durch die ständige, regellose Bewegung der Teilchen der Stoffe.

GRUNDLAGEN: Teilchenmodell und Aggregatzustände

In festen Stoffen sind die Teilchen dicht nebeneinander und regelmäßig angeordnet. Sie führen nur kleine Schwingungen an ihren Plätzen aus. Zwischen den Teilchen wirken starke Anziehungskräfte. Die Teilchen lassen sich nur schwer voneinander trennen und gegeneinander verschieben. Im festen Aggregatzustand hat deshalb ein Körper eine bestimmte Form. ↑4

In flüssigen Stoffen sind die Teilchen nicht so regelmäßig angeordnet. Die zwischen ihnen wirkenden Anziehungskräfte sind kleiner als in den festen Stoffen. Die Teilchen in flüssigen Stoffen bewegen sich hin und her und sind leicht gegeneinander verschiebbar. ↑5
Im flüssigen Aggregatzustand kann sich deshalb die Flüssigkeit jeder Gefäßform anpassen. Beispielsweise kann Milch die Form des Glases oder auch die Form der Kanne annehmen.

In gasförmigen Stoffen sind die Abstände zwischen den Teilchen sehr groß und die Anziehungskräfte vollständig überwunden. Die Teilchen bewegen sich frei und ungeordnet. ↑6
Ein Gas kann daher leicht zusammengedrückt werden. Gase, z. B. Luft im Fahrradschlauch, füllen ein Gefäß mit beliebiger Form komplett aus.

Teilchenbewegung und Aggregatzustandsänderung Wird ein fester Stoff erwärmt, schwingen die Teilchen immer heftiger und beanspruchen mehr Platz. Werden die Schwingungen so stark, dass Teilchen ihre Plätze verlassen können, existiert ihre regelmäßige Anordnung nicht mehr: Der Stoff schmilzt, er wird flüssig.
Bei weiterer Wärmezufuhr bewegen sich die Teilchen immer schneller. Die Stöße zwischen ihnen werden immer heftiger und die Abstände größer. Beim Erreichen der Siedetemperatur entfernen sich die Teilchen sehr weit voneinander. Der Stoff verdampft.
Ein einzelnes Teilchen kann nicht fest, flüssig oder gasförmig sein. Nur Körper aus sehr vielen Teilchen haben einen Aggregatzustand.

Mit dem Teilchenmodell lassen sich Erscheinungen wie Aggregatzustände eines Stoffes und Vorgänge wie Diffusion und Aggregatzustandsänderungen deuten und beschreiben. ↻ 139-1

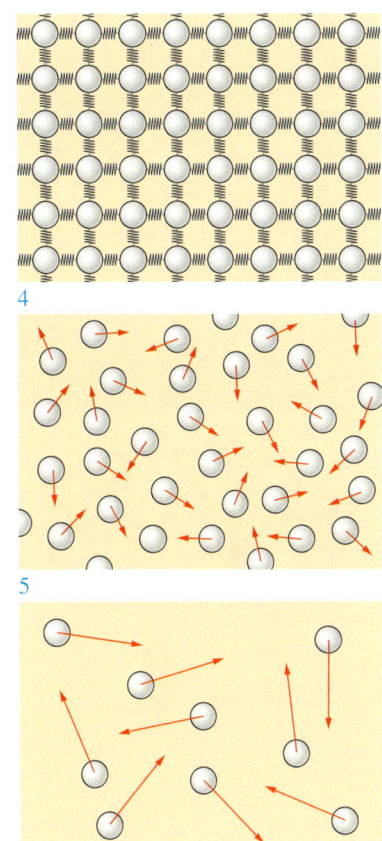

4

5

6

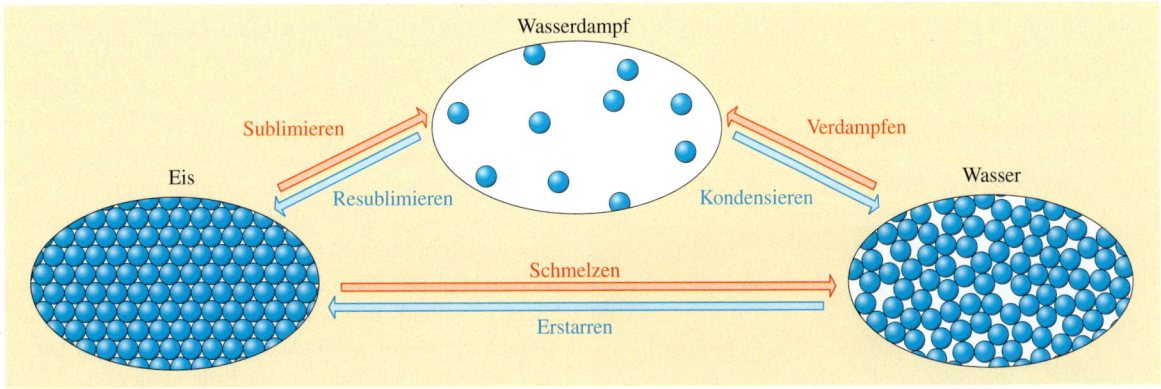

7

Aufgaben

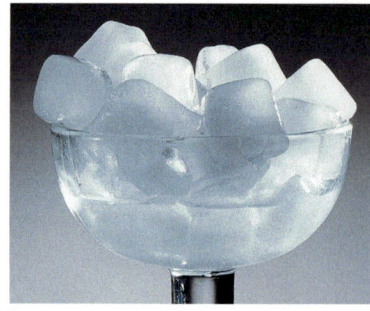

1

2

1 Recherchiere: Welche Schmelz- und Siedetemperaturen haben Sauerstoff, Quecksilber und Eisen? In welchem Aggregatzustand kommen diese Stoffe im Alltag vor?

2 Gib für alle drei Aggregatzustände je drei Beispiele an. ↑1

3 Nenne Stoffe, die du in mehreren Aggregatzuständen kennst. Warum gehört das Ei – einmal roh und einmal hart gekocht – nicht dazu?

4 Füllst du einmal Wasser und einmal Luft in eine Einmalspritze und versuchst sie zusammenzudrücken, kannst du einen wichtigen Unterschied zwischen Flüssigkeiten und Gasen finden. Formuliere daraus einen Merksatz.

5 Beschreibe folgende Übergänge zwischen den Aggregatzuständen mit den richtigen Begriffen: Bleigießen, Luftballon aus Flasche mit flüssigem Helium aufblasen, Apfelmus auftauen. Finde weitere Beispiele für Aggregatzustandsübergänge.

6 Ihr könnt das Teilchenmodell zur besseren Veranschaulichung auch spielen. Ihr braucht einen Regisseur. Alle anderen stellen je ein Teilchen dar. ↑2

Fangt mit der allertiefsten Temperatur an, dann erhöht der Regisseur langsam die Temperatur. Probt folgende Situationen:

a Temperaturerhöhung,

b Schmelzen, Verdampfen, Erstarren und Kondensieren,

7 Wenn Luft einfach nur aus Teilchen besteht, die zufällig in irgendeine Richtung fliegen, warum sind sie dann nicht zufällig mal alle an der Decke und du erstickst? (In einem Klassenraum befinden sich etwa $10\,000\,000\,000\,000\,000\,000\,000\,000\,000 = 10^{28}$ Luftteilchen.)

8 Beschreibe den Aufbau eines festen Stoffes mithilfe des Teilchenmodells.

9 Beschreibe den Vorgang der Diffusion anhand eines selbst gewählten Beispiels.

10 Kennzeichne den Unterschied zwischen einem kleinen Zuckerkristall und einem Zuckerteilchen.

11 Beschreibe die im Bild ↑7 S.139 dargestellten Vorgänge mithilfe des Teilchenmodells.

Aus der Natur Wasser im Himmel

Überall auf der Erde verdampft Wasser und die Luft enthält stets Wasserdampf. Wenn die Luft abkühlt und das Wasser kondensiert, entstehen Wolken und Nebel. Wolken entstehen, wenn der Wasserdampf mit erwärmter Luft aufsteigt, in kältere Luftschichten gelangt und dort kondensiert. Es bilden sich winzige Wassertröpfchen und in großen Höhen auch kleine Eiskristalle.

Regentropfen entstehen erst, wenn viele der winzigen Tröpfchen einer Wolke zu einem großen Tropfen zusammenfließen.

In großen Höhen beträgt die Lufttemperatur meist weit unter 0 °C. Dort bilden sich aus dem Wasserdampf keine Wassertröpfchen, sondern Eiskristalle. Das gasförmige Wasser geht dann dabei direkt in den festen Zustand über. Die Kristalle vereinen sich schließlich zu Schneeflocken. Wenn sie schwer genug sind, rieseln sie als Schnee zur Erde nieder.

3

GRUNDLAGEN: Eigenschaften bestimmen die Verwendung

Bisher habt ihr eine Vielzahl von Stoffen untersucht, wie z.B. Eisen, Kupfer, Silber oder Aluminium. Das sind alles Stoffe, die euch als Metalle bekannt sind. Viele Gegenstände werden aus ihnen hergestellt. Metalle sind sich in einigen Eigenschaften ähnlich oder weisen sogar übereinstimmende Eigenschaften auf. So sind alle Metalle außer Quecksilber bei Zimmertemperatur feste Stoffe, die sich gut verformen lassen. Sie sind gute Leiter für Wärme und den elektrischen Strom. Die Oberfläche vieler Metalle ist glänzend. Jedes Metall besitzt außerdem noch besondere Eigenschaften wie Schmelz- und Siedetemperatur, Härte und Farbe, wodurch sich die einzelnen Metalle voneinander unterscheiden.

4

Stahl, ein wichtiger Werkstoff, der vorwiegend aus Eisen besteht, hat eine große Festigkeit. Er wird deshalb im Maschinen-, Fahrzeug- und Schiffbau sowie im Bauwesen verwendet. ↑4

Durch Kupfer- und Aluminiumkabel leitet man elektrischen Strom. Kupfer als guter Wärmeleiter eignet sich zum Bau von Heizkesseln und Heizungsanlagen. ↑5

5

Eine Platte aus Aluminium ist viel leichter als eine gleich große Platte aus Stahl. Deshalb eignet sich Aluminium sehr gut für den Bau von Flugzeugen, Fahrzeugteilen, Fahrrädern und anderen Gebrauchsgegenständen. ↑6

Wegen ihres Glanzes, ihrer Beständigkeit und der guten Bearbeitbarkeit werden Gold und Silber zur Herstellung von Schmuckgegenständen und Münzen verwendet. Computer, Digitalkameras und Handys enthalten Chips und Leiterplatten, deren Kontakte oft aus Gold sind. ↑7

Gold ist außerdem als Blattgold für dauerhafte Verzierungen und als Zahngold in der Zahnmedizin begehrt. ↑8

Silber wird auch zur Herstellung von Spiegeln, Essbestecken und Filmmaterial genutzt. ↑9

6

Die Verwendung von Stoffen richtet sich nach ihren Eigenschaften.

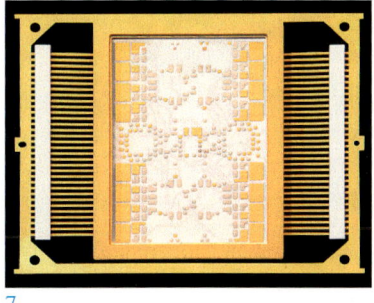

7

8

9

Aufgaben

1 Erläutere die Aussage des Merksatzes an einem Beispiel.

2 Erkunde Haushaltsgeräte, die aus Metall gefertigt sind. Begründe den Einsatz des Metalls.

3 Warum kann Wachs mit einem Bügeleisen und einem Löschblatt aus Textilien entfernt werden?

4 Durch welche Eigenschaften kann man folgende Metalle unterscheiden?

a Eisen und Kupfer

b Silber und Aluminium

5 Begründe die Verwendung von Kupfer für Heizungsrohre.

Faszination Gold

Gold wird oft in reiner gediegener Form gefunden.

Für industrielle Zwecke, für die Herstellung von Münzen und Schmuck werden Barren aus Gold hergestellt und gehandelt. Die größten Märkte für Goldbarren gibt es in Hongkong, London und New York.

Gold war schon immer ein begehrtes Metall. Es kommt als Erz in den Goldminen, aber auch im Sand von Flüssen vor. Deshalb wird es in Bergwerken abgebaut oder aus dem Sand gewaschen. Der Abbau von Gold lohnt sich, wenn pro Tonne Gestein ein Gramm Gold gewonnen werden kann.

In der Mitte des 19. Jahrhunderts erlebte Nordamerika einen „Goldrausch". Nach ersten Goldfunden in Kalifornien versuchten Tausende Männer mit Schaufel, Spitzhacke, Sieb und Pfanne ihr Glück beim Goldwaschen.

Auch in Deutschland gibt es Goldvorkommen. Es
ist im Sand einiger Flüsse oder Geröllhalden als Staub
oder in Form sehr kleiner Körnchen enthalten. Nur
sehr selten werden etwas größere Stücke, die Nuggets,
gefunden.

Gold ist korrosionsbeständig. Es verändert seine
Farbe und seinen Glanz kaum. Goldene oder vergol-
dete Kunstwerke können wir deshalb bis heute in
ihrer ganzen Pracht bewundern.

In der Grabkammer des Pharaos
TUTANCHAMUN (ägyptischer
König; etwa 1347–1339 v. Chr.)
wurde einer der größten Gold-
schätze der Welt gefunden.
Derartige Grabbeigaben beweisen,
dass bereits im alten Ägypten
das Goldschmiedehandwerk weit
entwickelt war.

Auf einen Blick

Erhitzen von Stoffen Stoffe können beim Erhitzen ihre Eigenschaften vorübergehend oder bleibend verändern.

1

Aggregatzustände von Stoffen Stoffe können in den Zustandsformen (Aggregatzuständen) fest, flüssig und gasförmig vorkommen. In welchem Aggregatzustand ein Stoff vorliegt, hängt von der Temperatur und anderen äußeren Bedingungen ab. ↑1

Teilchenmodell Alle Stoffe bestehen aus kleinsten Teilchen. Diese kleinsten Teilchen sind in ständiger, regelloser Bewegung. Zwischen den Teilchen wirken Kräfte.
Die Aggregatzustände und die Übergänge zwischen ihnen lassen sich mithilfe des Teilchenmodells gut veranschaulichen.

Aggregatzustände	fest	flüssig	gasförmig
Darstellung im Teilchenmodell			
Anordnung der Teilchen	regelmäßig	unregelmäßig	ungeordnet
Abstand zwischen den Teilchen	sehr klein	sehr klein	sehr groß
Bewegung der Teilchen	schwingen	gleiten	frei beweglich

Diffusion Vorgang der selbstständigen Durchmischung zweier Stoffe. Diese Durchmischung erfolgt durch die ständige, regellose Bewegung der Teilchen der Stoffe.   ↻ 144-1

1 Nenne wesentliche Eigenschaften, die einen Stoff charakterisieren.

2 Nenne die Stoffe, aus denen ein Elektrokabel besteht. Begründe anhand der Eigenschaften dieser Stoffe, warum sie beim Fertigen eines Elektrokabels verwendet werden. ↑2

3 Warum ist Aluminium besonders für den Flugzeugbau geeignet?

4 Erkläre den Unterschied zwischen festen, flüssigen und gasförmigen Stoffen.

5 Die Erstarrungstemperatur eines Stoffes entspricht seiner Schmelztemperatur. Erläutere diese Feststellung. Nenne Beispiele.

6 Welchen Aggregatzustand hat Wasser bei 21 °C, 78 °C, 100 °C, −9 °C?

7 Entscheide und begründe, ob folgende Aussage zutrifft: Von einem Stoff gibt man nur die Schmelz- und die Siedetemperatur an, die Erstarrungs- und Kondensationstemperatur dagegen nicht.

8 Riecht man veschüttetes Parfum eher in einem kalten oder einem warmen Raum. Begründe deine Antwort.

9 Etwas Salz wird in ein Glas Wasser geschüttet. Auch wenn man nicht umrührt, schmeckt das Wasser nach kurzer Zeit salzig. Erkläre.

10 Bei der Zubereitung einer Salatsoße breitet sich schnell ein Essiggeruch in der Küche aus. Erkläre diese Beobachtung.

11 Gase lassen sich leicht zusammenpressen, Flüssigkeiten und feste Stoffe nicht. Finde dafür eine Erklärung.

12 Beschreibe die Übergänge von Eis zu Wasser und von Wasser zu Wasserdampf mithilfe des Teilchenmodells vom Bau der Stoffe.

13 Lege ein leeres Glas für 5 Minuten ins Gefrierfach. Nimm es dann heraus und stelle es auf den Tisch. Was beobachtest du? Was hat dieses Experiment mit der Bildung von Wolken zu tun?

14 Vor allem im Sommer sieht man auf Pflanzen und Gras oft Tau. Warum entsteht er nachts und nicht am Tage?

15 Wasserdampf ist unsichtbar. Warum sehen wir dann aber Wolken? Wie bildet sich Schnee? Suche dafür eine Erklärung.

16 Im Winter siehst du draußen oft deinen „Atem". Warum siehst du ihn im Sommer nicht? ↑3

2

3

Stoffe mischen und trennen

Wer denkt beim Genießen von Schokoladeneis daran, dass es sich hier um ein Stoffgemisch handelt? Zur Herstellung werden aber viele verschiedene Stoffe benötigt – die Zutaten.

1

Dir ist sicherlich bekannt, dass sich Stoffe miteinander mischen lassen. Werden Milch, Sahne und Zucker gemischt und unter 0 °C abgekühlt, lassen sich durch die Zugabe von Früchten, Nüssen, Schokolade oder anderen Zutaten die verschiedensten Eissorten herstellen. Es entstehen jeweils Stoffgemische.

Auch Farben, Kosmetika oder Brausepulver werden durch Mischen von Stoffen hergestellt. In der Natur kommen Stoffe fast nur als Stoffgemische vor, z. B. Granit, Steinsalz und Erdgas.

Natürliche Stoffgemische lassen sich auch wieder in ihre Bestandteile trennen. Aus dem Saft der Zuckerrübe kann Zucker gewonnen werden. Butterfett lässt sich aus Milch abtrennen. Aus Pflanzensamen kann Öl herausgepresst, aus Pflanzenblüten und Früchten können Duft- und Aromastoffe herausgelöst werden. In Ländern der warmen Klimazone gewinnt man Salz aus dem Meerwasser. ↑2

Die einfachste Form des Trennens von Stoffgemischen ist das Auslesen. Durch Siebe mit unterschiedlicher Maschenweite lassen sich Stoffe nach der Korngröße trennen, z. B. feinster Sand von gröberem Kies.

2

1 Mischbarkeit von Stoffen

Mische im Reagenzglas etwas Schwefelpulver (GHS07) mit Eisenfeilspänen. Bewege dann einen Magneten an der Reagenzglaswand auf
und ab. ↑3 Schüttle das Gemisch danach mit Wasser.
Notiere deine Beobachtungen. Vergleiche die Eigenschaften der Stoffe
vor und nach dem Mischen.
Entsorgung: Gemische einsammeln und trennen, Flüssigkeiten in das
Abwasser geben.

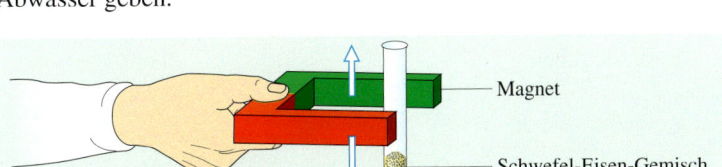

Magnet

Schwefel-Eisen-Gemisch

3

2 Brausepulver unter der Lupe

Gib etwas Brausepulver auf eine Uhrglasschale und betrachte es mit
der Lupe. Betrachte danach zum Vergleich eine Stoffportion Zucker
mit der Lupe. Zeichne, was du siehst. Deute das Ergebnis.
Entsorgung: Stoffe getrennt einsammeln.

3 Verschiedene Stoffgemische

Gib jeweils kleine Portionen folgender Stoffe in Wasser: Zucker, Sand,
Speiseöl, Kreidepulver, Brennspiritus (GHS02), Holzkohlepulver,
Kochsalz. Verschließe die Reagenzgläser mit einem Stopfen. Schüttle
kräftig und lass die Gläser dann einige Minuten im Reagenzglasstän-
der stehen. Beschreibe deine Beobachtungen.
Entsorgung: Feststoffe abtrennen und in den Hausmüll geben. Flüssigkeiten in das Abwasser geben.

4 Trennung einer Aufschlämmung

Mische in einem Becherglas Kohlenstoffpulver und Wasser. Lass das
Gemisch kurze Zeit ruhig stehen. Trenne danach das Gemisch durch
vorsichtiges Abgießen des Wassers. ↑4
Beschreibe deine Beobachtungen. Nenne die Eigenschaften der Stoffe,
die zur Trennung genutzt werden.
Entsorgung: Kohlenstoffpulver in den Hausmüll, Flüssigkeiten in
das Abwasser geben.

5 Filtration eines Kaffeeaufgusses

Gib etwas gemahlenen Kaffee in ein Becherglas. Erhitze Wasser bis
zum Sieden. Gieße vorsichtig das heiße Wasser auf den Kaffee und
rühre um. Filtriere den Aufguss.
Beschreibe deine Beobachtungen. Gib an, welche Eigenschaften der
Stoffe zur Trennung genutzt werden. Nenne ein weiteres mögliches
Verfahren, mit dem sich das Stoffgemisch trennen lässt. Nenne Vor-
und Nachteile dieser Verfahren.
Entsorgung: Feststoffe in den Hausmüll, Flüssigkeiten in das Abwasser geben.

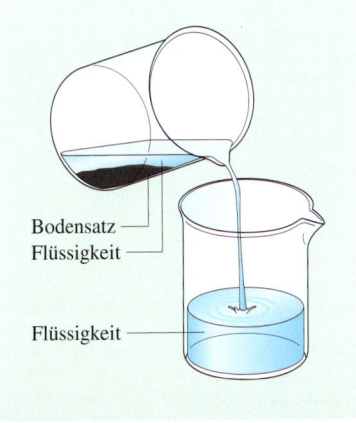

Bodensatz
Flüssigkeit

Flüssigkeit

4

Experimente

6 Filtration einer Aufschlämmung

Verrühre etwas Kreidepulver in Wasser. Filtriere das Stoffgemisch, verwende dazu Glastrichter und Rundfilter. Feuchte das Filterpapier mit Wasser an. Lass das Stoffgemisch vorsichtig in den Trichter laufen. Prüfe die Farbe des Filtrats. ↑1

Fertige ein Protokoll an. Beschreibe deine Beobachtungen. Gib den Aggregatzustand der Reinstoffe bei 20 °C an. Erläutere die Trennwirkung des Papierfilters beim Filtrieren.

Entsorgung: Feste Stoffe in den Hausmüll, Flüssigkeiten in das Abwasser geben.

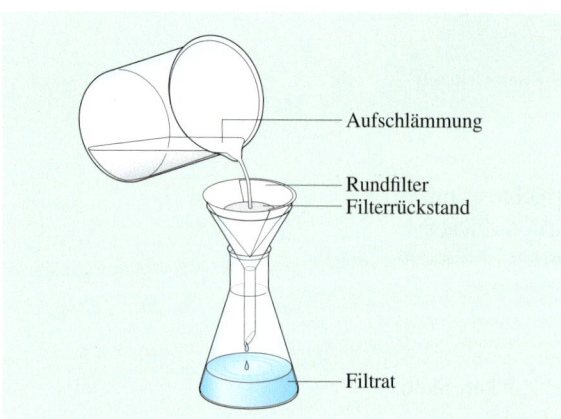

1

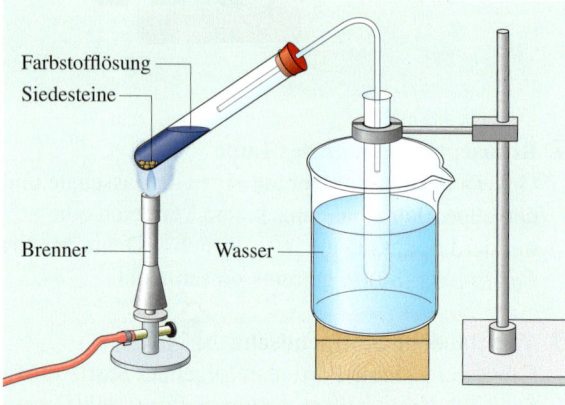

2

7 Destillation einer Farbstofflösung

Stelle eine Farbstofflösung her, indem du Wasser mit Tinte versetzt. Baue die Versuchsapparatur wie in Bild ↑2 auf. Entzünde den Brenner. Erhitze die Farbstofflösung im Reagenzglas, bis das Wasser vom Tintenfarbstoff getrennt ist. Notiere deine Beobachtungen. Deute das Ergebnis.

Entsorgung: Flüssigkeiten in das Abwasser geben.

8 Entfernung feiner Verunreinigungen

Schüttle im Reagenzglas jeweils Aktivkohle mit stark verdünnter Tinte und mit Parfümwasser. Filtriere anschließend jede Probe. Beschreibe deine Beobachtungen. Deute das Ergebnis.

Entsorgung: Aktivkohle einsammeln. Flüssigkeiten in das Abwasser geben.

9 Trennung von Feststoffgemischen

Mische in einem Becherglas Sand und Sägespäne und in einem zweiten Becherglas PE- und PVC-Pulver. Gieße jeweils Wasser darauf und rühre kräftig um, sodass sich ein Strudel bildet. Beschreibe deine Beobachtungen. Deute das Ergebnis. Nenne die Eigenschaften der Stoffe, die zur Trennung der Gemische genutzt werden.

Entsorgung: PE- und PVC-Pulver getrennt einsammeln. Flüssigkeiten in das Abwasser, übrige feste Stoffe in den Hausmüll geben.

GRUNDLAGEN: Einteilung der Stoffe

Stoffe werden **Reinstoffe** genannt, wenn sie nur aus einem Stoff aufgebaut sind. Sie haben einheitlich gleichbleibende Eigenschaften. Die Herstellung von Reinstoffen ist aufwendig und teuer. Werden Reinstoffe gemischt, entstehen Stoffgemische.

In einigen Stoffgemischen sind die einzelnen Reinstoffe noch mehr oder weniger deutlich erkennbar. Beim Brausepulver lassen sich mit der Lupe die verschiedenfarbigen Kristalle gut unterscheiden. Die Stoffe behalten im Stoffgemisch ihre für sie typischen Eigenschaften. In einem Eisen-Schwefel-Gemisch behalten z.B. die Eisenfeilspäne ihren Magnetismus und der Schwefel seine gelbe Farbe. ↻ 149-1

Beim Mischen von Reinstoffen entstehen Stoffgemische. Die wesentlichen Eigenschaften der einzelnen Reinstoffe bleiben im Stoffgemisch erhalten.

Lösevorgang im Teilchenmodell Zucker löst sich gut in Wasser. Es entsteht eine Zuckerlösung, ein Stoffgemisch. Die Teilchen, die den Zuckerkristall bilden, sind von kleineren Wasserteilchen umgeben. Alle Teilchen sind in ständiger Bewegung. Beim Lösen prallen die Wasserteilchen auf die dicht gepackten, weniger beweglichen Zuckerteilchen. Manche Wasserteilchen schieben sich auch zwischen die Zuckerteilchen. Dabei verlieren einzelne Zuckerteilchen ihren Zusammenhalt mit den benachbarten Zuckerteilchen. Sie werden von Wasserteilchen umgeben und verteilen sich in der Flüssigkeit. ↑3–5

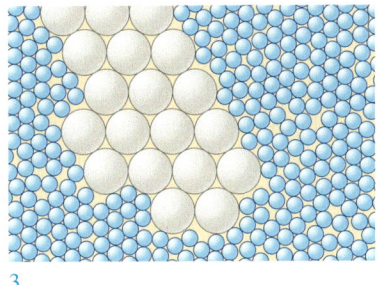

3

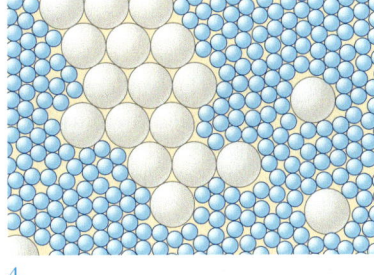

4

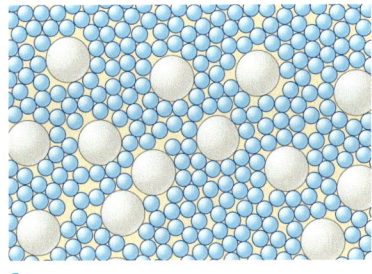

5

Aufgaben

1 Was versteht man unter
a einem Reinstoff,
b einem Stoffgemisch,
c einer Lösung?
Nenne jeweils zwei Beispiele.

2 Ordne nach Reinstoffen und Stoffgemischen: Müll, Kupferdraht, Zahnpasta, Mineralwasser, Schwefel, Zink, Klärschlamm, Leitungswasser.

3 Schüttle folgende Stoffe jeweils mit Wasser: Gips, Kochsalz, Waschpulver, Alkohol, Öl. In welchen Fällen entstehen Lösungen? Begründe.

1

Sedimentieren und Dekantieren Ein Stoffgemisch aus Kreidepulver und Wasser oder trübes Lehmwasser klärt sich mit der Zeit von selbst. Kreide und Lehm setzen sich langsam am Boden ab, da ihre Dichten größer sind als die des Wassers. Dieser Vorgang heißt Sedimentieren. Als Bodensatz oder Sediment bezeichnet man die Stoffe, die sich am Boden sammeln. ↑1

Das klare Wasser über dem Bodensatz kann vorsichtig abgegossen werden, während der Bodensatz im Gefäß zurückbleibt. Das Trennen von festen und flüssigen Stoffen durch Abgießen wird Dekantieren genannt.

Die unterschiedliche Dichte von Stoffen wird beim Goldwaschen ausgenutzt. Durch die größere Dichte des Goldes lassen sich kleinste Goldkörner aus goldhaltigem Sand ausschwemmen. Beim Sedimentieren und dem anschließenden Dekantieren werden die einzelnen Stoffe aber meist nur grob getrennt. ↑2

2

↻ 150-1

Filtrieren Beim Dekantieren bleibt meist ein wenig Flüssigkeit über dem Bodensatz übrig oder die Flüssigkeit ist nicht frei von Sediment. Erst das Filtrieren ermöglicht eine bessere Trennung fester, unlöslicher Stoffe von Flüssigkeiten. Beim Filtrieren wird das Stoffgemisch auf einen Filter gegeben, der feine Poren hat. Durch diese Poren kann die Flüssigkeit ablaufen. Der feste Stoff wird aufgrund seiner Teilchengröße vom Filter zurückgehalten. Er wird Filterrückstand genannt. Die durchgelaufene Flüssigkeit bezeichnet man als Filtrat. Nach dem Entnehmen des Filters kann der feste Stoff getrocknet werden. ↑3

3

Verdunsten und Eindampfen In einem Liter Meerwasser sind ungefähr 35 g Salz enthalten. Um die gelösten festen Stoffe zu gewinnen, lässt man das Meerwasser in einem offenen Gefäß verdunsten. Der feste Stoff bleibt zurück. Er scheidet sich in Form von Kristallen ab. Auch andere feste Stoffe können so aus Lösungen gewonnen werden. Der Vorgang des Verdunstens kann durch Erhitzen der Lösung bis zum Sieden beschleunigt werden. Dabei verdampft zunächst das Lösungsmittel, da es eine niedrigere Siedetemperatur als der gelöste Stoff hat. ↑4

Zum Trennen von Stoffgemischen werden die sich unterscheidenden Eigenschaften der Reinstoffe genutzt.

4

Destillieren Beim Eindampfen einer Farbstofflösung geht das Lösungsmittel immer verloren. Wie aber lassen sich alle Reinstoffe gewinnen?
Ein Trennverfahren ist das Destillieren. Bei der Destillation wird das
Stoffgemisch erhitzt, bis die niedrigste Siedetemperatur eines Stoffes, z.B.
des Wassers, erreicht ist. Das Wasser verdampft und die gelösten festen
Stoffe, z.B. der Tintenfarbstoff, bleiben zurück. Der Wasserdampf wird
abgekühlt und kondensiert. Das entstehende Wasser, das Destillat, wird
in einer sogenannten Vorlage gesammelt. Es wird als destilliertes Wasser
bezeichnet, das u.a. für Dampfbügeleisen im Haushalt und zum Herstellen
von Lösungen im Chemieunterricht benötigt wird. ↑5
Durch Destillation lassen sich Stoffgemische nur dann trennen, wenn die
Reinstoffe des Stoffgemischs unterschiedliche Siedetemperaturen haben.
Dabei gelingt die Trennung umso vollständiger, je weiter die Siedetemperaturen der einzelnen Reinstoffe auseinanderliegen.

**Durch Destillation lassen sich Stoffgemische aufgrund der unter-
schiedlichen Siedetemperaturen der Reinstoffe trennen.**

Trennen von Farbstoffgemischen Manche Stoffe können Teilchen an
ihre Oberfläche binden, sodass diese daran haften (adsorbieren). Bei der
Chromatografie nutzt man die verschieden starke Adsorption von Stoffen
an einem Feststoff sowie die unterschiedliche Löslichkeit der Stoffe.

Papierchromatografie Ein besonders einfaches Verfahren der Chromatografie ist die Papierchromatografie, mit der ein Farbstoffgemisch, z.B.
eines Filzschreibers, in seine Bestandteile aufgetrennt wird.

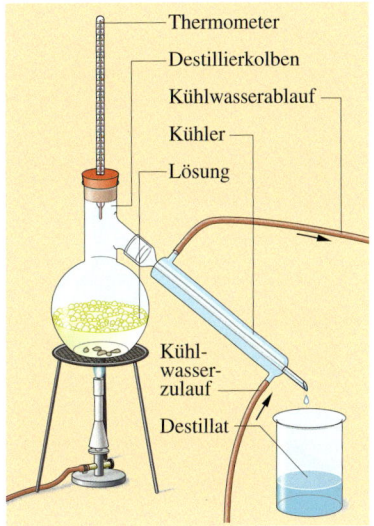

Thermometer
Destillierkolben
Kühlwasserablauf
Kühler
Lösung
Kühl-
wasser-
zulauf
Destillat

5

Schon gewusst?

Eine der ältesten Anwendungen
der Destillation ist die Herstellung von Weinbrand aus Wein.
Der Name Weinbrand (auch
Branntwein genannt) kommt
daher, dass früher das Destillieren als „Brennen" bezeichnet
wurde. ↑7

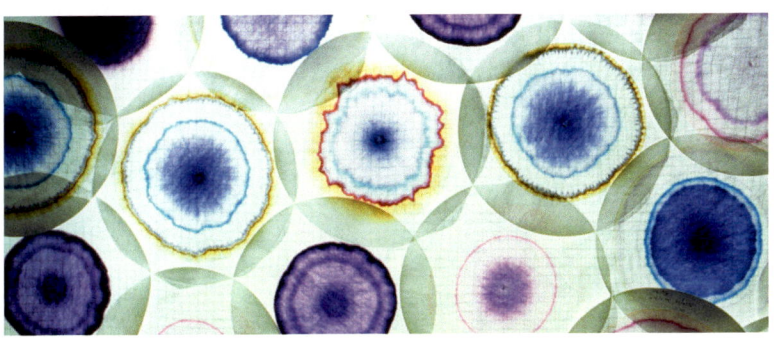

6

7

Zunächst wird die schwarze Farbe eines wasserlöslichen Filzschreibers in
Wasser gelöst. In diese Lösung wird senkrecht ein Streifen Filterpapier
teilweise eingetaucht. Nach einiger Zeit sind auf dem Filterpapier verschiedenfarbige Abschnitte zu erkennen. Wie entstehen diese Farbzonen?
Im Filterpapier steigt das Lösungsmittel, das sogenannte Laufmittel, mit
den darin gelösten Farbstoffen hoch. Die Farbstoffe wandern mit dem
Laufmittel nach oben. Sie können aber auch von dem Filterpapier adsorbiert werden. Farbstoffe, die besonders gut adsorbiert werden, wandern
mit dem Laufmittel nur eine kurze Strecke nach oben und setzen sich im
unteren Bereich des Filterpapiers ab. Farbstoffe, die weniger gut adsorbiert werden, wandern mit dem Laufmittel weit nach oben und setzen sich
im oberen Bereich des Filterpapiers ab. Das entstehende Farbbild heißt
Chromatogramm. ↑6   ↻ 151-1

Experimente

1 Meersalz – wie kommt das Salz in den Streuer?
In vielen Ländern wird das Salz in Salzgärten
direkt aus dem Meer gewonnen. Dabei ist das
Meerwasser aber alles andere als rein. ↑1

1

a Stelle aus Wasser, Sand, Lehm und Kochsalz ein
Gemisch her und lass es einige Zeit ruhig stehen.
Betrachte das Gemisch genauer. Welche Bestandteile kannst du erkennen und wie verhalten sich
diese?
b Versuche die Flüssigkeit von den Feststoffen durch
vorsichtiges Umschütten zu trennen. Beurteile das
Ergebnis deines Trennversuchs.
c Filtriere danach die Flüssigkeit. Untersuche Filtrat
und Rückstand. Wo sind Sand, Lehm und Salz
geblieben?
d Gib das Filtrat in eine Petrischalenhälfte und lass
sie einige Tage ruhig an einem warmen Ort stehen.
Kennzeichne das Trennverfahren, das hierbei
Anwendung findet. Vergleiche den Stoff mit dem
gekauften Produkt.
e Aufgrund welcher Eigenschaft wurde das Gemisch
jeweils getrennt? Bezeichne die einzelnen Trennverfahren.

**2 Modellexperiment: Trinkwasser aus
Meerwasser!**

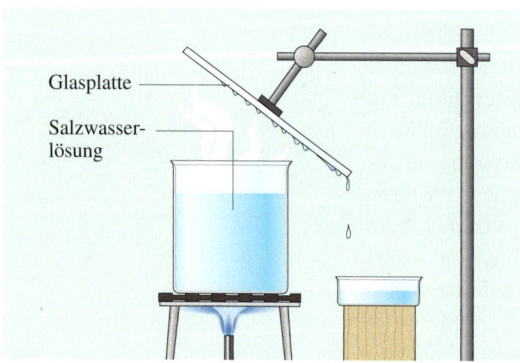

Glasplatte

Salzwasser-
lösung

2

In vielen Ländern herrscht Trinkwassermangel.
Meerwasser dagegen gibt es im Überfluss. In speziellen Meerwasserentsalzungsanlagen wird aus
Meerwasser Trinkwasser gewonnen.
In einem Modellexperiment kann man das Prinzip
veranschaulichen: Stelle dir dazu zunächst eine
Salzwasserlösung her, indem du etwas Kochsalz
in einem Becherglas mit Wasser auflöst. Erhitze die
Lösung nun mit dem Gasbrenner, bis sie siedet,
und halte eine Glasplatte darüber. ↑2
a Worauf beruht die Trennung des Gemischs?
b Was kann man statt des Gasbrenners in der Praxis
einsetzen?

3 „Schwarz ist nicht gleich schwarz"
Falte ein Filterpapier zu einem Viertel und schneide
ein kleines Stück der Spitze ab, sodass in der Mitte
ein Loch ist. Zeichne mit dem Filzstift einen kleinen Kreis um dieses Loch. Rolle dann aus einem
Viertelstück Filterpapier einen Docht, stecke ihn
vorsichtig durch das Loch und lege das Filterpapier
so auf das Becherglas, dass nur der Docht eintaucht. Achte darauf, dass niemand an das Gefäß
stößt. Beende den Versuch, wenn die Flüssigkeit
ca. 1 cm vom Rand des Filterpapiers entfernt ist. ↑3

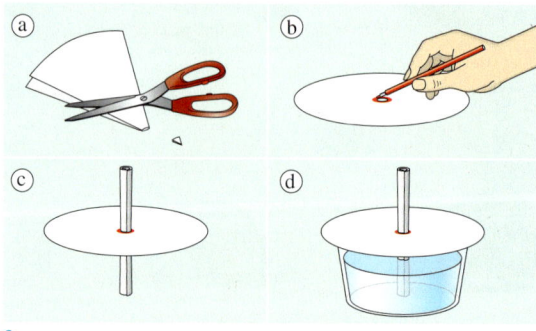

3

a Fertige ein Protokoll an.
b Gib die Aufgabe des Dochts an.
c Vergleicht eure Versuchsergebnisse untereinander.
Was bedeutet der Satz: „Schwarz ist nicht gleich
schwarz"?
d Kennzeichne das Trennverfahren, das hierbei
Anwendung findet.
e Wiederhole den Versuch mit anderen Farbstiften.
Verwende unterschiedliche Marken und Farben.
f Überlege, ob man den Versuch auch mit wasser-
festen Stiften oder Buntstiften durchführen kann.
Überprüfe deine Annahme im Experiment.

Reinstoffe Sie bestehen aus nur einem Stoff und haben einheitlich gleichbleibende Eigenschaften.

Stoffgemische Sie entstehen beim Mischen von Reinstoffen. Die wesentlichen Eigenschaften der Reinstoffe bleiben im Stoffgemisch erhalten.

Trennverfahren Stoffgemische können durch Trennverfahren in ihre Reinstoffe getrennt werden. Zur Trennung werden Eigenschaften der Reinstoffe genutzt. Die Reinstoffe im Stoffgemisch müssen sich in dieser Stoffeigenschaft unterscheiden.

Verfahren	Eigenschaft	Anwendung
Sedimentieren	Dichte	Abwasserreinigung
Filtrieren	Partikelgröße	Trinkwassergewinnung
Eindampfen	Siedetemperatur	Meersalzgewinnung
Destillieren	Siedetemperatur	Weinbrandherstellung
Chromatografieren	Löslichkeit	Farbstofftrennung

Alles **klar?**

1 Ordne folgende Stoffe nach Reinstoffen und Stoffgemischen: Ackerboden, Kupferblech, Luft, Kochsalzlösung, Eisenschraube, Orangennektar, Schmuckgold, Schwefelpulver, destilliertes Wasser und Mayonnaise. Kennzeichne den Unterschied zwischen einem Reinstoff und einem Stoffgemisch jeweils anhand eines dieser Beispiele.

2 Beschreibe den Vorgang der Entstehung einer Kochsalzlösung mithilfe des Teilchenmodells.

3 Auf einigen Verpackungen von Medikamenten ist zu lesen: Vor dem Gebrauch schütteln. Gib an, was passiert, wenn man diese Medikamente längere Zeit stehen lässt.

4 Überlege, wie du mit den folgenden Materialien eine Anlage zur Reinigung von mit Erde verschmutztem Wasser bauen könntest. Materialien: vier Blumentöpfe, 500-mℓ-Becherglas, Kaffeefilter, grobe und feine Steine, Sand, Aktivkohle
a Fertige eine Skizze vom Bau der Anlage an und beschrifte sie.
b Nenne die Trennverfahren und die zum Trennen genutzte Eigenschaft.

5 In Deutschland wird Salz unter anderem aus Sole gewonnen. Dazu wird Wasser in eine salzhaltige Gesteinsschicht gegeben und die entstehende Sole wieder hochgepumpt. Anschließend wird die Sole eingekocht. Gib an, was bei den einzelnen Arbeitsschritten geschieht. Erkläre.

Check up

1 ____ Was sind Stoffe?

2 ____ Chemikalien dürfen nicht mit den Fingern angefasst und nicht gekostet werden. Warum ist das so?

3 ____ Der sichere Umgang mit dem Brenner will gelernt sein.

a ____ Erläutere, wie du beim Entzünden des Brenners vorgehen musst.

b ____ Wie erfolgt das Regulieren der Flamme?

4 ____ Nenne wesentliche Eigenschaften, die einen Stoff charakterisieren.

5 ____ Auf welchen Stoff treffen folgende Eigenschaften zu?
– Der Stoff ist fest, hat eine glatte Oberfläche, sieht silbrig aus, ist geruchlos, nicht wasserlöslich.
– Schließt man ihn an eine Batterie an, leuchtet eine Lampe im Stromkreis.
– Seine Schmelztemperatur beträgt 419 °C und seine Siedetemperatur 906 °C.

6 ____ Die charakteristischen Eigenschaften eines Stoffes bestimmen seinen Verwendungszweck. Überprüfe diese Aussage für Kupfer, Aluminium und Silber.

7 ____ In einem Experiment hat sich eine Lackmuslösung verändert:
– Bei Zugabe der Lösung A wurde eine Blaufärbung beobachtet.
– Bei Zugabe der Lösung B kam es zur Rotfärbung.

a ____ Deute dieses experimentelle Ergebnis.

b ____ Erläutere, was unter einem Indikator zu verstehen ist.

8 ____ Zwei Vorgänge lassen sich wie folgt darstellen: Wasser → Eis → Wasser. Beschreibe die Vorgänge und charakterisiere die Veränderung der Stoffe.

9 ____ Zeige an selbst gewählten Beispielen, dass Stoffe beim Erhitzen ihre Eigenschaften vorübergehend oder bleibend verändern können. Wo kann man diese veränderten Eigenschaften nutzen?

10 ____ Erläutere, was man unter Reinstoffen und Stoffgemischen versteht. Gib jeweils 3 Beispiele für Reinstoffe und Stoffgemische an.

11 ____ Ein Gemisch aus Eisenfeilspänen, Sand, Kochsalz und Wasser soll getrennt werden. Beschreibe die anzuwendenden Trennverfahren. Skizziere die Versuchsanordnung.

Die Lösungen findest du auf Seite 156.

Schätze deine Kenntnisse und Fähigkeiten ein.
Ordne dazu deiner Lösung im Heft ein Smiley zu:
☺ Ich konnte die Aufgabe richtig lösen.
😐 Ich konnte die Aufgabe nicht komplett lösen.
☹ Ich konnte die Aufgabe nicht lösen.

Aufgabe	Fähigkeit	Hilfe findest du auf Seite …
1	Stoffe definieren	118
2	Umgang mit Chemikalien beschreiben	119
3	Umgang mit dem Brenner erläutern	120
4, 5	Erkennen und Unterscheiden von Stoffen	124
6, 9	Eigenschaften der Stoffe für ihre Verwendung erkennen	141
7	Saure und alkalische Lösungen erkennen	128
8, 9	Verhalten von Stoffen bei unterschiedlichen Temperaturen beschreiben	136, 141
10, 11	Reinstoffe und Stoffgemische kennzeichnen, Trennverfahren beschreiben	149 ff.

Lösungen zu den Check-up-Aufgaben

Dauermagnete (Seite 24)

1 Man prüft mit Körpern aus Eisen oder Stahl; bleiben diese haften, ist der Türgummi magnetisch.

2 Die ursprünglich ausgerichteten Elementarmagnete verlieren dann ihre Ausrichtung.

3 Die Elementarmagnete behalten ihre Ausrichtung und so entstehen zwei Magnete mit je einem Nord- und Südpol.

4 a) Der Weg hat die Form des magnetischen Feldes. Sie bewegt sich zum Südpol des Stabmagneten.
b) Anziehung bzw. Abstoßung wären zu beobachten.

5 Man bringt frei bewegliche Kompassnadeln in die Nähe des Magneten, diese richten sich entlang des Magnetfeldes aus. Mit Eisenfeilspänen kann man den Verlauf des magnetischen Feldes ebenfalls sichtbar machen.

6 Die magnetischen Schichten werden dadurch neu magnetisiert. Gespeicherte Informationen gehen dadurch verloren.

7 a) Die unterschiedlichen Farben bedeuten unterschiedliche Magnetpole.
b) Der unlackierte Magnet wird mit den Polen in die Nähe des lackierten gebracht. Tritt Abstoßung auf, erhalten die gleichen Pole die gleiche Farbe. Bei Anziehung erhalten die ungleichen Pole auch verschiedene Farben.

8 a) Nein. Magnete haben immer zwei verschiedene Pole.
b) Mit einem zweiten Magneten werden anziehende oder abstoßende Kräfte ermittelt.
c) Gleiches Vorgehen wie bei Aufgabe 7b.

Stromkreise (Seite 54)

1 a) Siehe Tabelle unten.
b) *Schrottplatz:* Man muss den Magneten abschalten können, damit sich der Schrott wieder vom Kran löst.
Klingel: Auch hier muss man den Magneten ausschalten können, damit die Klingel kein Dauersignal sendet.
Tonkopf in einem Tonbandgerät: Hier werden Informationen durch magnetische Signale gespeichert. Dazu muss sich die Polarität und Stärke des Elektromagneten ändern können.

2

Lampe 1	Lampe 2	Lampe 3
defekt	leuchtet	leuchtet
leuchtet	defekt	leuchtet
leuchtet nicht	leuchtet nicht	defekt

3 Geht bei der Reihenschaltung eine Lampe kaputt, gehen auch alle anderen Lampen aus. Im Zimmer wäre es dunkel. Bei der Parallelschaltung der Lampen leuchten alle anderen nicht defekten Lampen weiter.

4 *Eine Sicherheitsschaltung:* Die Schalter an der Tür und im Fahrstuhl müssen in Reihe geschaltet sein.

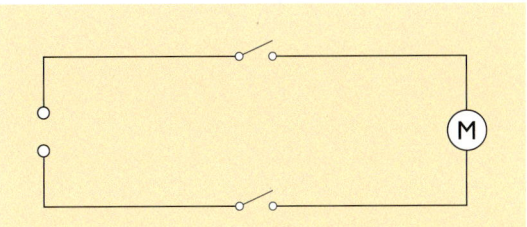

5

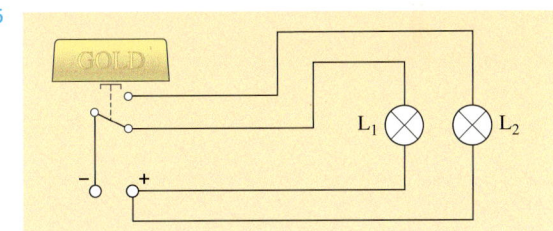

6 a) Die Isolatoren müssen aus einem Kunststoff bestehen. Kunststoffe leiten den elektrischen Strom nicht.
b) Vögel nutzen die Masten von Freileitungen oft als Rastplatz. Damit sie nicht in Kontakt mit den Leitungen kommen und somit Teil eines geschlossenen Stromkreises werden, bringt man diese Isolatoren an.

	Dauermagnete	Elektromagnete
Gemeinsamkeiten	Sie ziehen nur magnetische Stoffe an (Eisen, Nickel, Cobalt). An den Polen des Magneten ist die Wirkung am stärksten. Sie haben immer einen Nord- und Südpol. Gleichnamige Pole stoßen sich ab, ungleichnamige ziehen sich an.	
Unterschiede	Sie bestehen aus Stahl oder besonderen keramischen, magnetischen Stoffen.	Sie bestehen aus einer Drahtspule und einem Eisenkern.
	Sie sind ständig magnetisch. Die magnetische Wirkung lässt sich nicht abschalten.	Erst wenn ein elektrischer Strom durch den Draht der Spule fließt, kann die magnetische Wirkung beobachtet werden. Der Elektromagnet kann also abgeschaltet werden.
	Sie lassen sich nicht umpolen.	Vertauscht man die Anschlüsse an der Batterie, kann man den Elektromagneten umpolen.
	Sie sind immer gleich stark.	Durch Veränderung der Stromstärke kann man auch die Stärke des Magneten verändern.

7 Es besteht Lebensgefahr. Durch den Kontakt mit dem Freileitungsseil wird man über die Erde Teil eines Stromkreises.

Optik (Seite 116)

1

Lichtquelle	Beleuchtete Gegenstände
Monitor, Glühwürmchen	Kinoleinwand, Planet, Straßenschild

2 Judith hat Recht. Das Licht, das von den Sternen ausgesandt wird und das Weltall durchquert, bleibt für uns unsichtbar, wenn es nicht in unsere Augen fällt.

3 Der Mond hat keine Atmosphäre, die das Licht streuen könnte. Deshalb erscheint der Himmel schwarz. Auf der Erde werden die Schatten vom Himmel aufgehellt. Weil der Himmel auf dem Mond dunkel erscheint, bleiben auch die Schatten dunkel.

4 Die Lichtbündel überkreuzen sich in der Pupille bzw. im Loch der Lochkamera. (Skizze wie Bild ↑4 S. 78.)

5 Du kannst die Entfernung Lochblende–Mattscheibe verdoppeln oder Lochblende und Mattscheibe dem Fenster so weit nähern, dass der Abstand Fenster–Lochblende halbiert wird.

6 a) Bei der Lochkamera erzeugt das durch die Lochblende fallende Licht eines Leuchtpunkts einen Lichtfleck auf der Mattscheibe. Unzählige Lichtflecken überlagern sich zu einem unscharfen Bild. Durch die Linse wird das Licht in einem Punkt auf der Mattscheibe gebündelt (wenn diese im geeigneten Abstand steht). Dadurch wird das Bild scharf.
b) Die Linsenkamera bildet nur Gegenstände in geeigneter Entfernung scharf ab; man muss auf die Entfernung Gegenstand–Kamera achten.
c) Wird die Blendenöffnung verkleinert, so wird der Entfernungsbereich scharfer Abbildung (Schärfentiefe) vergrößert.

7 Licht vom Gegenstand wird am Spiegel umgelenkt und in unser Auge geworfen. Auf der Netzhaut entsteht ein Bild des Gegenstands. Wir sehen das Bild in der Richtung, aus der das Licht ins Auge fällt.

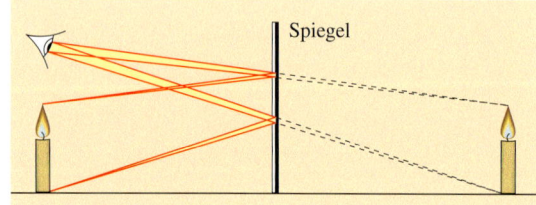
Spiegel

8 Bild ↑2: Es gibt 3 Varianten:
– 1 horizontal liegender Spiegel
– 2 horizontal liegende Spiegel
– Prisma
Begründung: a, b – Reflexionsgesetz; c – zweimalige Brechung
Bild ↑3: Es gibt 3 Varianten:
– Sammellinse, deren Brennpunkt im Kasten liegt, Strahlen divergieren hinter Brennpunkt
  Begründung: Parallele Lichtbündel werden so gebrochen, dass sie sich in der Brennebene schneiden.
– 2 Spiegel (je einer für oberen und unteren Strahl)
  Begründung: Reflexionsgesetz
– 3 gebogene Lichtleiter

9 Auf dem Bildschirm sind winzige Flecke aus roter, grüner und blauer Leuchtfarbe nebeneinander angeordnet. Wird ein Fleck vom Elektronenstrahl getroffen, so beginnt er selbst zu leuchten. Durch additive Mischung der drei Farben Rot, Grün und Blau ergeben sich die Mischfarben. Auch die dunklen Bereiche zwischen den Farbflecken tragen zur Farbe bei.

Stoffe um uns (Seite 154)

1 Alle Gegenstände bestehen aus Stoffen.
Stoffe erkennt man an ihren Eigenschaften.

2 Der Umgang mit Chemikalien ist nicht ungefährlich. Durch unsachgemäße Handhabung kann es zu Verletzungen und körperlichen Schäden kommen. In Ausnahmefällen besteht sogar Lebensgefahr.

3 a) – Schutzbrille aufsetzen
– Luft- und Gaszufuhr schließen
– Gashahn am Tisch und dann Gashahn am Brenner öffnen
– Entzünden des ausströmenden Gases an der Brennermündung
– Regulieren der Flammengröße
b) – durch Reduzierung der Luftzufuhr
– durch Drosslung der Gaszufuhr

4 Farbe, Geruch, Glanz, Härte, Kristallform, Löslichkeit, Brennbarkeit, Schmelz- und Siedetemperatur, elektrische Leitfähigkeit, Magnetisierbarkeit

5 Diese Eigenschaften treffen auf den Stoff Zink zu.

6

Stoff	Verwendung	Charakteristische Eigenschaft
Aluminium	Material für den Flugzeugbau, Kabel	leicht und fest, elektrischer Leiter
Kupfer	Elektrokabel	guter elektrischer Leiter
Silber	Schmuck	Glanz

7 a) *Blaufärbung:* Der untersuchte Stoff reagiert alkalisch.
Rotfärbung: Der untersuchte Stoff reagiert sauer.
b) Indikatoren sind Farbstoffe, die in sauren oder alkalischen Lösungen eine typische Farbänderung zeigen.

8 *Wasser → Eis:* Erstarren, der flüssige Stoffe wird fest.
Eis → Wasser: Der feste Stoff wird flüssig, er schmilzt.

9 *Erwärmen von Glas:* Das Glas wird weich bzw. flüssig. Glasbläser nutzen diese Eigenschaft, um Glas zu verformen.
Erwärmen von Stahl: Das Metall wird flüssig und lässt sich in verschiedene Formen gießen.
Erwärmen von Kunststoff: Plastik wird weich, man nutzt diese Eigenschaften beim Spritzguss.

10 Reinstoffe sind nur aus einem einzigen Stoffe aufgebaut (Kupfer, Salz, Aluminium).
Stoffgemische entstehen beim Mischen von Reinstoffen (Kochsalzlösung, Messing, Bronze).

11 Dekantieren; danach Eisenfeilspäne und Sand mit einem Magneten trennen; Kochsalzlösung eindampfen oder destillieren.

Eigenschaften von festen Stoffen

Stoff	Dichte ρ in g/cm^3	Schmelztemperatur in °C	Siedetemperatur in °C
Aluminium	2,70	660	2450
Blei	11,34	327	1740
Eisen	7,86	1535	2735
Gold	19,3	1063	2970
Kohlenstoff (Diamant)	3,51	ab 3550	4830
Kohlenstoff (Graphit)	2,26	3730	4830
Kupfer	8,96	1083	2600
Magnesium	1,74	650	1110
Platin	21,50	1770	3825
Silber	10,50	961	2212
Silicium	2,33	1420	2355
Wolfram	19,27	3350	5700
Zink	7,14	419	906
Zinn	7,28	232	2350

Eigenschaften von Flüssigkeiten

Stoff	Dichte ρ in g/cm^3	Schmelztemperatur in °C	Siedetemperatur in °C
Ethanol	0,79	−114,2	78,4
Glycerin	1,26	18	290
Quecksilber	13,53	−39	357
Wasser (destilliert)	0,99	0	100
Wasser (Meerwasser)	1,02	0	100

Eigenschaften von Gasen

Stoff	Dichte ρ in kg/m^3	Schmelztemperatur in °C	Siedetemperatur in °C
Ammoniak	0,77	−77,7	−33,4
Chlor	3,21	−101	−34,1
Helium	0,179	−270	−268,9
Kohlenstoffdioxid	1,977	−57	−79
Luft	1,29	−231	−193
Sauerstoff	1,429	−219	−183
Stickstoff	1,251	−210	−195,8
Wasserstoff	0,0899	−259,3	−252,8

Register

Zusammenspiel von Onlineangebot und Buch

www.cornelsen.de/fokus-physik

Unter dieser Adresse befindet sich das multimediale
Zusatzangebot zum Lehrbuch.
So kommt man zur gewünschten Seite:
1. Webseite www.cornelsen.de/fokus-physik aufrufen.
2. Buchkennung PHFK010893 eingeben und bestätigen.

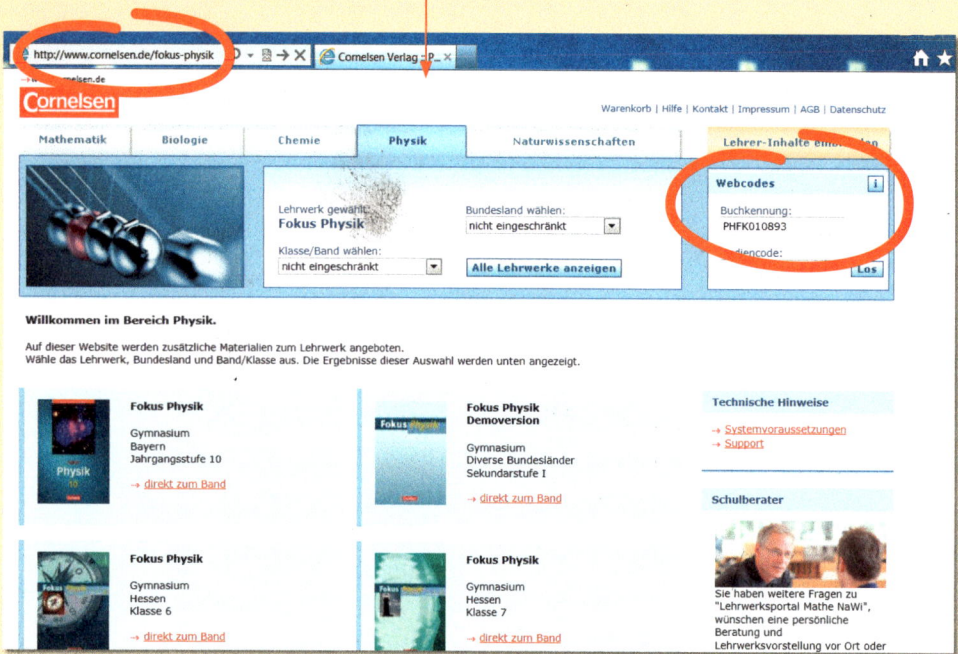

3. Zugangscode ndsg956 eingeben und bestätigen.

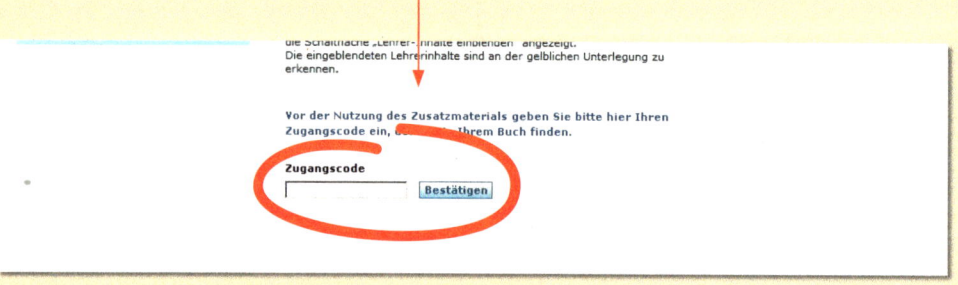

Bei technischen Problemen

Unser Support hilft gern weiter.
Schreiben Sie uns eine E-Mail an service@cornelsen-schulverlage.de
und beschreiben Sie bitte Ihr Problem möglichst genau.

Quellenverzeichnis

Titel/kl. Bild: Colourbox
Titel/gr. Bild: Interfoto/Wolfgang Maria Weber

action press: 122/3, Frenzel, Volker: 21/7, LEHTIKUVA: 142/3, SPL: 112/1
Agentur Focus/SPL: 138/2
akg-images/PHOTO CNES: 74/3
ClipDealer: chroma: 80/4, Walter J. Pilsak: 124/3
Colourbox: 128/1, S Popov: 141/7, The Kuzmins: 20/4
Corbis: 86/1a, b, Marc Dozie: 143/7, Science Photo Library: 142/2,
Andrey Nekrasov/imagebroker: 58/3, Bruce Robison: 58/5, Charles O'Rear:
110/4, Galen Rowell: 7/2, Galen Rowell: 7/3, Geoff Tompkinson: 151/7,
M-SAT PLANETOBSERVER/Science Photo Library: 26/1, Matt Mawson:
50/Hintergrund, Paul Rapson/Science Photo Library: 44/2, Scott Speakes:
25/1, Seth Joel: 96/2
Corel: 59/6
Cornelsen Schulverlage GmbH: 9/5, 10/2, 10/3, 23/9, 23/7a, 23/7b, 24/2,
29/7, 29/9, 30/4, 31/8, 31/9, 31/10, 31/11, 33/5, 38/1, 42/1, 42/2, 42/4, 43/8,
43/9, 46/2, 46/3, 46/5, 57/8, 60/2, 60/3, 61/6, 63/10, 64/2, 65/6, 67/9, 68/2,
92/1, 99/8, 103/5, 103/6, 103/7, 110/2, 113/8, 113/7a, 115/5, 115/7, 121/4,
121/8, 128/2, 128/4, 136/2, 136/3, 136/4, 138/3a, 138/3b
Döring, V., Hohen Neuendorf: 10/1, 10/5, 12/3, 13/7, 13/8, 15/5, 15/6, 15/7,
17/7, 34/2, 35/10, 35/11, 36/1, 36/2, 37/4, 46/1, 51/5, 52/3, 53/7, 57/6, 66/2,
66/3, 66/4, 66/5, 71/3, 71/4, 80/1a, 80/1b, 80/1c, 80/1d, 82/1, 82/5, 86/5,
91/6, 95/12, 97/4, 97/5, 97/8, 98/1, 98/2, 98/3, 99/10, 103/8, 109/6, 112/5,
118/2, 118/3, 118/4, 122/1a, 122/1b, 123/6, 123/7, 123/8, 123/9, 124/1,
124/2, 124/4, 127/3, 127/4, 128/3, 132/1, 132/2, 135/4, 135/5, 136/1, 150/1,
140/1
ESA: 75/4
Fotolia: Africa Studio: 129/5, Aleksejs Polakovs: 141/4, Andrea Fettweis:
138/1, ATAMANENKO EVGENY: 141/9, beermedia.de: 141/5, bereta:
134/2a, Beth Van Trees: 144/1, Blickfang: 16/4, Brad Pict: 134/2b,
Christof Lippmann: 134/3, Daniel Erns: 152/1, demarco: 33/8, demarco:
33/10, Magnus Pomm - www.Tierfoto-NRW.de: 20/3, rcfotostock: 50/2,
siamphoto: 56/1a, siebenla: 42/3, svedoliver: 26/2, Valerio Pardi: 56/4,
Winai: 28/3
GlowImages/Corbis: 20/2
Huber Images/Hans-Peter Merten: 142/1
Imago: blickwinkel: 21/5, 51/6, ecomedia/robert fishman: 126/1,
Revierfoto: 57/7, Sämmer: 26/6

Interfoto: imageBROKER/Manfred Bail: 30/2, Sammlung Rauch: 96/3a,
96/3b, TV-Yesterday: 106/1
Juniors Bildarchiv: D.Heuclin/Photoshot: 56/1b, R. Dirscherl: 21/8
Katharina Ezilius, Heinsberg/Unterbruch: 11/6
Laif: Kennan Harvey/Aurora Photos: 145/4, Paul Langrock/Zenit: 38/4,
ROSSI-BENAINOUS: 121/6
Lichtenberger, J., Fahren: 60/1, 62/1, 62/2, 64/4, 67/10, 68/4, 69/6, 70/1,
72/1, 73/5, 76/1a, 76/1b, 78/1, 85/7, 85/8, 91/9, 91/10, 96/1, 101/5, 101/7,
101/8, 104/1, 104/4, 106/2, 106/3, 107/4, 107/5, 107/6, 107/8, 110/1, 110/3
Look/age fotostocko: 91/8
Mauritius images: age: 66/1b, Arterra Picture Library/Alamy: 26/3,
Carl-Werner Schmidt-Luchs: 122/4, David Young-Wolff/Alamy: 146/1,
DK Images: 150/2, foodcollection: 117/1b, Hans-Peter Merten: 50/4,
Ian Goodrick/Alamy: 113/7b, imageBROKER/Alessandra Sarti: 121/9,
imageBROKER/Alex Timaios Photography: 143/8, Justine Evans/Alamy:
102/1, Kuttig - People/Alamy: 53/6, Minden Pictures: 58/4, paul ridsdale
pictures/Alamy: 47/6, paul ridsdale/Alamy: 44/3, Philip J Hill/Alamy: 104/5,
Phototake: 137/8, Phovoir: 39/5, Pixtal: 26/5, Pixtal: 122/2, Rene Mattes:
151/6, Ronald Karpilo/Alamy: 26/4, ROSENFELD: 142/4, Science Faction:
122/5, Science Source: 112/6, Stelian Porojnicu/Alamy: 105/10, Travis
Rowan/Alamy: 118/1, United Archives: 76/2, Westend61: 84/3
NASA: 55/1, 65/10, 74/2, 116/1
Okapia: Francois Gohier: 70/2, J-L Klein & M-L Hubert: 21/6
Photoshot/Photocome: 44/1
picture-alliance: dpa: 7/1, 20/1, 92/2, 134/1, 142/5, 142/6, Keystone: 50/3,
Photoshot: 58/2
Röhl, Stephan: 119/5, 120/1, 133/3
Shutterstock: Againstar: 145/3, Alexander Chelmodeev: 59/7, AstroStar: 72/2,
FILATOV ALEXEY: 121/5, fstockfoto: 140/3, Iakov Filimonov: 141/8,
IM_photo: 141/6, Ispace: 56/5, Konstantin Sutyagin: 74/1, MarArt: 127/2,
Masalski Maksim: 80/3, MeePoohyaPhoto: 56/3, mylisa: 137/7, Oleksiy
Mark: 50/1, Photo Image: 121/7, photofriday: 146/2, Rachel Sanderoff: 73/6,
science photo: 134/4, tkemot: 56/2, vallefrias: 54/2, Yury Kosourov: 33/9
Süddeutsche-Zeitung-DIZ /National Media Museum/SSPL: 59/8, 80/2,
Rue des Archives/RDA: 66/1a
Tierärztliche Gemeinschaftspraxis Am Voßberg: 11/7a, 11/7b
Topic Media: 8/2, imagebroker: 28/2
Wildlife/G.Delpho: 64/1
Your photo today. A1 pix - superbild/Rob Stark: 117/1a, Tetra Images: 18/1